旅游目的地开发与管理

邹统钎 著

南开大学出版社
天　津

图书在版编目(CIP)数据

旅游目的地开发与管理 / 邹统钎著. —天津：南开大学出版社, 2015.9 (2021.10 重印)
ISBN 978-7-310-04876-2

Ⅰ. ①旅… Ⅱ. ①邹… Ⅲ. ①旅游地－旅游资源开发－研究生－教材②旅游地－旅游资源－资源管理－研究生－教材 Ⅳ. ①F590.3

中国版本图书馆 CIP 数据核字(2015)第 188833 号

版权所有　侵权必究

旅游目的地开发与管理
LÜYOU MUDIDI KAIFA YU GUANLI

南开大学出版社出版发行
出版人：陈　敬
地址：天津市南开区卫津路94号　邮政编码：300071
营销部电话：(022)23508339　营销部传真：(022)23508542
https://nkup.nankai.edu.cn

天津市蓟县宏图印务有限公司印刷　全国各地新华书店经销
2015年9月第1版　2021年10月第3次印刷
230×170毫米　16开本　18.25印张　306千字
定价：50.00元

如遇图书印装质量问题，请与本社营销部联系调换，电话：(022)23508339

目 录

第一章　旅游目的地开发与管理理论 ... 1
　　第一节　旅游目的地概论 ... 1
　　第二节　旅游目的地开发与管理基础理论 ... 6
　　第三节　旅游目的地管理的任务 ... 21
　　第四节　中国国家旅游目的地体系 ... 29

第二章　旅游景区发展与管理 ... 35
　　第一节　旅游景区管理理论 ... 35
　　第二节　我国旅游景区分类管理模式 ... 52
　　第三节　中国特色的旅游景区管理实践 ... 89
　　第四节　旅游景区门票问题研究 ... 103

第三章　乡村旅游目的地发展与管理 ... 109
　　第一节　乡村旅游概论 ... 109
　　第二节　中外乡村旅游发展经验借鉴 ... 111
　　第三节　乡村旅游目的地发展升级模式 ... 122
　　第四节　乡村旅游目的地未来发展方向 ... 140

第四章　旅游城市发展与管理 ... 155
　　第一节　旅游城市发展与管理概论 ... 155
　　第二节　旅游城市目的地与枢纽功能一体化 ... 160
　　第三节　旅游城市公共管理 ... 171
　　第四节　旅游城市优质服务 ... 185
　　第五节　国外旅游城市发展与管理经验借鉴 ... 192

第五章　旅游目的地营销管理 ... 197
　　第一节　旅游目的地营销概论 ... 197
　　第二节　旅游目的地品牌营销 ... 205
　　第三节　旅游目的地网络营销 ... 212

第四节　旅游目的地整合营销⋯⋯⋯⋯⋯⋯⋯⋯⋯⋯⋯⋯⋯⋯ 224
　　第五节　中国特色的旅游目的地营销⋯⋯⋯⋯⋯⋯⋯⋯⋯⋯⋯ 226
第六章　专题研究⋯⋯⋯⋯⋯⋯⋯⋯⋯⋯⋯⋯⋯⋯⋯⋯⋯⋯⋯⋯⋯ 232
　　专题一　生态旅游旅游目的地建设⋯⋯⋯⋯⋯⋯⋯⋯⋯⋯⋯⋯ 232
　　专题二　遗产旅游目的地建设⋯⋯⋯⋯⋯⋯⋯⋯⋯⋯⋯⋯⋯⋯ 243
　　专题三　智慧旅游目的地建设⋯⋯⋯⋯⋯⋯⋯⋯⋯⋯⋯⋯⋯⋯ 249
　　专题四　旅游目的地节事活动管理⋯⋯⋯⋯⋯⋯⋯⋯⋯⋯⋯⋯ 256
　　专题五　旅游目的地危机管理⋯⋯⋯⋯⋯⋯⋯⋯⋯⋯⋯⋯⋯⋯ 264
参考文献⋯⋯⋯⋯⋯⋯⋯⋯⋯⋯⋯⋯⋯⋯⋯⋯⋯⋯⋯⋯⋯⋯⋯⋯⋯ 272
后　　记⋯⋯⋯⋯⋯⋯⋯⋯⋯⋯⋯⋯⋯⋯⋯⋯⋯⋯⋯⋯⋯⋯⋯⋯⋯ 287

第一章 旅游目的地开发与管理理论

第一节 旅游目的地概论

随着旅游业的发展,"旅游目的地"的概念应运而生。然而,目前国内外学者对旅游目的地还没有一个统一的定义,学者们从各自不同的研究角度对旅游目的地进行了界定。

一、旅游目的地概念与分类

(一)国外概念

国外对旅游目的地的研究始于 20 世纪 70 年代。研究早期,学者们多从地理学的角度定义旅游目的地,如一个城市、一个岛屿等(Davidson & Maitland, 1997)。世界旅游环境中心于 1992 年对旅游目的地做出定义:乡村、度假中心、海滨或山岳休假地、小镇、城市或乡村公园;人们在其特定的区域内实施特别的管理政策和运作规则,以影响游客的活动及其对环境造成的冲击。雷珀(Leiper, 1995)把旅游目的地解释为一个可以让旅行者待上一段时间,并体验有当地特色吸引物的地方。2004 年世界旅游组织(UNWTO)将旅游目的地定义为"旅游者至少停留一晚的地理空间"。戴维德森和梅特兰德(Davidson & Maitland, 1997)认为,传统意义上的旅游目的地可被认为是有着良好基础设施的地理区域,如一个国家、一个岛屿或是一个城镇。美国学者菲利普·科特勒(2002)也是从区域范围的角度,将旅游目的地定义为:"旅游目的地是那些有实际或可识别边界——例如海岛的自然边界、政治边界,或者甚至是由于市场划分而形成的边界等——的地方。"然而,与这种用时间和地理空间来界定旅游目的地的方式不同,另外一些学者是将旅游目的地定义为一种知觉性概念。一些学者从旅游消费者的角度对旅游目的地进行界定，如根据旅行路线的安排、文化背景的不同，等等。例如，对于德国游客来说，伦敦是一个目的地；而对于日本游客来说，可能整个欧洲就是其心目中的目的地。库伯等人（1998）认为目的地是那些能够满足游客需要的设施和服务的集中地。鲁宾斯等人（Robbins et al., 2007）则认为旅游目的地包含旅游者需要消费的一系列产品和服务。Webster 词典把目的地定义为："旅途的终点"（the place set for the end of a journey, or to which something is sent; place or point aimed at）。

在众多旅游目的地概念中，较为公认的概念是英国学者布哈里斯在 2000 年提出的界定：旅游目的地是"一个特定的地理区域，被旅游者公认为是一个完整的个体，有统一的旅游业管理与规划的政策司法框架，也就是说由统一的目的地管理机构进行管理的区域"。这个概念不仅从区域范围，而且从管理的角度对旅游目的地进行了界定。

（二）国内概念

国内对旅游目的地的研究比国外晚了 20 多年，有不少学者提出了各自的旅游目的地的概念，这些概念大多是从地理学和经济学的角度来定义的。1996 年保继刚等人在《旅游地理学》一书中将旅游目的地定义为：一定空间上的旅游资源与旅游专用设施、旅游基础设施以及相关的其他条件有机地集合起来，就成为旅游者停留和活动的目的地，即旅游地。崔凤军（2002）认为旅游目的地"是具有统一的和整体的形象的旅游吸引物体系的开放系统"。魏小安（2002）采用引申定义的方式，将旅游目的地定义为：能够使旅游者产生动机，并追求旅游动机实现的各类空间要素的总和，包括"旅游者""追求""实现""各类空间"和"要素"等五个层次。张辉（2002）把旅游目的地定义为：拥有特定性质的旅游资源，具备了一定旅游吸引力，能够吸引一定规模数量的旅游者进行旅游活动的特定区域。其必须具备三个条件：一是要拥有一定数量、可以满足旅游者某些旅游活动需要的旅游资源；二是要拥有各种相适应的旅游设施；三是该地区具有一定的旅游需求流量。杨振之等人（2007）在区分了"旅游目的地"与"旅游过境地"的基础上，认为旅游目的地除了是一种地理空间集中地外，还形成了旅游产业发展的格局。邹统钎（2006）认为：旅游目的地是一个感性概念，它为游客提供一个旅游产品和服务的合成品，一个组合的体验经历。唐瑷琼（2008）认为，旅游目的地就是指在一定的地理范围内，具备旅游消费者感兴趣的旅游吸引物，集合旅游产品和旅游接待设施等服务体系，为了满足消费者食、住、行、游、购、娱等需求而构建的综合性区域。

尽管国内外学者对旅游目的地的定义及侧重点各不相同，但还是能归纳出一些共识：一方面，旅游目的地作为旅游消费者主要的停留场所，所对应的主体就是旅游消费者，并且旅游目的地与旅游消费者的出行目的、出行动机息息相关；另一方面，旅游目的地的范围可大可小，大可至几个国家的联合区域或一个城市，小可至一个旅游区或一个旅游景点。同时，旅游目的地的构成因素中必定包括了地理区域范围、旅游设施等。

二、旅游目的地构成要素

（一）旅游目的地"4A"模型和"6A"模型

Cooper 提出了旅游目的地的"4A"模型：旅游吸引物（Attractions）、可进入性（Accessibility）、设施和服务（Amenities）、辅助性服务（Ancillary service）。

布哈里斯（Buhalis，2000）在 Cooper"4A"基础上增加了包价服务（Available package）和活动（Activities），推广为"6A"模型，具体描述见表1-1。

表1-1　布哈里斯的旅游目的地"6A"模型构成要素

旅游吸引物（Attractions）	包括自然风景、人造景观、人工物品、主题公园、遗产、特殊事件等
可进入性（Accessibility）	整个旅游交通系统，包括道路、终端设施和交通工具等
设施和服务（Amenities）	住宿业和餐饮业设施，零售业，其他游客服务设施
辅助性服务（Ancillary service）	各种游客服务，例如银行、通信设施、邮政、报纸、医院等
包价服务（Available package）	预先由旅游中间商和相关负责人安排好的旅游服务
活动（Activities）	包括所有的目的地活动，以及游客在游览期间所进行的各种消费活动

（二）Goeldner 的四要素理论

Goeldner 等人（2000）从供给的角度，指出了旅游目的地构成的四要素：自然资源与环境（Natural resources and environment）、人文环境（Built environment）、交通运输（Transportation），以及招待礼节和文化资源（Hospitality and cultural resources）。

(三) 三要素说

国内学者魏小安和厉新建认为旅游目的地要素一般包括三个层次的内容。一是吸引要素，即各类旅游吸引物。它是吸引旅游者从客源地到目的地的直接的、基本的吸引力，以此为基础形成的旅游景区（点）是"第一产品"（Primary products）。二是服务要素，即各类旅游服务的综合。旅游地的其他设施及服务作为"第二产品"（Secondary products）将会影响旅游者的整个旅游经历，与旅游吸引物共同构成旅游地的整体吸引力的来源。三是环境要素。它既是吸引要素的组成部分，又是服务要素的组成部分，是一个旅游目的地的发展条件，其中的供水、供电、排污、道路等公用设施，医院、银行、治安管理等机构以及当地居民的友好态度等构成"附加产品"（Additional products）。

(四) 两大核心要素论

邹统钎（2008）认为旅游目的地的核心要素有两点：一是具有旅游吸引物；二是人类聚落，要有永久性的或者临时性的住宿设施，游客一般要在这里逗留一夜以上。

对比以上国内外学者对旅游目的地构成要素的不同观点，可以看出，布哈里斯（Buhalis，2000）的目的地"6A"模型，除了包价服务（Available package）外，其他构成要素与国内学者的观点基本一致，即都包括吸引物系统、旅游基础设施与服务、基础设施体系等几大部分。

三、旅游目的地分类体系

(一) 按行政区域划分

旅游目的地按照其空间所涉及的行政区域的大小，可划分为国家级旅游目的地、省级旅游目的地、市县级旅游目的地以及景区型旅游目的地等。对不同空间大小的旅游目的地的认知与旅游者的出游距离有关，出游距离越远，对旅游目的地的空间认知感越大。如在出境旅游时，倾向以国家为单位来选择旅游目的地；在国内旅游时，倾向以省级行政区为单位来选择旅游目的地；在周边地区旅游时，则倾向以市、县行政区甚至旅游景区为单位来选择旅游目的地。

(二) 按旅游者需求划分

旅游目的地按旅游者需求，可划分为观光型旅游目的地、休闲度假型旅游目的地、商务型旅游目的地和特殊需求型旅游目的地。观光型旅游目的地凭借优美的自然景观和独具特色的人文景观满足旅游者视觉、听觉、触觉等感观层次的需求。我国大多数旅游目的地可归属此类。休闲度假型旅游目的地以良好的旅游环境吸引旅游者，满足旅游者放松身心、修身养性的需求。休闲度假型旅游目的地既有与观光型旅游目的地相结合的，也有功能单一的，如近些年大量涌现在城市周边，以休闲为主要功能的旅游目的地。商务型旅游目的地则凭借所依托城市的完善基础设施和商务功能，满足商务工作人员工作之余的旅游需求或在旅游中进行商务活动的需求。特殊需求型旅游目的地则以满足旅游者特殊的旅游需求为目的，如沙漠、戈壁以及高山等探险型旅游目的地。

（三）按目的地资源类型划分

旅游目的地按旅游资源类型，可划分为自然山水型、都市商务型、乡野田园型、宗教历史型、民族民俗型和古城古镇型。其中自然山水型以自然山水旅游资源为主要吸引物，可细分为山岳型旅游目的地、水域型旅游目的地、森林草原型旅游目的地、沙漠戈壁型旅游目的地等；都市商务型是凭借大城市作为区域政治、经济、文化中心的优势发展起来的；乡野田园型则凭借农村生活环境、农业耕作方式、农田景观及农业产品吸引旅游者；宗教历史型是凭借宗教历史文化、宗教历史建筑、宗教历史遗迹成为具有浓厚文化底蕴的旅游目的地；民族民俗型依托不同地区、不同民族之间的民俗文化和民族传统上的差异，依托独特的地方民俗文化和民族特色而得到发展；古城古镇型依托在历史发展中所保存下来的完整的古色古香的城镇风貌和天人合一的居民生活环境吸引旅游者。

布哈里斯把旅游目的地分为城市、海滨、山地、乡村、真实的国家和世外桃源（Unique-exotic-exclusive）。张立明等人（2005）按照目的地的构成特征，把旅游目的地分为四种类型：城市型、胜地型、乡村型和综合型。各类目的地类型又可以依据不同的标准继续往下细分，如胜地型目的地又可以分为山地型、湖泊型、滨海型等。目的地类型的典型特征、主导功能和典型案例见表1-2。

表 1-2　旅游目的地类型及其典型特征、主导功能和典型案例

类别	典型特征	主导功能	典型案例
城市型	以现代城市景观（都市风貌）、城市文化和城市商贸为吸引物	城市旅游、商务会展旅游	北京、上海、广州、大连、西安等
胜地型	以独特的自然或文化遗产作为吸引物，城市依托景区而发展	观光旅游、生态旅游、休闲度假	黄山、泰山、峨眉山和武当山等
乡村型	乡村风貌典型、乡村旅游特色鲜明	乡村旅游、农家乐	横店、苏家围、阿坝等
综合型	景区与城市互为依托	综合性休闲度假	宜昌、秦皇岛、桂林和三亚等

资料来源：张立明等（2005）。

第二节　旅游目的地开发与管理基础理论

一、剧场模型

Goffman（1959）首先提出可将社会互动隐藏在剧场构架之中，利用舞台演出的名词与观念来检验社会互动的结构与影响的关系。随后 Richard Schechner 发展出一套观念来描述舞台设定，包括戏剧（Drama）、脚本（Script）、剧场（Theater）和表演（Performance）。之后 Grove 和 Fisk（1992）将其引入到服务业中，并提出了服务剧场理论：提供服务与舞台表演具有一定的相似性，舞台剧场的构成要素与服务的构成要素之间能够形成一定的对应关系。剧场理论的组成要素包括：

1. 演员（Actors）构面，包含服务人员的衣着打扮、服务人员的态度和行为、服务人员的专业技术、服务人员对顾客的承诺等；

2. 观众（Audience）构面，包含顾客配合与服务的态度、顾客配合参与服务的行为、顾客间的互动；

3. 场所（Setting）构面，包含服务场所布置、服务场所空间配置、服务场所清洁；

4. 表演（Performance）构面，包含产品质量、服务实时作业处理、服务流程及设计。

借由剧场理论的演员、观众、场所、表演等构面，可探讨游客认为较为关键的旅游服务需求的内容，如旅游景点与空间路线的配置、服务人员的承诺程度、商品的质量、活动的安全性，等等。

二、可持续发展理论

可持续发展是人类经过20世纪七八十年代的超常规飞速发展后，面对随之产生的一系列环境与发展之间难以调和的矛盾，对自身的发展历程进行反思后所提出的新的发展观（牛亚菲等，2000）。

1987年，世界环境和发展委员会在《我们共同的未来》报告中首次提出了"可持续发展"的概念，其基本定义是："可持续发展是满足当代人需求，又不损害满足子孙后代需求能力的发展。"（WCED，1987）世界自然保护联盟（IUCN）进一步将可持续发展概念表述为："可持续发展是一种在不损耗或不破坏资源的情况下所允许的开发过程。"

旅游可持续发展的概念是随着可持续发展这一新观念的出现而出现的，是可持续发展思想在旅游领域的延伸。从可持续发展思想产生起，如何实现旅游的可持续发展就成为可持续发展的重要议题之一。在国际可持续发展战略的重要文件《21世纪议程》中，很多条款都涉及旅游业在实现可持续发展中的作用。这是由于，一方面，旅游业在全球经济中占据着重要的位置，旅游目的地是不是能做到可持续发展关系到世界的全局；另一方面，旅游业作为一种资源产业，是一个依靠自然禀赋和社会遗赠的产业，因此，保持优良的生态环境和人文环境是旅游业赖以存在和发展的客观基础。不仅旅游者的到来会给旅游地环境造成有意或无意的破坏，而且如果旅游规划、开发与管理不当，也会对环境产生破坏作用，如生态污染、空气污染、噪声污染等。1990年在加拿大举行的全球可持续发展大会专门提出了《旅游业可持续发展行动战略草案》。

1990年在加拿大温哥华召开的"可持续发展国际大会"上，旅游组织行动委员会在《旅游持续发展行动战略》草案中明确地提出了"可持续旅游"的概念。联合国教科文组织、联合国环境规划署和世界旅游组织于1995年4月在西班牙召开了"可持续旅游发展世界会议"，通过了《可持续旅游发展宪章》，并提出了18项可持续旅游发展目标和原则，同时制定了《可持续旅游发展行动计划》，为旅游可持续发展制定了一套行为准则，并为其在世界各国的推广提供了具体操作标准。国内外关于可持续旅游的概念众多，其中较为权威的是世界旅游组织（UNWTO）在1995年给出的定义：可持续旅游是指在维持文化完整、保持生态环境的同时，满足人们对经济、社会和审美的要求。它能为今天的主人和客人们提供生计，又能保护和增进后代人的利益并为其提供同样的机会。可持续旅游的内容包括：发展机会的公平性、生态系统的持续性、旅游与环境的整体性以及发展战略的共同性。

从20世纪80年代起，一系列以可持续发展理念为基础的概念逐渐形成，如生态旅游、绿色旅游、替代旅游、低碳旅游、善行旅游等。这些概念可能分别涉及不同的学科领域，侧重点有所不同，但最终的目标都是实现旅游业乃至社会的可持续发展。

（一）生态旅游

20世纪六七十年代，快速发展的旅游业对欧美国家的国家公园及保护区内的生态系统带来了严重冲击，保护旅游区环境成为管理部门、专家学者和部分游客关注的问题。加拿大学者Claude Moulin于1980年首次提出与旅游相关的生态学概念——生态旅游（Ecological tourism）。1983年，世界自然保护联盟（IUCN）特别顾问、墨西哥学者H. Ceballos Lascurain首次正式使用"生态旅游"一词。生态旅游从提出至今已有30余年，但至今对其未有一个普遍认可的定义，国内外学者分别从不同的学科领域对其内涵进行了积极探索和补充。其中较为具有代表性的是《国际生态旅游标准》的定义：生态旅游是"着重通过体验大自然来培养人们对环境和文化的理解、欣赏和保护，从而达到生态上可持续的旅游"。

生态旅游的主要特征包括：①以自然环境为基础，满足人类回归大自然的强烈愿望；②体现环境保护意识，不能以资源的消耗为代价来获取经济利益；③以改善当地居民的生活质量为前提，增加足够的就业机会，同时为当地创造足够的经济效益；④强调使公众亲近自然、了解自然、欣赏自然，向自然学习并接受教育；⑤强调旅游的可持续性，包括环境的可持续性（使旅游设施与活动对环境的负面影响最小并有助于自然保护）、社会的可持续性（为当地社区参与、居民就业和文化传承带来好处）以及经济的可持续性（促进地方经济发展并且可以赢利）。

与可持续旅游相比较，生态旅游是以自然环境为基础的旅游活动，是一种"小众"的旅游方式。它是可持续旅游原则在特定自然区域即生态目的地的具体运用和实践，是达到可持续旅游目标的有效手段和途径，但它并不是可持续旅游发展方式的全部，可持续旅游不仅仅局限于生态旅游。

(二）绿色旅游

绿色旅游起源于国外。20世纪60年代以后，西方工业化进程的加快和世界经济的高速发展导致了资源的掠夺性开发和无节制耗费，环境污染加剧，生态问题层出不穷，都市人群开始向往返璞归真的田园生活，亲近自然、了解自然和回归自然，绿色旅游应时而生。

"绿色旅游"一词早在20世纪80年代就已传入我国，但目前还没有统一的概念表述，其中比较具有代表性的概念是：绿色旅游是旅游系统在运行过程中依据减量投入、重复利用与再循环的原则使用与利用资源和环境，实现资源利用的高效低耗与对环境损害最小化的经济发展模式。另一种较为全面的观点是：包括旅游者、饭店、景点管理者、旅行社和导游在内的旅游参与者，在整个旅游过程中的各个环节都必须尊重自然、保护环境，以保证旅游资源和社区经济的可持续发展，并且让游客在良好的绿色环境中获得欣赏美景、享受生活、学习探究自然与地方文化的体验。

与传统大众旅游相比，绿色旅游具有鲜明的特点：①绿色旅游是以原生自然环境为基础的旅游活动，让人类亲近自然、认识自然、欣赏自然、融入自然，满足了人类回归自然的强烈愿望，通过与自然的和谐相处获取美好的旅游体验；②绿色旅游不同于传统的自然旅游或观光旅游，旅游过程强调环保意识，即人类应当以一种对社会、对环境负责任的态度，合理利用资源，保护自然环境；③绿色旅游强调可持续的价值观，贯彻和实施可持续发展思想，保持旅游和环境的可持续发展。

（三）替代性旅游

替代性旅游（Alternative tourism）是相对于大众旅游（Mass tourism）的概念。一些学者将其译为非大众型旅游、另类旅游、可选择性旅游等。替代性旅游的概念在学术界一直存在争论，较具有代表性的是科恩对替代性旅游的定义：替代性旅游是对大众旅游的现代消费主义的反思，是相对于探险者、漂泊者等的新型旅游角色，替代性旅游者与当地社区接触，参与社区的小型项目。

一般说来，替代性旅游规模较小，旅游者与当地社区有更多交流机会，且经济漏损少。替代性旅游的内涵包括：①在旅游吸引物和住宿设施方面，强调根植于特定社区背景的开发，强调以能为当地做贡献的方式开发；②在促进当地经济增长和改善当地生活条件的同时，不超出当地自然环境的承载力和社会环境的界限，降低旅游的负面影响；③尽量减少对环境的影响，避免在以前没有开发的地区进行大规模旅游开发；④强调当地文化的可持续性，尊重当地文化，尽量不破坏当地的文化。

（四）低碳旅游

低碳概念是在应对全球气候变化，提倡减少人类生产和生活活动中温室气体排放的背景下提出的。低碳旅游源于低碳经济。"低碳经济"最早出现于2003年的英国政府的能源白皮书——《我们能源之未来：创建低碳经济》。白皮书将低碳经济作为一种应对全球气候变化的发展战略提出。此后"低碳经济"逐渐在各国得到认可和推广。2009年，在深圳举行的海峡两岸暨香港"旅游行业发展高峰论坛"上，旅游业界人士提出了"发展低碳旅游"的口号。这是首次明确提出"低碳旅游"的术语。低碳旅游是指在旅游发展过程中，通过运用低碳技术、推行碳汇机制以获得更高的旅游体验质量和更大的旅游经济、社会、环境效益的一种可持续旅游发展新方式。

低碳旅游是低碳经济在旅游业的渗透和衍生，是可持续发展战略的重要举措，强调在旅游产业各级链条上采用低碳技术、碳汇机制，通过旅游者的碳补偿和低碳消费方式，缓解全球气候变暖的趋势，将环境的破坏程度减到最小，将资源和能源的消耗程度降到最低，保证经济发展所依赖的各种资源，改善人居环境，提高居民生活质量，实现旅游、环境、资源、经济和社会的良性循环和可持续发展。

与传统大众旅游相比，低碳旅游具有以下特征：①低碳旅游是以节约资源、保护环境为目的的旅游方式；②低碳旅游的焦点是"碳"，着眼于对温室气体排放量的控制，即在旅游过程中采用各种行之有效的措施以减少"碳"的排放，在旅游发展中以更少的碳排放量来获得更大的旅游经济、社会、环境效益，保证经济高效运行、社会和谐发展和环境有效改善；③低碳旅游在保证公众旅游需求得到有效满足的同时，有意识地减少造成温室气体排放的活动。

低碳旅游的研究内容主要包括旅游交通碳排放、旅游目的地碳排放以及碳排放税等方面。目前，我国的低碳旅游研究仍处于起步阶段，多以宏观定性分析为主；而国外则利用问卷调查构建模型等方法多方面收集信息和数据，侧重于定量分析。

（五）善行旅游

"善行旅游"的概念是在2011年北京举办的亚太旅游协会60周年庆典年会上提出的。与"生态旅游""绿色旅游""替代旅游""低碳旅游"等概念有所不同,"善行旅游"不是集中关注某一个领域的旅游可持续发展问题,而是站在统筹的高度,将旅游作为一种工具,促进旅游资源的保护与社会的发展,其特别强调促进人类的发展。2011 年 12 月后,联合国教科文组织发起的"善行旅游"基金项目在中国海南正式启动。"善行旅游"的研究主要集中在遗产旅游的范围内。

"善行旅游"是商品、服务和精神体验三者互相协调的综合性概念。这三方面共同促进了自然、文化和传统价值观的长期完整性、原真性与和谐性。这些价值观为当地社区所特有,需要得到妥善保护、正确理解和广泛接受。"善行旅游"反射出一种自豪感和认同感,创造快乐并且定期地为使用、享受和依赖于这些资源的人们提供持久的社会与经济惠益。"善行旅游"是一个哲学概念,它意味着引导和协调各级政府部门、当地社区和整个社会,通过保护、利用和享受我们的自然和文化遗产,从而为所有人带来可持续的、长久的利益。

善行旅游的行为准则包括:①使各利益相关者和谐相处,促进达成共同愿景,并达成旅游管理、遗产保护与当地发展之间的统一;②达成各利益相关者之间的信息对称;③鼓励主要利益相关者积极参与旅游资源的保护、宣传以及监督管理,尤其强调社区居民的参与;④各利益相关者在旅游活动中获得成长。

三、目的地竞争力理论

自 20 世纪 80 年代初美国战略大师迈克尔·波特提出竞争优势理论后,对旅游目的地竞争力理论的研究便成为旅游研究领域的一个新课题,但至今对于旅游目的地竞争力尚未达成一个统一的概念,不同学者对于旅游目的地竞争力概念的界定与表述存在较大的差异。较早的研究如 D. Pearce(1997)从目的地开发角度,把目的地竞争力描述为:目的地在一个规划框架内,在不同目的地之间,对各个目的地特征系统地分析和比较的技术和方法。随着旅游业的发展,人们逐渐认识到经济目标并非旅游目的地的首要和唯一的目标,旅游的根本目的是"提高生活质量并为所有的人创造更好的生活条件"(卞显红,2005)。因此,旅游目的地竞争力不仅仅是"经济意义"上的概念,它还需要涵盖环境的保护、资源的永续使用等内容,从而保障旅游目的地居民及其他利益相关者的长远利益。邹统钎等人(2012)通过总结梳理,将旅游目的地竞争力界定为:旅游目的地能够持续地为旅游者提供满意的旅游经历，并且能够不断提高旅游目的地居民生活质量以及其他利益相关者福利的能力。它是一个相对的概念，通常用市场占有率、旅游收入等经济指标对其进行衡量。

目的地竞争力理论的重要功能就是为旅游目的地提供了一种提高其竞争力的理论思路和系统框架，旨在充分满足旅游者的旅游需求以及提高当地居民生活质量的基础上，强化目前的旅游竞争力，进而挖掘自身的潜在竞争力（赵磊等，2008）。克劳奇和里奇（Crouch & Ritchie，1999）最早在波特的国家竞争力钻石体系模型的基础上提出了适用于旅游目的地的综合性竞争模型（简称C-R模型），如图1-1所示。

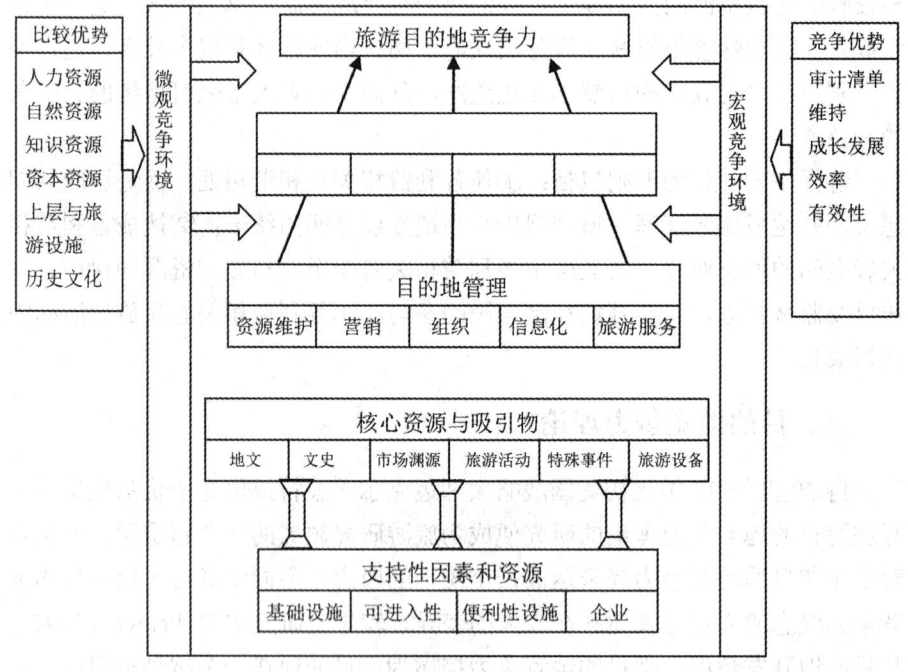

图 1-1　旅游目的地竞争力分析的 C-R 模型

2003 年克劳奇和瑞奇对此模型进行了补充，加入了旅游目的地政策、规划和开发这一核心构成要素。此外，还有迪耶和金（Dwyer & Kim，2003）的 D-K 模型、郭舒和曹宁（2004）的六因素联动 TDC 模型、易丽蓉和李传昭（2007）的 TDC 五因素模型等。

四、地方理论

地方理论源于地理学的概念。20 世纪 70 年代，索尔（Sauer）、鲁克曼（Lukerman）与段义孚（Yi-Fu Tuan）等人文地理大师指出，"地方是一种对世界的态度，强调主观体验而非空间科学的冰冷生硬逻辑"，它"是由个人或群体赋予了深刻内涵和意义的特殊空间"。

美国华裔人文地理学家段义孚（Yi-Fu Tuan）于 1976 年首次提出了"地方"（Place）和"地方感"（Sense of place）的概念，接下来西方学者围绕这两个核心概念提出了"地方性"（或称"地方精神"，Spirit of place）、"无地方性"（Placelessness）、"地方依附"（Place attachment）、"地方依靠"（Place dependence）、"地方认同（Place identity）"、"地方营造（Place making）"等概念，从人的感觉、心理、社会文化、伦理道德等不同角度来阐述人与地方之间的关系，共同组成了"地方理论"（Place theory）。

地方理论从 20 世纪 70 年代受到广泛关注，其理论框架如图 1-2 所示。

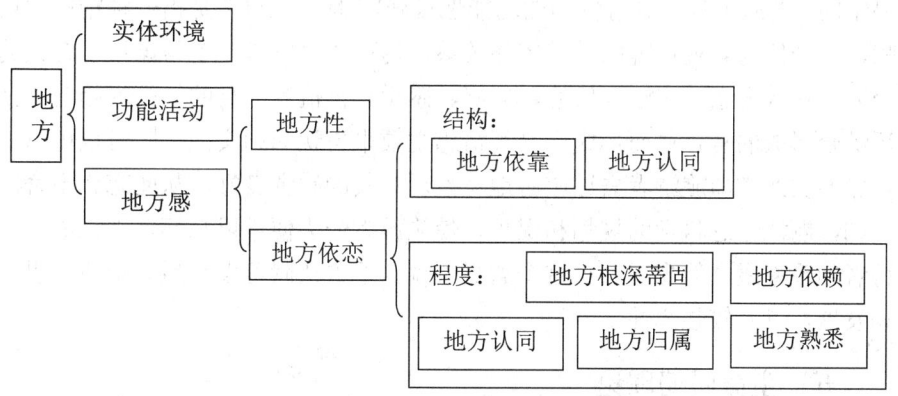

图 1-2　地方理论概念体系框架图

段义孚（Yi-Fu Tuan）从空间现象学的研究视角出发提出"地方"的概念："地方是世界活动中人的反映，通过人的活动，空间被赋予意义"。"地方是人类生活的基础，在提供所有人类生活背景的同时，给予个人或集体以安全感或身份感。"在《地方与无地方性》（*Place and Placelessness*）一书中，瑞夫（Relph）指出：实体环境、功能活动和地方感是对一个地方进行识别的三个基本要素。实体环境是由建筑、自然环境等组成的物质实体，功能活动是社会关系的载体，地方感是人的情感与所处环境之间相互作用而产生的一种反应，因为人的记忆、感受与价值等情感因素与景观环境之间会产生情感意义上的互动，所以个人就会产生对地方的依附行为。它包括两个含义，即地方固有的特性（地方性）和人们对这个地方的依附感（地方依附）。

地方依恋是人与场所之间基于感情（情绪、感觉）、认知（思想、知识、信仰）和实践（行动、行为）的一种联系，其中，感情因素是第一位的。威廉姆（Williams）和瓦斯科（Vaske）认为地方依恋从结构角度由地方依靠和地方认同这两个维度构成。Hammitt和Stewart从程度上将地方依附分为地方熟悉感、地方归属感、地方认同感、地方依赖感和地方根深蒂固感等五个等级。

地方依恋构建了"地方依靠"（Place dependence，PD）和"地方认同"（Place identity，PI）的结构。"地方依靠"是指一种功能性依赖，体现了地方资源及其所提供的设施对想要开展的活动的重要性。如北京是了解明清建筑和历史的最好去处，"农家乐"是体验"农家生活"的好地方。从这个意义上来说，旅游地要想提高旅游者"地方依附"水平，就必须要有较为完善的、科学的，能满足具体旅游目的的功能性设施。"地方认同"是指一种精神性依赖，指个体与客观环境的一种依赖关系，这种关系依靠一个与该环境有关的个人有意或无意的想法、信仰、偏好、感觉、价值观、目的、行为趋向和技巧综合形成的复合体而形成。这种情感主要来自认知和实践，同时也可以来自旅游实践，即旅游者去过旅游地一次后对其的感觉良好，从此恋恋不舍。例如，丽江经过科学的规划和保护，使旅游者一去便难以忘怀，现已成为旅游者回头率最高的古城。从这个意义上说，地方依附可以在后天形成、引导和发展，具有较强弹性。

五、生命周期理论

生命周期理论最早是市场营销学中的一个概念，是指一种产品从投入市场到被淘汰出市场的全过程。自产品生命周期理论问世以来，被用于许多研究领域，为人们分析某些现象提供了有益的工具。该理论被引入旅游领域，产生了"旅游目的地生命周期理论"。

对于旅游目的地的生命周期，有学者将其分为三个周期，即发现（Discovery）、成长（Growth）、衰落（Decline）。也有的学者，例如Plog（1974），将其分为五个周期。目前，较为通用的是巴特勒（Butler，1980）的六阶段周期模型。他将旅游地生命周期分为六个阶段，即探索（Exploration）、参与

(Involvement)、发展(Development)、稳固(Consolidation)、停滞(Stagnation)、衰落(Decline)或复兴(Rejuvenation)，并且引入了使用广泛的"S"形曲线来加以描述，如图1-3所示(Butler，1980)。

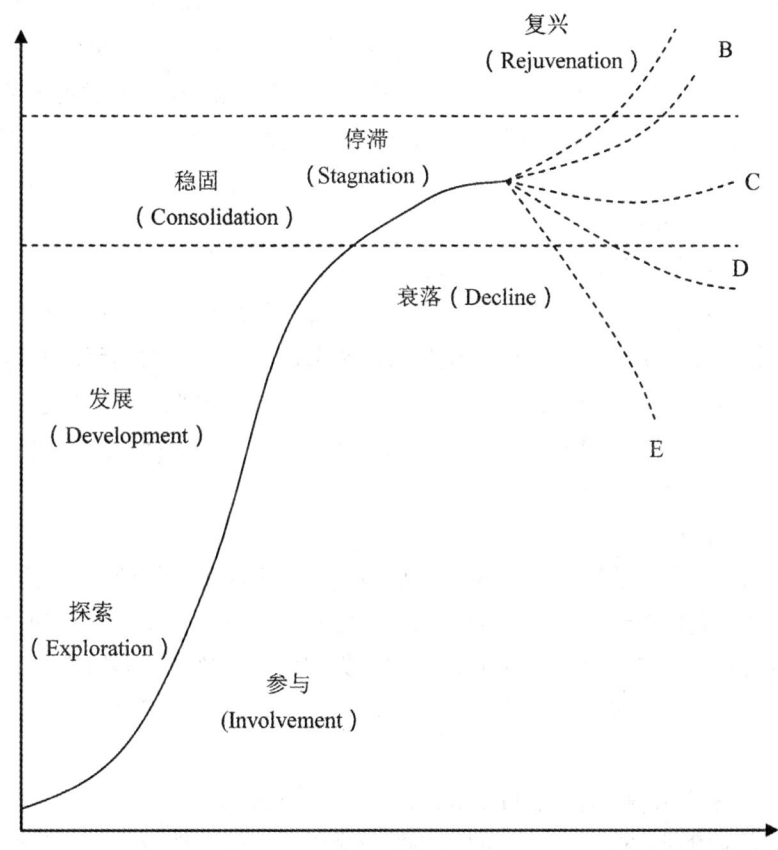

图1-3　旅游地生命周期曲线

（一）探索阶段（Exploration stage）

探索阶段的特点是旅游目的地只有探险型游客，且数量有限、分布零散，游客与当地居民接触频繁；旅游目的地的自然和社会经济环境未因旅游而有所改变。南极洲的部分地区、拉丁美洲和加拿大的北冰洋地区即处于这一阶段。

（二）参与阶段（Involvement stage）

参与阶段的特点是旅游者的人数逐渐增多，由此吸引当地居民开始专为旅游者提供一些简易设施；旅游者依旧频繁与本地居民交往；旅游季节逐渐形成，广告也开始出现，旅游市场范围也已界定出来。太平洋和加勒比海的一些较小的、次发达的岛屿正处于这一阶段。

（三）发展阶段（Development stage）

发展阶段的特点是一个庞大而又完善的旅游市场已经形成，吸引了大量的外来投资；旅游者人数继续上涨，在高潮时期甚至超过长住居民人数；交通条件、当地设施等都得到了极大的改善，广告促销力度也大大增强，外来公司提供的大规模、现代化设施已经改变了目的地的形象；旅游业发展之迅速使其部分依赖于外来劳动力和辅助设施。在这一阶段应该防止对设施的滥用，因而国家或地区的规划方案就显得尤为重要。墨西哥的部分地区、北非和西非海岸即处于这一阶段。

（四）巩固阶段（Consolidation stage）

巩固阶段的特点是：游客增长率已经下降，但总游客量仍持续超过长住居民数量。为了扩大市场范围，延长旅游季节，吸引更多的远距离游客，广告促销的范围需要进一步扩大。当地居民对旅游者的到来已产生反感。以前的设施现在降为二级设施，已不再是人们向往的地方。大部分加勒比海和北地中海地区即处于此阶段。

（五）停滞阶段（Stagnation stage）

在这个阶段，旅游环境容量已达到或超过最大限度，导致许多经济、社会和环境问题的产生。旅游目的地原有的完善的旅游地形象已经受到损害。尽管游客数量达到最大，但旅游市场在很大程度上依赖于重游游客、会议游客等。自然或文化吸引物被人造景观所取代，接待设施出现过剩，旅游地形象与地理环境相脱离。

（六）衰落或复苏阶段（Decline or rejuvenation stage）

在衰落阶段，旅游者被新的目的地所吸引，该旅游地面临无论从空间上还是数量上都缩小的旅游市场，只留下一些周末度假游客或不留宿的游客。大批旅游设施被其他设施所取代，房地产转卖程度相当高。这一时期本地居民介入旅游业的程度又恢复增长，他们以相当低的价格去购买旅游设施。此时的旅游目的地面临两种可能：一种可能是成为所谓的"旅游贫民窟"或者完全与旅游脱节；另一种可能是旅游目的地在停滞阶段之后进入复苏期。

进入复苏期有两种途径：一是创造一系列新的人造景观，但是如果临近的地区或竞争对手也在采用这种模式，这种策略的功效将大大降低；二是发挥尚未开发的自然旅游资源的优势，进行市场促销活动以吸引原有的和新的游客。英国和北欧的许多旅游目的地都属于此类。但是可以预见，重新复苏的旅游地最终也会面临衰落。即使是独一无二的目的地也会因为旅游者需求与偏好的改变而不可能永远具有吸引力。只有针对旅游者不断改变的旅游偏好更新旅游产品，才能使旅游地或产品具有长久的竞争力，人造景观迪士尼乐园便是一个成功的案例。

在衰落或复苏阶段，存在着五种可能性：①加大旅游目的地开发力度，使游客数量继续上升，从而使旅游目的地进入复苏阶段；②采用缓慢复苏方式，注重对资源的保护，限于小规模的调整和改造，使游客量以较小幅度持续增长；③重点放在维持现有游客量，避免其出现下滑；④过度使用资源，不注重环境保护，导致竞争力下降，游客量剧减；⑤战争、瘟疫或其他灾难性事件的发生会导致游客量急剧下降，而且很难恢复到原有水平。

旅游目的地生命周期理论为总体上描述旅游目的地发展历程提供了一套模式，该理论也可用来分析目的地的增长状况，预测目的地未来发展趋势，并为目的地管理决策者制定规划方案、进行市场促销等提供了长远的依据，但它也存在以下几个问题。

1. 不同的旅游目的地的生命周期存在明显的区别：主题公园，尤其是单一产品的主题公园往往在开业后2~3年就达到成熟期，然后走向衰落。这也就是主题公园开园就必须火爆，否则就很可能失败的原因。多产品的主题公园的生命曲线是单个产品生命曲线的包络线。而自然旅游目的地往往会有很长的成长期，然后慢慢地走向成熟。两者情况不可混同。

2. 生命周期曲线受很多外部因素的影响，诸如市场竞争状况、替代消费品价格、消费者口味的变化以及政府的法令法规等。该理论把目的地看成单一产品，而非不同要素的综合体，每个要素对生命周期曲线有不同的影响，因此曲线走势并不确定。

3. 旅游目的地生命周期理论不能作为一个完美的预测工具，其原因包括：难以确认转换点；生命周期各阶段时间跨度差别很大；地理范围不同的目的地其生命周期差别很大。

4. 在市场营销方面，旅游目的地生命周期理论没有考虑到市场细分的因素。它将旅游者视为同一的、无差别的，而没有进行市场和旅游者消费行为的细分，并且没有考虑市场营销和竞争状况。

六、地格理论

在融合地理学的地方感理论（Sense of place）和管理学的资源基础论

（Resource based view）的基础上，邹统钎提出了地格理论。地格理论认为，游客去往旅游目的地是因为目的地能够提供游客向往的另类生活方式。目的地建设的核心是形成差异，构建有别于竞争对手的生活方式。这种差异的生活方式必须根植于地方，同时又是游客所期望的，有别于客源地游客日常生活的，是竞争对手难以模仿的、无法替代的。

（一）地格的特征

地格就是一个地方长期积累形成的自然与人文本质特征。这种本质特征决定了它的发展倾向于当地人的世界观。地格是地脉与文脉的有机合成，是一个地方的生活方式的综合特征。它的载体包括标志物（Marks）、环境（Environment）、仪式（Rites）与氛围（Atmosphere）。标志物：如苏格兰的风笛（Bagpipes）、格子裙（Kilt）、高尔夫、羊杂肠（Haggis）和威士忌，威尔士的城堡、服装与小艇（Castles, costumes and coracles）。环境：如西藏的高原气候、高山、峡谷、冰川。仪式：如毛利人的蹭鼻礼、藏民的献哈达礼俗、苗族的拦路酒，以及各种婚丧嫁娶仪式等。氛围：居民的热情、好客、开明、保守，或幽默等。

难以模仿的地格所构建的竞争优势具有如下特征。

1. 地方特有（Place specific）

在空间上具有独特性，是大自然所赋予的。比如山东的人文山水特征是在山东地域独特的自然与人文环境形成的。地方特有才能形成差异。Ooi（2004：112）曾经断言："目的地的供给与基础设施上变得越来越全球化、越来越雷同。"短期内通过资本与人力迅速构建的旅游设施与服务是很难形成竞争优势的。生活方式必须根植于地方，才能具备这种特点。

2. 路径依赖（Path dependent）

地格具有时间压缩（Time-compressed）、历史构建（Historical-constructed）的特征，是长期历史演变而成的。这是最典型的独特历史条件形成的不可模仿资源。1927年索尔的《文化地理的新进展》一文把文化景观定义为"附加在自然景观上的人类活动形态"。由于文化景观是长期形成的，对文化景观的研究必须回溯到过去的长期历史，探究每一个历史时期人们对某一地区文化的贡献，以明确这个地方文化景观的发展过程。由于一个地方的文化景观是历代居民文化烙印叠加形成的，因此索尔的学生惠特尔西（Whittlesey）提出相继占用（Sequent occupation）的概念（里熙煙，1983）。索尔学派引导人们用发生学的方法研究文化历史，因为他们谋求确定那些发生在地球表面特定地方和构成其特性的文化继承性。文化景观的内容除聚落、道路、田野等之外还有"气氛"这种容易感觉却难以表达的地方特征（王煦柽，1985）。

3. 难以言传（Unutterable）

生活方式因偶尔歧义与社会复杂（Casual ambiguity and social complexity）而造成难以解释，难以表述。

4. 难以替代（Unreplaceability/Non-substitution）

任何时代都有它的竞争标准。农业经济时代，数量是关键；工业经济时代，成本最重要；服务经济时代，质量是根本；体验经济时代，真实最给力。这是一个全球追求真实的时代。人们希望一种体验能够说明他们所在的目的地。竞争者难以通过舞台化的真实或者替代品来代替真实的地方体验。

实践上到处可见的是在品牌营销上的模仿与复制。品牌化是避免目的地营销趋同的重要手段，其关键是建立在地方特有的属性（Place-specific features）即地格（Placeality）之上，它必须具备唯一性（Uniqueness）、真实性（Authenticity）与吸引性（Appeallingness）。只有源自这种具有路径依赖，长期累积形成的地方特色，才能构成目的地品牌的核心要素；只有基于这些难以模仿（Uncertainly imitable）因素的旅游开发才能形成一个目的地的可持续竞争优势。

（二）基于地格的旅游目的地建设过程

一个成功的目的地品牌必须具有吸引性、独特性，且与定位相一致。它要体现目的地的性格，既简单又令游客难以忘怀。旅游目的地的建设过程就是在游客参与下构建地方化的另类生活方式。比如威尔士品牌战略非常重视为威尔士创立一个积极的、独特的、动人的身份以吸引英国及海外市场（WTB，2000）。旅游目的地品牌战略是一个地格导向市场黏结（Bonding）的战略过程。

1. 提炼地格本质

旅游目的地发展战略的首要一步就是寻找品牌基因，即提炼地方生活方式的本质特征，通过核心要素与文化符号来标识目的地品牌。比如"好客山东""四川——熊猫故乡""老家河南""七彩云南""满风清韵、多彩辽宁"；比如新西兰的自然、纯净与好动，爱尔兰的友善、风趣、传统、现代、热情、好客，意大利的别致、浪漫、美食。

2. 桥接目的地与客源地之间游客的地方依赖

与黏结相对的是目的地与客源地的桥接（Bridging）。游客旅游动机是目的地具有游客向往的生活方式。这种生活方式能够给游客带来新鲜感、幸福感与自豪感。旅游这种实践活动涉及"离开"(Departure)这个概念,即有限度地与常规和日常活动分开,并允许自己的感觉沉浸在与日常和世俗生活极为不同的刺激中。尤瑞(J. Urry)认为,凝视是通过标志(Signs)和差异被建构起来的,而旅游就包含着收集标志(Collection of signs)和寻找差异(杨慧,2009)。目的地营销必须同时满足游客的逃离到异地的主张,又要是真实的。

3. 构建旅游目的地品牌

在地格的基础上,旅游目的地构建自己的独特品牌。设计出标识,提出口号,做一系列的配套措施。构建生活方式全景(Panorama)。比如杭州的营销口号是:"东方休闲之都,品质生活之城"(Oriental capital of leisure, city of quality life);另一个典型的例证是福建打造的"清新福建"品牌,就是针对目前国内环境污染严重,经常出现雾霾所提出来的与主要客源地不同的另类生活方式。

4. 开发支撑生活方式的产品与服务

这是一个打造地方(Place making)与构建生活方式(Lifestyle construction)的过程。比如:茅草屋度假区给太平洋地区的旅游目的地赋予了特定的地方感。茅草屋度假区在南太平洋地区特别普遍,尤其在大溪地,几乎所有度假区都是这种建筑结构。而扬州的"上午皮包水(吃汤包),下午水包皮(泡澡堂)",成都的"吃火锅,搓麻将,摆龙门阵",以及"到处农家乐、坝坝茶",都体现了独特的地方生活特色。

其实,这个过程融合了体验塑造的几个过程:生活方式主题化,强化积极意象,消除消极意象,留下难忘的回忆,让五官浸润于这种生活方式之中。每个旅游业务对地方感选择性的定制能够形成独特的旅游体验。

5. 维持持久竞争优势

(1)本地化(Localization):真实化(Authenticization)是最有效的维持竞争优势的办法。实行建筑风格的本土化、餐食材料的地产地销、慢生活方式(Mason and Brown, 1999 cited in Groves, 2001)。

(2)标准化(Standardization):对于一些文化符号必须转为标准化的指标来打造地方特色的生活方式,比如礼仪、程序、原料等。

(3)适应性全球化(Adaptive globalization):适应性再利用(Adaptive reuse)是指根据目标市场游客生活方式上的习惯做改变,比如针对西方人的饮食偏酸甜口，多采用油炸与生伴。

（4）基于地格的创造（Placeality-based creation）：主要指旅游体验差异的创造。在虚拟现实、流行模仿、及时行乐的后现代社会，"后旅游者"非常享受这种构建的旅游。

第三节 旅游目的地管理的任务

旅游业是一个横跨第一、第二、第三产业的综合性产业，其发展不仅仅是追求经济增长，还要考虑社会福利、环境保护等诸多因素。旅游目的地管理的宏观任务，是为了取得经济、社会、文化与环境的均衡发展。根据世界旅游组织（UNWTO）出版的《旅游目的地可持续发展体系指导手册》，旅游目的地可持续发展的管理任务可以划分为以下13个方面（UNWTO，2004）。

（一）社区福利

1. 当地社区对旅游的满意度

旅游目的地社区对旅游活动的满意度是旅游可持续发展的关键。旅游目的地社区是旅游接待的主体。旅游活动既有可能给当地社区带来积极的影响，例如增加就业，提高社会福利；也有可能带来消极的影响，如对当地自然资源造成损害，对原生文化及价值观产生冲击作用等。在一些极端的案例中，当地社区对游客积累的厌恶与憎恨情绪使得他们做出了诸如驱逐游客等行为。因此，增加当地社区对旅游的正向满意度和控制负向满意度是旅游目的地管理的重要任务之一。

2. 旅游活动对当地社区的影响

旅游活动对当地社区的社会、文化和经济三方面的影响是密不可分的。旅游业所带来的经济增长往往伴随着当地社会、文化的改变。而对当地居民来说，他们往往没有机会和平台来决定他们是否想要这些变化。一些传统社区及当地居民可能不希望游客介入他们的日常生活，不希望游客分享他们的文化；而有些农村社区对于城市游客的生活方式感到难以理解。在这个飞速迈向全球化的时代，目的地的社区想要与大量涌入的游客及他们所带来的各种影响隔绝开来几乎是不可能的。以社区为基础的旅游业要实现可持续发展，就必须明确一个共同的目标和愿景，并得到当地社区的积极支持。

3. 当地居民获取关键资源的途径

在一些旅游目的地，旅游业的发展往往是以牺牲当地居民为代价获取关键资源的。例如，当地居民对海滩、道路等自然资源的使用状况可能会随着旅游开发活动而改变。在一些案例中，当地的公共海岸线、森林经过旅游开发变成了私有财产；或者对当地居民设置了使用限制，如禁止捕鱼与狩猎。尤其是在新开发的旅游目的地，这类问题频频出现，因为传统资源获取途径会受到新规则的影响。因此，社区居民获取资源的途径与居民对旅游的满意度息息相关。

4. 性别平等

尽管性别平等很可能不是利益相关者最关注的问题之一，但它对社会、文化可持续发展仍然具有重要意义。性别平等不仅仅是指女性获得旅游业相关工作的机会，她们的相关资质、培训机会和职位晋升的可能性，也包括旅游业对当地男性和女性的日常生活所带来的不同影响。女性往往最先受到资源损耗带来的影响，但同时也可能最先从旅游开发带来的基础设施的改善中获益，例如自来水和电的使用为妇女生活带来极大便利。

南太平洋旅游组织（SPTO）与联合国妇女发展基金（UNIFEM）合作，确定了旅游业性别平等方面需要关注的四个主要领域：家庭幸福感、平等的就业机会、传统性别角色的社会地位、不同性别获取土地和信贷的能力（这决定了谁在旅游业发展中能够发挥主导作用）。

（二）维持文化资产

《威尼斯宪章》（1964年）中对"历史文物建筑"概念的界定，不仅包含个别的建筑作品，而且包含能够见证某种文明、某种有意义的发展或某个历史事件的城市或乡村环境。这不仅适用于伟大的艺术品，也适用于由于时光流逝而获得文化意义的作品。影响到文化资产的因素包括政府发展政策、地方政治、旅游业、私人举措以及经济的变化等。

从旅游的角度来看，为保持文化资产，以官方机构命名并进行保护是行之有效的途径。"文化遗产"之类的名称可以吸引游客，也是旅游业发展的催化剂。因此，政府往往愿意提供资金支持，并协助维持这些资产以促进旅游业的发展。

（三）社区参与及社区参与意识

培养当地社区的主人翁意识和责任感对当地旅游业的可持续发展至关重要。要达成该目标，需要特别关注社区居民主人公意识的培养、社区广泛参与，以及居民权利的保障。只有做到以上要求，才能使居民逐渐意识到可持续的旅游发展能够为他们带来的直接或间接利益，因而更愿意参与到可持续旅游活动中来。

然而，培养可持续旅游的意识是一个长期的过程，信息是其中的重要因素之一。因此，以下几点是非常重要的、涉及信息的关键环节：信息的有效性、信息的可获取性、信息的分析与运用、促进信息的传达与反馈。

（四）游客满意度

游客满意度是游客是否会故地重游，或向其他人推荐该旅游目的地的关键。因此，它是旅游实现长期可持续发展的关键因素之一。游客对旅游目的地的满意度基于很多不同的因素，包括目的地的旅游景点安排、市场定位、服务质量、游客期望及游客体验等。这其中的许多因素与目的地管理职责相关，如住宿卫生条件、饮用水和食品安全等。

较为重要的游客满意度影响因素包括：达到游客期望，提供物有所值的产品和服务，清洁、卫生、安全的环境，热情好客的态度，旅游吸引物质量，游客自身兴趣。

此外，旅游目的地的可进入性及为残疾人和行动不便的老年游客提供服务也日益成为旅游业较为关注的问题。

（五）健康与安全

1. 健康

健康问题在长途国际旅行中尤其重要，涉及以下几方面：旅行者（The traveller）、旅游行业（The industry）和当地社区（The local community）。在旅行期间，特别是国际旅行中，旅游者难免会遇到许多物理和环境的变化，并由此打乱了他们的平衡状态，如季节和气候变化，昼夜和时间的差别，空气和水质的改变，海拔、温度、湿度的变化等。

另外与旅游相关的风险因素包括目的地、停留时间、旅游活动性质、住宿及餐饮卫生，游客行为及健康状况、性别、年龄、经历等。最常见的问题是交通事故以及心脏疾病、食物中毒、腹泻及疟疾等。从旅游行业角度来看，卫生问题涉及旅游业的各个方面，从旅游者离开客源地开始到安全离开目的地，贯穿整个行程。此外，通过合理的规划管理，旅游业能够更好地提升当地旅游从业者和居民的健康状况和生活质量。

2. 游客安全

目的地旅游业的可持续发展可能受到人为事件和自然灾害的危害。这些事件可能会导致游客数目锐减，且其影响可能会持续数月或数年。此外，恐怖袭击、叛乱、自然灾害等事件往往不仅会影响事件的发生地，甚至整个区域都可能受到波及。游客对旅游目的地的选择在很大程度上取决于对目的地的风险感知，因此被广泛认知的风险（无论真实与否）都可能会导致游客出行意愿的下降。应对的重点在于提供便利充足的信息以便目的地能够采取适当措施规避风险。

3. 目的地公共安全

旅游目的地的公共安全对旅游业发展尤其重要。对游客来说，犯罪、骚扰、疾病及其他不友善行为都可能会对旅游体验造成破坏。经历过上述事件的游客会将该信息传播给他人，因此糟糕的治安不仅会直接危害游客和当地居民，而且会影响游客的出游意愿，并阻碍目的地的经济增长。维护良好的社会治安是维持旅游目的地良好品牌形象的关键。

此外，公共安全的衡量标准不只包括犯罪率、健康状况或事故发生频率，对安全标准的认知也是多重的。一些住在安静山村的游客来到喧闹的旅游目的地势必感到不适应，而另外一些游客则认为这种状况是理所当然的。同样，来自人口稠密地区的游客在人烟稀少的旅游目的地可能会感到不自在，担心迷路或遭到动物袭击等，而这些情况可能是另外一些冒险爱好者津津乐道的体验。因此，公共安全的衡量标准还包括影响游客体验的公共安全感知。

（六）促进经济增长

1. 旅游季节性

一般来说，旅游目的地的游客量都具有一定的季节性，尤其是海滩旅游目的地，在很大程度上要依赖于旅游目的地和客源市场的气候（这就是所谓的"推拉因素"）。一个日益增长的趋势是建立季节平衡的旅游目的地。旅游目的地应尝试在不同季节提供多元化的旅游产品和服务，如滑雪、高尔夫、游泳、骑行、会议及节庆活动等，以弥补由于季节变化而带来的游客量较大波动。

2. 旅游漏损

旅游漏损主要是指旅游目的地的国家、地区或旅游企业向国外或外地购入商品、劳务或由于其他原因而发生的外汇支出和流失。联合国环境规划署（UNEP）的研究显示，非洲最不发达国家（LDCs）的旅游漏损率高达85%，加勒比地区为80%，泰国为70%，印度为40%。

尽管在一个开放的经济体中，进口某些要素是正常的，但尽可能减少漏损对于建立可靠的本地供应链，以维持当地经济的可持续发展来说是至关重要的。旅游漏损很难被直接衡量，通常使用旅游卫星账户的方法进行测算。降低旅游漏损的途径包括：①完善外汇管理制度、管理方法，降低黑市漏损；②提高本国（本地区）旅游相关产品质量，减少直接进口；③增强目的地相关供给厂商之间的沟通、协调和合作，提高目的地自身的供给能力；④提高管理水平，加强培训，降低管理技术与服务的进口。

3. 社区和目的地经济利益与旅游扶贫

旅游业可以为目的地带来投资和就业机会，并改善基础设施和公共服务。社区评估旅游业投入的回报时，要考虑旅游业所创造的直接和间接工作岗位、旅游收入、税收以及资产价值（如土地和基础设施价格）增长等。此外，旅游业的经济作用还需考虑一定的社会文化因素，包括：①社区是作为一个整体来获益，还是只有部分居民获益；②非本地居民对旅游业的控制程度和盈利状况；③旅游乘数效应；④旅游漏损状况；⑤旅游业税收使用状况。

旅游业对于许多贫穷国家是一个重要的经济支柱。它能够创造外汇收入、增加就业和吸引投资。许多发达国家和欠发达国家拥有丰富的自然和文化遗产，优质的旅游资源为旅游业的发展提供了良好的潜力。旅游业最直观的价值是以缓解贫困的形式在最不发达国家直接体现出来。同样，旅游业也是欠发达国家一项重要的经济收入来源。

（七）保护珍贵自然资源

珍稀动植物群落和独特生态系统是重要的旅游吸引物。一些新兴的注重游客体验与自然资源保护的小众旅游一方面增加了公众的环保意识，另一方面也对脆弱的生态系统造成了破坏。许多国家都在努力为生态保护提供支持。众多非政府组织、社区组织和私营公司为生态保护及旅游开发提供了大量观测数据。过去数十年内自然保护区的数量和面积都在持续增加。2002年根据世界自然保护联盟（IUCN）的定义，全世界有大约44000个保护区，占地表面积的10%。

（八）管理珍稀自然资源

1. 能源管理

旅游行业的能源很大部分是由固定资产（如建筑等）和交通工具（机动车辆、火车、轮渡等）消耗的。减少能源消耗不仅会降低运营成本，而且能够通过减少自然资源的消耗，降低相关的温室气体排放量，产生环境效益。

2. 气候变化

大量证据显示,全球气候正在发生变化,且气候变化的部分原因是人类的活动。人类的活动一方面导致温室气体排放量的增加;另一方面降低了自然环境对于碳的吸收能力。旅游活动通过交通、制热、制冷等能源消耗对温室气体排放的"贡献"非常显著,同时,该行业也明显受到全球和当地的气候变化的影响。

世界范围内的旅游业都在关注应对气候变化和减少旅游活动对气候的影响。许多国家开始逐步采取措施减少碳排放量或降低旅游业对气候变化的影响。

3. 水资源保护

水是旅游业的重要资源。旅游服务严重依赖于水资源。有研究表明,游客对水资源的消耗量是当地居民的2～3倍。对于水资源不足的地区,水资源会成为制约旅游发展的瓶颈,并对当地居民的正常生活产生影响。

(九) 降低旅游活动影响

1. 污水处理

液体废物(污水)的处理是旅游业的一个关键问题。旅游业常常由于其关键资源,如海滩、河流、湖泊等被污染而受到影响。水污染不仅会影响目的地形象,还会滋生疾病,危害野生动植物等自然资源。一些公众事件(如石油泄漏、霍乱等)会严重损害旅游目的地形象,并且其影响会持续数年之久。

2. 固体废弃物处理

固体废物污染是主要的污染源之一。几乎人类所有的活动都会产生固体废弃物污染。目前最主要的解决方案是垃圾填埋。这种"眼不见,心不烦"的处理方式不仅是对资源的浪费,而且重新制造新产品来替代它们还会造成温室气体排放量的增加。

现在国际上广泛认可的废弃物处理方式是"5R":减排放(Reduce)、重利用(Reuse)、再循环(Recycle)、残留处理(Residual treatment)、残余销毁(Residual disposal)。旅游目的地需要量化废物量,并确定来源和去向,以此达到对固体废弃物的有效管理。

3. 空气污染

空气污染对于许多旅游目的地,尤其是户外旅游目的地来说,已成为一个严重的问题。许多旅游者在网上贴出了一些照片或网文,反映热门旅游目的地,包括墨西哥、韩国的首尔、日本的东京、巴西的圣保罗、希腊的雅典和中国的北京等的空气质量状况,并对要去该地旅游的游客进行告诫。空气污染也是文化遗产（石灰石受到酸雨侵蚀）和自然遗迹（危害野生物种并导致生态系统退化）受到破坏的主要原因之一。与此同时，旅游业本身也是空气污染的"贡献者"之一。

4. 控制噪声水平

噪声日益成为困扰旅游目的地发展的一个严重问题，如曼谷、罗马和东京等一些城市已经将噪声确定为旅游体验的关键因素之一，一些城市中心的重要路口（如中国的许多城市）已安装实时噪声检测器。

在旅游目的地，特别是在海滩度假胜地，噪声往往是招致游客抱怨的因素之一，这也是文化冲突的一种体现：年轻游客喜欢彻夜狂欢至天明，而本地居民则希望在夜间休息。如果一个目的地吸引了多个细分市场的游客，则更有可能会出现噪声冲突。

5. 旅游设施的视觉影响

旅游设施及相关的基础设施往往会对景观造成视觉影响。建筑物的外观设计应当与周围环境、当地气候与文化相协调，并与当地其他建筑形式相一致；基础设施，如道路、电线、信号塔、卫星天线等都可能会对自然或历史景观产生严重的视觉影响，因此应采取隐蔽措施，如进行景观装饰等。在进行这些工作时需要考虑外观和文化两个方面：既要与周围景观相协调，又要与当地文化相一致。采用当地材料与本土建筑风格是解决这个问题的有效措施之一。

（十）控制旅游者活动程度

1. 控制使用强度

游客数量和使用强度是备受目的地管理者重视的问题。几乎所有的目的地都会监控游客数量。临界点既可能是对目的地产生潜在危害的游客数量，也可能是正在对目的地产生危害的游客流量。

2. 节事管理

节事活动对旅游目的地具有重要作用，但同时对管理者来说也是个巨大的挑战。节事活动形式多样，如朝圣、音乐会、展览、会议、体育赛事等，这些活动在带来巨大经济收益的同时，也会对目的地产生一系列影响，如社区福利受损、垃圾不能及时处理等。

（十一）目的地规划和控制

1. 旅游规划与当地/区域规划相融合

可持续旅游观念认为，通过长远而谨慎的规划，很多对旅游的不利影响是可以避免的。1995年兰萨罗特会议通过的《可持续旅游宪章》将"整体性规划"确立为可持续旅游的一项重要原则，《21世纪议程》以及世界旅游组织的相关文件中也都涉及类似观点。

2. 发展过程控制

发展过程控制包括控制开发过程、土地使用、物业管理及执法等活动。如果政府部门没有对发展过程进行有效控制，仅靠社区和旅游企业是难以将某个地区发展成为理想的旅游目的地的。而不幸的是，这种情况广泛存在，例如建筑太靠近海岸线、建筑密度太大，基础设施容量不足，等等。如果规划系统到位，就有可能将地区引导为理想的旅游目的地。

3. 旅游交通

旅游交通包括交通形式、交通安全、运输系统、运输效率、目的地内部交通等方面。旅游目的地是否成功，与其可进入性及流动性紧密相关。旅游业是不断增加的交通需求的主要驱动力之一，但这导致了巨大的环境压力和一系列问题，如温室气体和空气污染物排放量，强化土地、能源利用，噪声污染及景观质量下降等。因此，要保持旅游业的可持续发展，就需要制订在目的地范围内及区域内、全国乃至国际化的环境友好型交通规划。

（十二）产品设计与服务

1. 旅游线路设计

景区内的环线和游览路线是旅游规划首先要考虑的，它们将景区的主要景点和住宿、餐饮等活动地点连接在一起，使游客可以有多种选择，但都在一个有着共同主题的地理区域内。例如，芸香玛雅（The Ruta Maya）是一个连接中美洲五个国家的旅游线路，游客可以按照古代玛雅人的路线探索玛雅遗迹。其他典型的主题包括美食和美酒、艺术、本土文化、历史、农业和风景线等。

2. 提供多样性旅游体验

一般说来，多样性的旅游体验能够延长游客的停留时间。如果游客在目的地参与了多种体验活动（如步行、骑马、地方戏剧、钓鱼、乘船游览、观赏野生动物、潜水等），则他（或她）对旅游活动的整体评价更高。旅游体验活动不够丰富的目的地更容易招致游客不满（尤其是在天气状况不适于户外活动时）。小型旅游目的地往往进行联合经营以为游客提供更为丰富的体验活动。

3. 保持目的地的形象

游客的出游决定往往是基于其对某个目的地的形象认知，该形象认知可能是基于游客的自身经验、他人意见，或者是目的地的各种形式的宣传。维持目的地旅游业的发展要求确保目的地良好的形象，并随着市场和环境的改变而进行不断调整、重塑和更新。

（十三）确保旅游运营和服务可持续性

旅游企业（包括大型国际公司和规模较小的本地企业）越来越意识到旅游业的社会影响的重要性，因此这些企业的公司政策更多地体现出对员工和所在社区的社会责任。企业通过履行社会责任，也更能获得市场认可。

第四节 中国国家旅游目的地体系

中国的旅游业起步较晚，在独特的历史条件和管理体制下，形成了独具特色的旅游目的地体系，如目的地评级系统复杂、建设路径多样、政府管理手段不断推陈出新等。

（一）中国特色旅游目的地

1. 旅游城市

旅游城市即以城市作为一个整体旅游目的地，分为优秀旅游城市与最佳旅游城市。改革开放以后，我国旅游业得到了飞速发展。为了促进城市旅游业的发展，让更多的旅游城市达到"三优一满意"的标准，即优美的环境、优良的秩序、优质的服务，让旅游者满意，国家首先推出了"中国优秀旅游城市"的评选。1995年3月，国家旅游局发出《关于开展创建和评选中国优秀旅游城市活动的通知》。1996年4月正式拉开创建优秀旅游城市工作的序幕。1998年我国成立了创建中国优秀旅游城市指导委员会，并相继出台了《中国优秀旅游城市检查标准（试行）》（1998年）、《中国优秀旅游城市验收办法》（1998年）、《创建中国优秀旅游城市工作管理暂行办法》（2000年）和修订后的《中国优秀旅游城市检查标准》（2003年）。

从1998年开始创建中国优秀旅游城市以来至2010年底，我国共有339座城市分九批通过了验收，在全国的661个城市中，优秀旅游城市已超过一半。先后验收的几批优秀旅游城市差距较大，评选效果不佳，因此，2010年国家旅游局暂停了优秀旅游城市评选。

2001年，国家旅游局提出了"上选最佳，中促优秀，下推旅游县"的新思路。2002年，国家旅游局委托世界旅游组织和北京大学等单位共同研究编制了《中国最佳旅游城市标准》。国家旅游局于2003年2月公布了《中国最佳旅游城市创建指南》：最佳旅游城市要从中国优秀旅游城市中产生，评审每3年一次，相关城市的荣誉只能保留3年。该标准的另一个特点是设置了9个专项优秀旅游城市称号，旨在强调作为旅游目的地的城市的独特性。

2007年2月杭州、成都、大连三座城市入选首批中国最佳旅游城市。此后，中国最佳旅游城市的评选也因故暂时停止。

2. 旅游强县与国际旅游岛

为了服务新农村建设并与评选"中国优秀旅游城市"相衔接，国家旅游局在2003年启动了中国旅游强县的评选，发布了《创建旅游强县工作指导意见》和《创建旅游强县工作导则》。2007年6月，《中国旅游强县评定标准》出台，评定标准里包括旅游经济发展水平、旅游产业定位与政府主导机制、旅游产业综合功能和效益等项目，还设置了代表各参创县的特点和优势的附加项目。2007年首批"中国旅游强县"名单包括全国15个省的17个县，它们代表了本省甚至是全国旅游发展综合水平较高的县域单位。

2009年12月31日，国务院发布《关于推进海南国际旅游岛建设发展的若干意见》，将国际旅游岛建设上升为国家战略。海南国际旅游岛的发展建设瞄准中国旅游业改革创新的试验区、世界一流的海岛休闲度假旅游目的地、全国生态文明建设示范区、国际经济合作和文化交流的重要平台、南海资源开发和服务基地、国家热带现代农业基地六大战略目标。至今，海南国际旅游岛发展已经迎来了第五个年头，在社会经济各方面不断取得新成果，上岛旅游、旅居客群人数不断攀升。

3. A级景区

国家旅游局从1996年起开始酝酿景区级旅游目的地的分级管理评定制度，组织拟订《旅游区（点）质量等级的划分与评定》，并于1999年6月14日由国家质量技术监督局批准发布，1999年10月1日起正式施行。它将我国旅游区（点）质量等级划分为四级，从高到低依次为4A级、3A级、2A级、A级旅游区（点）。2000年11月国家组织评定小组对申报的4A级景区进行评定，2001年共评出首批4A级旅游区（点）231家及一批3A级、2A级、A级旅游区（点）。

国家旅游局在 2003 年颁布了新的《旅游区（点）质量等级的划分与评定》（GB/T17775—2003）。其中增加了 5A 级旅游区（点）。5A 级旅游区（点）从 4A 级旅游区中选择，对景区的文化性和特色性等方面做了更高要求。2007 年国家旅游局决定在全国已有的 671 家 4A 级旅游景区中筛选出一批质量过硬的 5A 景区。同年 5 月 22 日，国家旅游局决定批准北京市故宫博物院等 66 家景区为国家首批 5A 级旅游景区。经过 5 年的努力，截至 2014 年 5 月 19 日，全国共有 171 家 5A 级旅游景区。

4. 旅游度假区

国家旅游度假区，是指符合国际度假旅游要求，以接待海外旅游者为主的综合性旅游区。它有明确的地域界限，适于集中建设配套旅游设施，所在地区旅游度假资源丰富，客源基础较好，交通便捷，对外开放工作已有较好基础。国家旅游度假区属国家级开发。

1992 年，为促进我国旅游从观光型向观光度假型转变，国务院决定在条件成熟的地方试办国家旅游度假区，鼓励外国和我国港澳台地区的企业、个人投资开发旅游设施和经营旅游项目，并对其实行优惠政策。国务院批复同意建立包括江苏太湖、上海横沙岛在内的 11 处国家旅游度假区。

1993 年，国务院批复同意将"江苏太湖国家旅游度假区"下设的"苏州胥口度假中心"和"无锡马山度假中心"分别更名为"苏州太湖国家旅游度假区"和"无锡太湖国家旅游度假区"。

1995 年，国务院又批复同意建立"上海佘山国家旅游度假区"，以取代"上海横沙岛国家旅游度假区"。

5. 其他特色旅游目的地

除 A 级景区外，我国还建设有大量的特色旅游目的地，包括红色旅游景区（线路）、低碳旅游示范区、生态旅游示范区、工农业旅游示范点、休闲农业与乡村旅游示范点等。

（二）目的地建设路径

1. 产业融合

山东省旅游局原局长、世界旅游组织特聘专家李德明指出："在经济全球化、文化多元化的国际大背景下，产业融合发展成为不可逆转的趋势。"（吴晓梅，2011）产业间的融合发展与产业边界的模糊化是社会生产力进步的必然结果，产业自身要做大做强，就必须寻求同其他产业之间的融合发展。

中国旅游报社总编辑高舜礼认为，旅游业关联性强、带动性强，融合发展符合旅游产业特征。我国旅游业经过初级阶段的发展，资源、需求和供给必须走出传统"小旅游"，发展"大旅游"，兼顾经济、社会、环境、生态等多重效益，与工业、农业、服务业融合发展，才能适应未来的要求（吴晓梅，2011）。

目前，我国旅游业已经逐渐显露出"跨界"发展的迹象，新兴业态不断涌现，如工业旅游、会展旅游、农业观光游、医疗旅游、教育旅游等；新兴产业功能逐步显现，如旅游景区兼具影视文化基地功能，养老、医疗方式借助旅游框架，产业得以升级；新兴企业组织结构不断演进，如旅行社集会议组织、信息咨询、人力资源管理、展览策划于一身，旅游电子商务企业迅速扩展……

目前旅游业的跨界融合可分为两种类型（杨颖，2008）：一种是旅游业与其他服务业的融合，即第三产业内部融合；另一种是旅游业与非服务业的融合，即服务业产业外融合，如表1-3所示。

表1-3　旅游业融合类型及表现形式

产业融合类型	表现形式
产业内融合	教育旅游、体育旅游、医疗旅游、会展旅游、修学旅游、节事旅游、文化创意旅游等
产业外融合	工业旅游、农业旅游等

资料来源：杨颖（2008）。

旅游产业融合的路径有四种方式，分别为资源融合、技术融合、市场融合和功能融合（麻学峰等，2010），如表1-4所示。

表1-4　旅游产业融合路径

产业融合路径	融合产业类型	表现形式
资源融合	工业、农业、文化等	工业旅游、农业旅游、节事旅游等
技术融合	创意、信息技术、动漫产业等	产品创意、动漫设计、网络营销等
市场融合	会展、房地产等	会展旅游、商务旅游、房地产旅游等
功能融合	教育、医疗、体育等	教育旅游、医疗旅游、体育旅游、修学旅游、奖励旅游等

资料来源：麻学峰等（2010）。

旅游业与其他产业的融合，一方面能够延长产业链条，增加产业边际效益；另一方面能够调整产业结构，改善与其他产业的竞合关系，有效提高贯源利用率。此外，通过产业技术融合能够形成产业结构调整中新的增长极和新的主导产业，有效促进新兴产业、边缘产业的诞生。

2. 交通方式革命：高铁

从2009年武广高铁开通至今，中国已有武广高铁、郑西高铁、沪宁高铁、沪杭高铁、京沪高铁等多条高速铁路。依照《中国铁路中长期发展规划》，截至2012年，中国铁路营业里程已增加到11万公里，其中高速铁路客运专线建成1.8万公里。目前，中国已建成以北京为中心的八小时高速铁路交通网：除乌鲁木齐、拉萨等个别城市外，北京到全国各省会城市时间都控制在八小时以内。到2020年，我国将建立省会城市与大中城市间的快速客运通道以及四个城际快速客运系统，形成"四纵四横"的高速铁路基本框架，高铁覆盖全国90%以上人口。这对于旅游目的地，尤其是高铁沿线旅游目的地来说，无疑是一个巨大的发展机遇。目前已有不少学者对高铁的旅游影响做出了预测和分析，如罗鹏飞等人（2004）通过指标测评方法得出高铁对沿线及沿线附近城市可进入性的影响；汪德根等人（2013）分析了高速铁路对区域旅游空间格局的影响；覃成林等人（2013）从旅游经济增长和区域旅游合作两个方面，分析了武广高铁开通运营对粤湘鄂沿线区域旅游发展的影响。

总体来说，高铁对旅游目的地的影响包括以下几个方面。

（1）改变了客源市场空间格局，极大地降低了游客对于客源地与目的地之间的感知距离。

（2）改变了城市旅游空间格局，使旅游资源吸引力范围扩大，环城市游憩带空间扩张。

（3）加剧了区域旅游业的竞争与合作：游客"用脚投票"的趋势更加明显，一方面，各旅游目的地为了吸引旅游者而进行市场竞争，从而实现旅游资源的优化配置；另一方面，各旅游目的地也通过区域联动形成规模效应，实现互惠共赢。

3. 区域旅游合作

区域旅游合作是当前国内旅游业发展的大趋势。国家旅游局发布的《中国旅游业"十二五"发展规划纲要》中明确提出在资源、资金、信息、交通、人才、产品和市场等生产要素上展开区域旅游合作，重点打造环渤海、长三角、泛珠三角、丝绸之路、青藏铁路沿线、京杭大运河沿线等无障碍区域合作示范区。

（1）环渤海旅游区。依托旅游产业发展基础，环渤海旅游区将成为城市风光旅游区、历史遗迹与古文化遗址旅游资源区、山海一色与海岛自然风光旅游资源区、民族风情旅游资源区、民俗与传统文化旅游资源区。

（2）长三角旅游区。通过区域合作、市场共享、设施共建以及旅游产业软环境升级改造，长江三角洲地区将会成为以上海城市旅游为龙头，以南京、杭州、扬州、苏州等城市为支撑，以城市旅游、会展旅游、工农业旅游、高端旅游为特色产品的地域无障碍、交通无障碍、市场无障碍、信息无障碍的旅游经济圈。

（3）泛珠三角旅游区。泛珠三角地区具有得天独厚的旅游区位优势和社会经济发展趋势，通过区域合作、市场共享、设施共建以及旅游产业软环境的升级改造，发展成以广州、深圳和珠海为龙头，以其他各省省会为主要支撑的商务会展旅游、自然山水观光游、文化体验游、宗教旅游、休闲度假游、民俗旅游、红色旅游等系列旅游产品，形成山水观光精品旅游线、休闲度假精品旅游线、民俗体验精品旅游线以及滨海精品旅游线等国家级精品旅游线路。

（4）丝绸之路旅游区。它可以实现以下几方面的提升：依托丝绸之路独特的旅游资源，以洛阳、西安、宝鸡、天水、敦煌、张掖、吐鲁番、哈密以及喀什等沿线城市为载体，在进一步推进申遗工作的同时，通过市场推广、产品提升、基础设施建设、目的地打造以及区域合作机制完善等措施，实现知名文化品牌向国际旅游品牌提升，文化观光产品向多元旅游精品提升，国内旅游市场向国际旅游市场提升，交通瓶颈制约向便捷立体交通提升，省区各自为战向区域合作发展提升，服务要素薄弱向综合服务体系提升。

（5）青藏铁路沿线旅游区。它依托青藏铁路辐射范围高品位独特的人文生态旅游资源，如铁路沿线的西宁、格尔木、那曲、拉萨等已成为重要的旅游目的地与游客集散地。

（6）京杭大运河沿线旅游区。它以世界运河之母和华夏文明枢纽为核心内涵，保护历史文化与生态资源，延续运河文脉，传承运河文化，保全世界文化遗产；整合运河旅游资源，面向国内文化休闲度假和国际文化观光体验两大市场，创新整合运河旅游产品体系，提升运河文化品牌，打造中华文化旅游精品，培育具有国家竞争力的世界级旅游目的地。

第二章 旅游景区发展与管理

第一节 旅游景区管理理论

一、旅游景区的概念与分类

（一）旅游景区的概念

国外更多地采用"旅游吸引物"（Tourist attraction）这个概念作为旅游景区概念，强调"磁性"含义（Swarbrook，1999）。比如 Medlik（1993）把"旅游吸引物"定义为"为了向游览公众提供娱乐、消遣与教育而设计的有管理的永久性资源"（A designed permanent resource which is controlled and managed for enjoyment, amusement, entertainment and education of the visiting public）。旅游吸引物是旅游产品的要素，它吸引游客，决定游客选择旅游的地点，一般分为地点吸引物（Site attractions）和事件吸引物（Event attractions）。地点吸引物是指这个地方本身就是吸引游客前往游览的主要诱因，如气候、历史文物、名胜风景等；事件吸引物是指节庆活动、体育盛会、商业贸易交流会等。另一种分类法是自然吸引物与人造吸引物。海滩和古镇就是这种分类的实例。Lew（1987）指出旅游吸引物包括能够吸引旅游者离开家的"不是家"（No-home）的地方的所有因素，包括可供观赏的景观、游客参与的活动以及值得回忆的体验。Pearce（1991）的定义是：拥有特定的人文与自然特征的、有特定名称的地点。《世界智商词典》则定义："旅游吸引物是一个国内或国外旅游者参观的地方。"（A tourist attraction is a place where tourists, foreign and domestic, normally visit.）Leiper（1990）定义旅游景区三要素的系统安排：有旅游需求的人（Person），游客所希望参观的、具有特质的地方的内核（Nucleus），以及关于内核信息的标示（Marker）。

在我国则更多采用"旅游景区"这个概念，而且是一个非常笼统的概念，一般是指由若干地域上相连的、具有若干共性特征的旅游吸引物，交通网络及旅游服务设施所组成的地域单元，其内部具有一致性、关联性与整体性的特征。它可以受行政区域的约束，也可因地貌、景观、社会文化关联、经济关系而突破行政区域的约束。它的空间跨度差别很大，大可至一个国家，小可至一个乡村。

根据国家旅游局的《旅游区（点）质量等级的划分与评定标准》的定义，旅游区是以旅游及其相关活动为主要功能或主要功能之一的空间或地域。这就是说，旅游区（点）是指具有参观游览、休闲度假、康乐健身等功能，具备相应旅游服务设施并提供相应旅游服务的独立管理区。该管理区应有统一的经营管理机构和明确的地域范围，包括风景区、文博院馆、寺庙观堂、旅游度假区、自然保护区、主题公园、森林公园、地质公园、游乐园、动物园、植物园及工业、农业、经贸、科教、军事、体育、文化艺术等各类旅游区（点）。①

在以上旅游景区概念的基础上，2013年4月25日十二届全国人大常委会通过的《中华人民共和国旅游法》对景区做出权威界定，将景区定义为"为旅游者提供游览服务，有明确的管理界限的场所或者区域"。该定义从景区的基本功能和设立条件出发，突出了景区的服务性、区域性。本书对民营旅游景区概念的界定便是以此定义为基础的。

本书采用的定义是：旅游景区是依托旅游吸引物从事旅游休闲经营管理活动的、有明确地域范围的区域。本概念的几个基本含义是：

（1）它是一个有明确地域范围的区域；
（2）它以旅游吸引物为依托；
（3）从事旅游休闲活动；
（4）有统一的管理机构。

旅游景区与旅游目的地的区别在于旅游目的地中最核心的两点要素：一是具有旅游吸引物；二是人类聚落，要有永久性的或者临时性的住宿设施，游客一般要在这里逗留一夜以上。因此，一般的景点若无留宿，则不应该是旅游目的地。

理论上，旅游景区系统是处在更宽泛意义上的旅游系统中的。Mill 和 Morrison（1985）指出：旅游系统由四个关键要素组成，分别是市场、旅行、

---

① 中华人民共和国国家标准 GB/T 17775—2003，旅游区（点）质量等级的划分与评定（Standard of rating for quality of tourist attractions）。

旅游目的地和市场营销,分别列于四象限中。在这个系统中,旅游景区在旅游目的地象限中占居着重要位置。因此,旅游景区作为旅游目的地的主要部分,是旅游系统四大关键要素之一(见图2-1)。

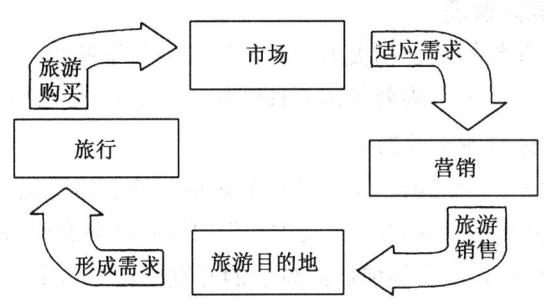

图 2-1　Mill 和 Morrison 的旅游功能系统模型

(二)旅游景区的分类

旅游景区的类别很多,学界对其划分的方法也不尽相同。其中最为常见的划分方法是按照景区的内容和表现形式进行划分,主要类型有以下几种。

1. 古代遗迹。它是指挖掘出土和加以保护的古迹,如古城墙建筑、古墓葬等。我国西安的半坡遗址、秦俑坑,北京周口店的猿人遗址等均属此类。

2. 历史建筑。它是指以历史上遗留下来的各种建筑物为主要游览内容而开发设立的旅游景区,包括历史上遗留下来的城堡、宫殿、名人故居、庙宇寺院、特色民居等。

3. 自然风景名胜区。它是指环境优美、自然生态条件好、景观分布集中,有一定规模和范围的地区,包括世界的自然遗产、自然保护区、自然风景区等,如黄山、武陵源、卧龙、鼎湖山、西双版纳等。

4. 旅游度假区。旅游度假区是选择环境质量高、旅游度假资源丰富、客源基础好、交通便捷的地区,划出一定区域,以接待度假旅游者为主的旅游区。

5. 博物馆、展览馆。它是指以特定收藏品或特定场址为展示内容的场馆。特定收藏品的如科学博物馆、历史博物馆、军事博物馆、美术馆等;特定场址的如我国的故宫博物院、英国的铁桥堡博物馆等。

6. 主题公园。主题公园多是以某一中心主题为基调或活动内容而兴建的旅游景区。例如,大型人造游览景区有美国的迪士尼乐园,我国北京的世界公园、深圳的世界之窗等,以观赏野生动物为活动内容的有动物园、植物园、水族馆等。

以上列举的景区类别只是一种基本划分，具体到某一景点，各种类型可能会出现重叠。例如，自然风景区内也有著名的人文景观，现代人造主题公园也可借用原有的历史建筑。

（三）旅游景区管理

旅游景区管理包括三个相关方面：自然与文化资源管理、游客与旅游业管理、管理组织的管理。旅游景区管理的核心使命有两个，即旅游景区资源的保护与旅游景区资源的开发。

旅游景区管理新思维融合了可持续旅游论与旅游体验论，它的核心思想是"持续的人文关怀"。"持续的人文关怀"的核心理念有两条：①以人为本；②均衡发展。"以人为本"强调旅游景区的开发要以人为中心。"均衡发展"意味着要兼顾他人以及未来的发展机会。持续的人文关怀强调人的价值、人的尊严和人格完整。它要求关注旅游景区所有利益相关者的福祉，不但要关心游客，还要关心旅游景区社区；不仅要关注游客和社区居民的人文环境，还要关注他们的生态环境；不仅要关注他们的现在，还要关注他们的未来。成功的旅游景区要为游客带来快乐的体验，为投资者带来合理的投资回报，为旅游景区社区居民带来积极的社会经济效益与环境效益，为未来提供发展机会。

旅游景区管理模式分为两大类：分类管理与标准管理。其中，分类管理又细分为遗产型管理与剧场型管理（见图2-2）。

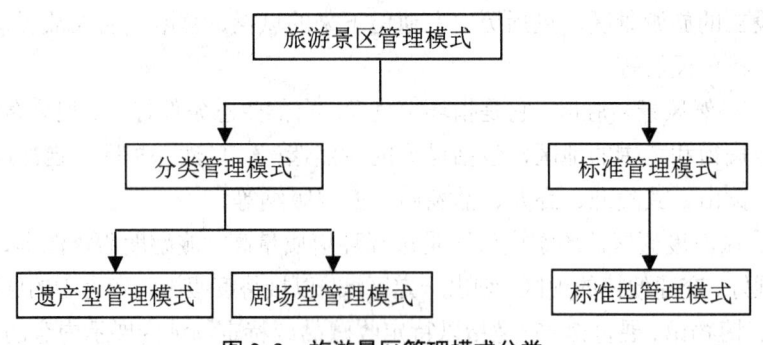

图2-2　旅游景区管理模式分类

遗产型管理模式，适合国家级资源，如世界遗产、国家风景名胜区、国家自然保护区等。这类旅游景区以资源保护为主要目标，需要政府严格监管，适当拨款。但在中国现行的情况下，旅游景区仍然主要依赖自身的经营收益来维持与发展，其中的关键是将具有竞争性业务如餐饮、旅游、休闲等经营权通过拍卖、招标等方法让最好的经营者来经营。旅游景区应积极争取各种社会团体的捐赠,充分发挥科学教育功能。可持续发展理论是遗产型管理模式的核心指导理论。

剧场型管理模式,适合于主题公园、旅游度假区之类以经济开发为主要目的的旅游景区。这类旅游景区的核心是通过生产快乐来满足游客,从而获利。它依托的资源是富有竞争性的,其中也不乏人造景观,因此,关键是满足游客的需求。体验经济理论是剧场型管理模式的指导理论。

标准型管理模式属于统一管理方式,针对所有旅游景区,主要采用分级的管理标准,带有示范和奖励的意义。旅游景区不可能采取一种通用的管理模式,应该根据旅游景区的类型采用不同的管理模式(见表2-1)。

表2-1 中国旅游景区管理模式特征比较

内容	分类管理		统一管理
	遗产型	剧场型	标准型
细分			绿色标准 等级标准 示范标准
理论指导	可持续发展理论	体验经济理论	综合标准管理理论
资源特征	垄断性资源	完全竞争性资源	任何资源
利益主体	地方居民	投资商	国民
主要功能	保护第一,科教第二,休闲第三	休闲娱乐第一	公益导向
核心目标	地格的维系与变迁	畅爽体验的塑造	高质量管理的维持
管理原则	多样性 完整性 真实性	差异性 互动性 挑战性	一致性 标准化 先进性
产品开发导向	知识性与文化性的挖掘	文化移植与创新	统一标准
措施	生态补偿 自然恢复 边界隔离 分区管理 容量管理 社区参与	移植 创新	
管理主体	政府和遗产地	企业	政府和民间组织

续表

内容	分类管理		统一管理
	遗产型	剧场型	标准型
政府规制扶持方法	规划、拨款、监督、宣传	投资、指导、服务	指导、加盟
资金运作	资金、赞助、运营收入、特许经营	运营收入	基金、补贴或无资金运作
典型案例	世界遗产 风景名胜区 自然保护区 森林公园 文物保护单位 地质公园	主题公园 旅游度假区 一般风景区	绿色环球21 5A级旅游景区 国家级旅游度假区 全国工农业旅游示范区 国家旅游扶贫示范区

（四）旅游景区的等级与标准化

国外的旅游景区没有明显的等级标志，而我国国家旅游局结合近年来旅游发展的国情，为了全面提升中国旅游景区的行业素质，进而推出一批具有国际水准的旅游景区，专门制定了《旅游景区质量等级的划分与评定》（GB/T 17775—1999），自1999年10月1日起开始实施；2003年又在原标准基础上对一些内容进行了修订，新修订的《旅游景区质量等级的划分与评定》（GB/T 17775—2003）自2005年1月1日起开始实施。

按照该标准，我国的旅游景区质量等级划分为五级，从高到低依次为5A级、4A级、3A级、2A级、1A级旅游景区。划分标准是，根据旅游景区质量等级划分条件确定旅游景区质量等级，按照《服务质量与环境质量评分细则》和《景观质量评分细则》的评价得分，并结合《游客意见评分细则》的得分综合进行评估。划分条件包括旅游交通、游览、旅游安全、卫生、邮电服务、旅游购物、经营管理、资源和环境的保护、旅游资源吸引力、市场吸引力、年接待海内外旅游者总人数和海外旅游者人数，以及游客抽样调查满意率等12个方面。

其中，5A级旅游景区标准最为严格，条件如下：

1. 旅游交通

（1）可进入性好。交通设施完善，进出便捷。旅游景区或具有一级公路或高等级航道、航线可直达；或具有旅游专线交通工具。

（2）旅游景区有与景观环境相协调的专用停车场或船舶码头，管理完善，布局合理，容量能充分满足游客接待量要求。场地平整坚实，绿化美观；水域畅通、清洁；标志规范、醒目、美观。

（3）区内游览（参观）路线或航道布局合理、顺畅，与观赏内容联结度高，兴奋感强。路面特色突出，或航道水体清澈。

（4）区内应运行使用清洁能源的交通工具。

2. 游览

（1）游客中心位置合理，规模适度，设施齐全，功能体现充分。咨询服务人员配备齐全，业务熟练，服务热情。

（2）各种引导标识（包括导游全景图、导览图、标识牌、景物介绍牌等）造型特色突出，艺术感和文化气息浓厚，能烘托总体环境。标识牌和景物介绍牌设置合理。

（3）公众信息资料（如研究论著、科普读物、综合画册、音像制品、导游图和导游材料等）特色突出，品种齐全，内容丰富，文字优美，制作精美，适时更新。

（4）导游员（讲解员）持证上岗，人数及语种能满足游客需要。普通话达标率 100%。导游员（讲解员）均应具备大专以上文化程度，其中本科以上学历者不少于 30%。

（5）导游（讲解）词应科学、准确，有文采。导游服务具有针对性，强调个性化，服务质量达到 GB/T 15971—1995 中第 4.5.3 小节和第 5 章要求。

（6）公共信息图形符号的设置合理，设计精美，特色突出，有艺术感和文化气息，符合 GB/T 10001.1 的规定。

（7）游客公共休息设施布局合理，数量充足，设计精美，特色突出，有艺术感和文化气息。

3. 旅游安全

（1）认真执行公安、交通、劳动、质量监督、旅游等有关部门制定和颁布的安全法规，建立完善的安全保卫制度，工作全面落实。

（2）要求消防、防盗、救护等设备齐全、完好、有效，交通、机电、游览、娱乐等设备完好，运行要正常，无安全隐患。游乐园应当达到 GB/T 16767 规定的安全和服务标准。危险地段标志明显，防护设施齐备、有效，特殊地段有专人看守。

（3）建立紧急救援机制，设立医务室，并配备专职医务人员；应当设有突发事件处理预案，应急处理能力强。事故处理应及时、妥当，档案记录准确、齐全。

4. 卫生

（1）环境整洁，无污水、污物，无乱建、乱堆、乱放现象，建筑物及各种设施设备无剥落、无污垢，空气清新、无异味。

（2）各类场所全部达到 GB 9664 规定的要求，餐饮场所达到 GB 16153 规定的要求，游泳场所达到 GB 9667 规定的要求。

（3）公共厕所布局合理，数量能满足需要，标识醒目美观，建筑造型景观化。所有厕所具备水冲、盥洗、通风设备并保持完好，或使用免水冲生态厕所。厕所设专人清扫，保持洁具洁净、无污垢、无堵塞。室内整洁，有文化气息。

（4）垃圾箱布局合理，标识明显，造型美观独特，与环境相协调。垃圾箱分类设置，垃圾清扫及时，日产日清。

（5）食品卫生符合国家规定，餐饮服务配备消毒设施，不应使用对环境造成污染的一次性餐具。

5. 邮电服务

（1）提供邮政及邮政纪念服务。

（2）通信设施布局合理。出入口及游人集中场所设有公用电话，具备国际、国内直拨功能。

（3）公用电话亭与环境相协调，标志美观醒目。

（4）通信方便，线路畅通，服务亲切，收费合理。

（5）能接收手提电话信号。

6. 旅游购物

（1）购物场所布局应合理，建筑造型、色彩、材质有特色，与环境协调。

（2）对购物场所进行集中管理，要求环境整洁，秩序良好，无围追兜售、强买强卖现象。

（3）对商业从业人员有统一管理措施和手段。

（4）旅游商品种类丰富，本地区及本旅游区特色突出。

7. 经营管理

（1）管理体制健全，经营机制有效。

（2）旅游质量、旅游安全、旅游统计等各项经营管理制度健全有效，贯彻措施得力，定期监督检查，有完整的书面记录和总结。

（3）管理人员配备合理，中高级管理人员均具备大学以上文化程度。

（4）具有独特的产品形象，良好的质量形象，鲜明的视觉形象和文明的员工形象；能够确立自身的品牌标识，并全面、恰当地使用。

（5）有正式批准的旅游总体规划，开发建设项目符合规划要求。

（6）培训制度、机构、人员、经费明确，落实到位；业务培训全面，效果良好，上岗人员培训合格率达100%。

（7）投诉制度健全，人员落实、设备专用，投诉处理及时、妥善，档案记录完整。

（8）为特定人群（老年人、儿童、残疾人等）配备旅游工具、用品，提供必要的特殊服务。

8. 资源和环境的保护

（1）空气质量达 GB 3095—1996 的一级标准。

（2）噪声质量达到 GB 3096—1993 的一类标准。

（3）地面水环境质量达到 GB 3838 的规定。

（4）污水排放达到 GB 8978 的规定。

（5）自然景观和文物古迹保护手段科学，措施先进，并能有效预防自然和人为破坏，保持自然景观和文物古迹的真实性和完整性。

（6）科学管理游客容量。

（7）建筑布局合理，建筑物体量、高度、色彩、造型与景观相协调。出入口主体建筑格调突出，并烘托景观及环境。周边建筑物与景观格调协调，或具有一定的缓冲区域。

（8）环境氛围优良。绿化覆盖率高，植物与景观搭配得当，景观与环境美化措施多样，效果好。

（9）区内各项设施设备符合国家关于环境保护的要求：不造成环境污染和其他公害，不破坏旅游资源和游览气氛。

9. 旅游资源吸引力

（1）观赏游憩价值极高。

（2）具有极高历史价值、文化价值、科学价值，或其中一类价值具世界意义。

（3）有大量珍贵的物种，或有异常奇特的景观，或有世界级的资源实体。

（4）资源实体体量巨大，或资源类型多，或资源实体疏密度极优。

（5）资源实体完整无缺，保持原来形态与结构。

10. 市场吸引力
（1）世界知名。
（2）美誉度极高。
（3）市场辐射力很强。
（4）主题鲜明，特色突出，独创性强。

11. 年接待海内外旅游者 60 万人次以上，其中海外旅游者 5 万人次以上。

12. 游客抽样调查满意率很高。

GB/T 17775 是我国实施景区标准化的主要内容。旅游景区实施标准化管理有三大方面：服务质量和环境质量、景观质量以及游客意见，如表 2-2 所示。

表 2-2　旅游景区标准化内容

服务质量和环境质量	景观质量	游客意见
旅游交通	资源要素价值	总体印象
游览	观赏游憩价值	可进入性
旅游安全	历史价值、文化价值、科学价值	游路设置
卫生	珍稀或奇特程度	旅游安排
通信	规模与丰度	观景设施
旅游购物	完整性	路标指示
综合管理	景观市场价值	景物介绍牌
旅游资源与环境保护	知名度	宣传资料
	美誉度	讲解服务
	市场辐射力	安全保障
	主题强化度	环境卫生
		旅游厕所
		邮电服务
		购物
		餐饮
		旅游秩序
		景物保护

除 GB/T 17775 外，我国景区常实施的标准化标准还有国际标准化组织（ISO）制定的标准，如 ISO 9000 和 ISO 14000 等。

ISO 9000 是指由国际标准化组织所属的质量管理和质量保证技术委员会（ISO/TC176）制定并颁布的关于质量管理体系的族标准的统称。ISO 9000 质量管理标准包括八个方面：以顾客为中心，领导作用，全员参与，过程方法，管理的系统方法，互利的供方关系，基于事实的决策方法以及持续改进。与 ISO 9000 质量管理标准相关的还有 GB/T 19000，它是我国将 ISO 9000 系列标准的原文翻译过来直接作为的国家标准，一般不做任何变动。ISO 9000 族标准是国际标准的重要组成部分，是为企业界所公认、专门针对国际统一的质量管理和质量保证的最高要求，其主要切入点是企业进行质量管理和质量保证的基本的和关键的要求。

旅游景区导入 ISO 9000 的益处：①确保旅游景区的管理中心——以游客为中心能够切实执行；②增强景区管理人员的质量管理意识，健全景区的组织管理机构，提升景区员工的管理技能和服务技能；③增强景区产品的过程管理，提高游客的满意度；④可以成为旅游景区市场营销的一个亮点。

ISO 14000 环境管理系列标准是国际标准化组织（ISO）在汲取世界发达国家多年环境管理经验的基础上制定并颁布的，现已作为一套目前世界上最全面和最系统的环境管理国际化标准，引起各国政府、企业界的普遍重视和积极响应。它包括环境管理体系、环境审核、环境标志、生命周期分析等国际环境管理领域内的许多焦点问题（表 2-3）。

表 2-3　ISO 14000 标准组成体系

名称	标准号
环境管理体系（EMS）	ISO 14001—ISO 14009
环境审核（EA）	ISO 14010—ISO 14019
环境标志（EL）	ISO 14020—ISO 14029
环境行为评价（EPE）	ISO 14030—ISO 14039
生命周期评估（LCA）	ISO 14040—ISO 14049
术语和定义（T&D）	ISO 14050—ISO 14059
产品标准中的环境指标	ISO 14060
备用	ISO 14061—ISO 14100

ISO 14000 标准的基本要求包括：要求建立文件化的环境管理体系；制定环境方针，做出环境保护的承诺；识别企业的环境因素，制定目标指标以改善环境状况；要求污染预防，持续改进，遵守法律法规；针对企业的重要环境岗位，建立作业程序加以控制；注重各方面的信息沟通；要求对紧急突发事件，制订应急和响应计划。

ISO 标准的认定需符合以下程序，如图 2-3 所示。

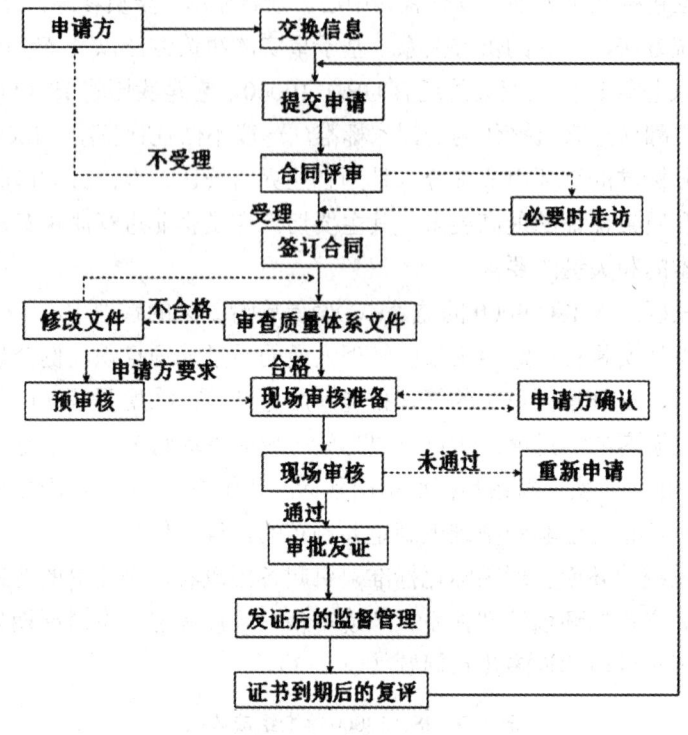

图 2-3 ISO 认证程序

二、旅游景区运营管理

（一）游客管理

20 世纪 60 年代，西方国家步入大众化旅游阶段，游客人数迅速增多，在公园等旅游地，旅游活动对环境的负面影响逐渐增大。因此，旅游景区对旅游活动的管理非常必要，而游客管理则是其中的重要组成部分。游客管理是指景区经营管理者以游客为管理对象，对游客在景区内活动的全过程进行组织和管理，以保证景区内的旅游活动能长期稳定的发展。

由管理的目标差异出发，可以将游客管理分为环境负面影响管理和游客体验管理。一方面，旅游者在旅游活动过程中带来诸多负面影响，需要一定的面向游客的管理措施；另一方面，游客在一定时空中总是容易集中局限于某些季节、部分时段及少数景点，这样容易造成拥挤、等待等不愉快的旅游体验。因此，游客管理还必须考虑对数量众多的游客如何有序组织，以维护正常的游客游览和娱乐的问题。根据管理的侧重点不同又可将游客管理模式分为环境导向型、游客导向型、环境—游客导向型三种。环境导向型管理模式主要适用于自然景观或文物古迹类景区，游客导向型管理模式主要适用于人造景区，环境—游客导向型管理模式则介于二者之间。

（1）环境导向型游客管理模式。在这种模式下，游客管理被认为是一种调整游客行为使其符合旅游地特征以保证环境与资源不受破坏的活动。游客管理的主要目标就是通过某种手段防范或阻止游客可能的不良行为而实现环境保护。环境导向型游客管理模式以环境保护为价值取向，在管理方法上倾向于采用一些硬性方法。环境导向型游客管理模式旨在确保环境与资源受旅游影响最小化，因而适用于那些生态环境脆弱的生态旅游地、遗产型城市等。但是，这种游客管理模式按照环境特征约束游客的行为，忽视游客的旅游质量，影响游客的旅游体验，降低了目的地对游客的吸引力，不利于旅游地的可持续发展（van der Donk，2000）。

（2）游客导向型游客管理模式。此种模式以游客为价值取向，以提高游客的体验质量为目标，整个景区的功能与项目设计都围绕游客进行。主题公园等现代人造旅游目的地是游客导向型游客管理模式的典型适用地。大多数传统旅游目的地不能完全采用这种游客管理模式，因为它通常忽视环境与资源的保护（邓肯·泰勒等，2004）。

（3）环境—游客导向型游客管理模式。环境导向型游客管理模式与游客导向型管理模式都只适用于特殊的旅游目的地。为了在保护资源和环境的同时又能满足游客的旅游需求，环境—游客导向型游客管理模式应运而生。Mylène van der Donk（2000）认为游客管理就是努力在保持环境质量的同时实现基于各种旅游体验的游客满意的过程。环境—游客导向型游客管理模式适用于几乎所有的旅游目的地，是一种相对成熟的游客管理模式。它将旅游系统中最重要的两个参与要素——环境与游客纳入同一个管理系统中，实现了环境保护与游客满意的双重目标。

（二）交通管理

1. 旅游景区交通管理的内涵

旅游景区的道路交通不仅起到连接各景点的作用，而且也是确定旅游景区环境容量指标的重要依据。旅游景区交通服务包括交通运输、交通信息、交通安保和监测等多方面内容，它涉及多领域、多部门。旅游景区交通服务体系由旅游景区交通服务监管系统、供给系统和保障系统三个要素所组成。对旅游景区而言，构建完善的交通服务体系能够优化景区交通结构，提高景区资源的利用率，提升景区的交通服务水准，使景区各项交通服务形成良性互动，进而提高旅游景区的综合效益。

2. 旅游景区交通管理的发展方向

（1）"低碳"交通管理

"低碳"是旅游景区交通管理未来发展的必然趋势之一。特别是对于自然景观类的风景区来说，相对于纷至沓来的游客，其生态环境就显得十分脆弱，因此旅游景区的可持续发展必须以环保为前提。旅游景区可采用环保型专用观光车，模拟城市公交车运作，在各大小景点设置车辆停靠站台，游人可凭车票在站点自由上下车。某些旅游景区甚至可以考虑禁止外部车辆进入，在旅游景区内部统一使用以电力为能源的"旅游敞篷车"。与目前大多数旅游景区使用的巴士相比，"旅游敞篷车"安全、无污染，还能满足游客悠闲欣赏沿途风景的要求。

（2）智能交通管理

旅游景区交通系统是一个人、车、路及其环境综合作用的复杂而庞大的系统，因此，仅分别从人、车、路方面考虑以期彻底解决旅游景区交通问题是不切实际的。现在，人们开始从系统的观点出发，将人、车、路等因素综合考虑，将现代通信技术、控制技术等运用于旅游景区交通管理，这就是旅游景区智能交通系统（晏磊等，2005）。

旅游景区智能交通的作用主要体现在两点。其一是可以为行人导航。GPS在个人旅游中能实现实时卫星定位，帮助旅游者获得正确的地理位置及路线，位置误差可控制在10米以内，确保不迷失方向，保障旅游者玩得快乐也安全。其二是对车辆进行调度。通过GPS、GIS、无线电通信网络、多媒体、遥测遥控等技术，及时掌握车辆的运行状况，便于对车辆进行指挥调度，同时为驾驶员提供交通、公安和服务信息。国内一些旅游景区，如九寨沟、五台山，是目前运用旅游景区智能化交通比较有代表性的旅游景区。随着信息化进程的加快，智能交通系统将在未来旅游景区交通管理中发挥越来越重要的作用。

（三）服务管理

不同的旅游景区由于类型和特点，以及区位、功能的差别，所提供的服务内容各具特色，相应的管理内容也就有所差别。本书根据旅游景区产品自身的管理特点，并且结合我国旅游景区发展的实践，将从接待服务管理和商业服务管理两方面进行介绍。

1. 旅游景区接待服务管理

旅游景区接待服务是旅游景区满足游客需求并奠定美好感知和印象的关键一步，也是旅游景区中难度最大的服务工作。从迎接游客入园、提供咨询、安排导游、住宿安排、联系娱乐，到送游客离开旅游景区，整个工作过程自始至终都需要与游客面对面的交流，因而需要服务人员具有灵活的处事方式和较强的应变能力。

接待服务管理的工作内容包括票务服务、入门接待服务和投诉受理服务。

2. 旅游景区商业服务管理

旅游景区商业服务是指满足游客食、住、购、娱等方面需求的服务，餐饮和住宿是游客的基本需求，而娱乐和购物则是游客更进一步的需求。旅游景区商业服务业内容丰富，形式多样，是增强游客的旅游体验、提高旅游景区经济效益的重要手段。由于旅游景区类型、规模以及其他条件的限制，并非所有旅游景区都提供全面的食、住、购、娱等方面的服务，可能只是其中一种或几种。

（1）旅游景区餐饮服务

旅游景区的餐饮业反映着该地区的饮食文化特色，当地的酒楼、饭店出售的不仅仅是一种餐饮、一种美食，更是一种文化风貌、一种风俗民情。

（2）旅游景区客房服务

规模大的旅游景区都设有相应规模的住宿部门，其位置可能设在旅游景区内，也可能设在旅游景区外，经营管理方式一般为旅游景区直接经营，也有租赁经营、委托饭店集团经营等方式。

（3）旅游景区购物服务

旅游购物一直是我国旅游六要素中比较薄弱的环节。从旅游景区自身来看，主要存在着商品雷同、缺乏旅游景区自身特色，购物陷阱多、假货赝品屡禁不止、诚信服务意识差、售后服务不完善等问题。旅游景区应该注意统一购物服务管理，建立诚信的购物环境，开发具有本旅游景区特色的旅游商品，并建立高效率的投诉管理机制，在满足旅游者购买欲望的同时维护旅游者合法的权益。

（4）旅游景区娱乐服务

旅游景区娱乐是指借助旅游景区工作人员和旅游景区活动设施向游客提供表演欣赏和参与性活动，可使游客得到视觉和身心的愉悦。它按场地可分为舞台类、广场类、村寨类、街头类、流动类（如吉卜赛大篷车歌舞）及特有类（如滑雪基地）；按活动规模和提供频率可以分为小型常规娱乐和大型主题娱乐。小型常规娱乐常见的有过山车、摩天轮、碰碰车等。大型主题娱乐按照其活动方式，可以分为三种类型：舞台豪华型，如桂林漓江《印象·刘三姐》；花卉队列型，如深圳民俗村的"民族大游行"；分散荟萃型，如开封清明上河园推出的以宋文化为主题的表演节目。

（四）智慧景区

2014年被国家旅游局定义为"智慧旅游"年，智慧旅游的发展迈上了新的台阶。作为智慧旅游的组成部分，智慧景区的建设与发展有着重要的影响。

"智慧景区"是我国在"数字景区"基础上将数字化应用在智慧旅游、"智慧城市"的背景下所做的一次尝试。目前在国外还没有"智慧景区"这一专业术语，也未发现有人使用"智慧景区"的概念，但是国外学者关于景区数字化的研究以及将信息技术应用于旅游业实践的现象要早于国内。我国数字景区建设的一般模式和技术方法目前也仍处于探索与完善阶段，但"智慧景区"概念的提出是为景区信息化建设又增加了新的内涵，代表了景区信息化建设发展的一个新方向。

1. "智慧景区"的内涵

目前，学者对"智慧景区"概念的内涵尚无确切的定义。较为认可的是将智慧景区分为狭义上的概念和广义上的认知。狭义的智慧景区是数字景区的完善和升级，指能够实现可视化管理和智能化运营，能对环境、社会、经济三大方面进行更透彻的感知，更广泛的互联互通和更深入的智能化的景区。广义的智慧景区指的是借助物联网、云计算等现代信息技术，通过智能网络对景区地理事物、自然灾害、旅游者行为、景区工作人员行迹、景区基础设施和服务设施进行全面、透彻、及时的感知；对游客、景区工作人员实现可视化管理；优化再造景区管理业务流程和智能化运营管理；同旅游产业上下游企业形成战略联盟，实现有效保护遗产资源的真实性和完整性，提高对旅游者的服务质量，实现景区环境与社会和经济全面、协调、可持续发展的目的。

可以看出，狭义的"智慧景区"强调技术因素，广义的智慧景区不仅强调技术因素，还强调管理因素，将科学管理理论同现代信息技术高度集成，实现人与自然和谐发展的低碳智能运营景区。这样的景区能够更有效地保护生态环境，为游客提供更优质的服务，为社会创造更大的价值。

2. 智慧景区的路径与技术支持

智慧景区建设是一个复杂的系统工程，既需要利用现代信息技术，又需要将信息技术同科学的管理理论集成。其中信息化建设为重中之重，主要由以下几项内容组成。

（1）信息基础设施

信息基础设施主要指各种传感设备（射频传感器、位置传感器、能耗传感器、速度传感器、热敏传感器、湿敏传感器、气敏传感器、生物传感器等）。这些设备被嵌入到景区的各种观赏物和设施中，并与互联网连接。

（2）数据中心

数据中心是景区信息资源数据库的存储中心、管理服务中心和数据交换中心。

（3）信息管理平台

景区信息管理平台是最重要的核心平台，它能实现资源监测、运营管理、游客服务、产业整合等功能。它包括以下几个主要的子系统。

①地理信息系统（GIS）。它同时将多媒体技术、数字图像处理、网络远程传输、卫星定位导航技术和遥感技术有机地整合到一个平台上。

②旅游电子商务平台和电子门禁系统。

③景区门户网站和办公自动化系统。

④高峰期游客分流系统。高峰期游客分流系统可以均衡游客分布，缓解交通拥堵，减少环境压力，确保游客的游览质量。景区可以通过预定分流、门禁分流和交通工具实现三级分流，这其中要采用 RFID、全球定位、北斗导航等技术实时感知游客的分布、交通工具的位置和各景点游客容量，并借助分流调度模型对游客进行实时分流。

⑤其他配套系统。其中包括规划管理系统、资源管理系统、环境监测系统、智能监控系统、LED 信息发布系统、多媒体展示系统、网络营销系统和微机管理系统等。

（4）综合决策平台

为实现管理和服务深度智能化，景区需要搭建综合决策平台。该平台建立在信息管理平台和众多业务系统之上，能够覆盖数据管理、共享、分析和预测等信息处理环节，为景区管理层进行重大决策提供服务。该平台还应将物联网与互联网充分整合起来，使景区管理高层在指挥中心、办公室或通过智能手机即可全面、及时、多维度地掌握景区情况，并能及时进行指导，以实现景区可视化、智能化管理。

第二节 我国旅游景区分类管理模式

根据我国旅游景区的发展特色及管理模式，本书将旅游景区划分为人文古迹类景区、自然风景类景区以及人造景区三种类型，并结合每一分类里最具代表性的案例分析其管理模式。

一、人文古迹类景区管理

人文古迹类景区是将文化历史古迹资源经过挖掘、整理、规划、开发等一系列复杂过程，建设成能够满足旅游者旅游需求或承担教育功能和经济发展使命的公益性或经营性单元。通常，人文古迹类景区包括文化遗产景区、文物保护单位、历史文化名城、古镇、古村落、古遗址、墓葬群等。

目前，无论是旅游管理部门还是旅游学界，均尚无"人文古迹类景区"这一景区分类。由于具有共同的遗产属性，并且在景区经营管理过程中面临很多相似的问题，因此，本书尝试将人文古迹类景区的管理作为一个专题进行总体论述。

（一）人文古迹类景区管理体制

文化遗产包括物质文化遗产（文物）和非物质文化遗产，其中人文古迹类景区主要由物质文化遗产开发而成。物质文化遗产又分成两个子类，即可移动文物和不可移动文物。

国有可移动文物一般依托博物馆来保护和利用（所以也叫馆藏文物），而国有不可移动文物则一般通过成立文物保护单位来保护和利用（文物保护单位也称为博物馆或博物院）。新中国成立后的一系列举措使我国的文物事业的主体通过文物保护单位和博物馆来体现（常简称为文博单位）。因此，我国文化遗产管理体制的主体是文物保护单位的运行管理体制。不过，由于我国的文物保护单位全部为国有（所有权的主体为国有或至少名义上为国有资产），所以管理体制的主要内容集中于行政管理方面。

目前，中国文物保护单位的管理体制是依法建立的，主要特征可概括为公有制和分级属地化管理。

1. 所有权

《文物保护法》第五条规定："中华人民共和国境内地下、内水和领海中遗存的一切文物，属于国家所有。古文化遗址、古墓葬、石窟寺属于国家所有。国家指定保护的纪念建筑物、古建筑、石刻、壁画、近代现代代表性建筑等不可移动文物，除国家另有规定的以外，属于国家所有。国有不可移动文物的所有权不因其所依附的土地所有权或者使用权的改变而改变。"这说明，绝大多数不可移动文物的所有权属于国家，对其管理显然在公有制体系内。

2. 管理权

最早的《文物保护管理暂行条例》规定："各级文化行政管理部门必须进行经常性的文物调查工作，并选择重要文物，根据其价值大小，报人民政府核定公布为文物保护单位。根据文物保护单位的价值分为三个不同的保护级别，即全国重点文物保护单位、省级文物保护单位和县（市）级文物保护单位。"其后的《文物保护法》第八条第二款规定："地方各级人民政府负责本行政区域内的文物保护工作。"第十五、第十七和第二十二条等条款进一步明确了文物所在地地方政府是日常管理主体——充分责任主体和财政支持主体。这说明，对不可移动文物的管理应该主要是对应级别的地方政府的事权，即主要是分级属地化管理。各个文物保护单位分成国家、省、市县级，不同级别的单位由不同级别的政府划分到各个政府部门负责或直接对政府负责。

但这种分级管理没有做到文物价值级别与政府层级对应，高价值级别不可移动文物被委托给低层级地方政府管理是一种常态。极端的情况是，国家级文物保护单位由县级政府甚至由县级政府下属的某个部门代管。如全国重点文物保护单位乔家大院，由山西祁县人民政府直接管理。这种分级属地化管理的典型特征可概括为：条块结合、以块为主、多级委托。

关于分级属地化管理的特征，可具体解释如下。

中国文化遗产的管理体系，由纵向多层级管理（条条管理）和横向多部门管理（块块管理）构成。纵向多层级管理，主要是中央政府、地方各级政府以及各文物单位的管理。横向多部门管理，主要由文化部、建设部、水利部、国家文物局、国家档案局等国务院有关职能部门负责。

各级地方政府把各类文化遗产交由各个部门，如文化、文物、建设、宗教、档案、旅游等部门加以管理，除了文物部门负责全面的执法及业务指导外，其他部门负责其日常业务管理。各个部门之下设立不可移动文物的具体管理机构，具体执行对不可移动文物的管理权。事实上，这又形成了一级委托代理关系。不管哪个部门，都从属于地方政府，这形成了文化遗产管理中"块"状的分部门管理结构。而在各个政府部门的系统内，上级对下级有业务指导关系，形成"条"状的分级管理格局。它们共同构成了文化遗产管理中横向分部门管理与纵向分级管理相交叉的格局。

在这个过程中，国家将文物的所有权和管理权（包括经营权）大多委托给了地方政府，而文博单位作为具体行使管理权的机构就是被委托的代理者。显然，这是一种条块结合、以块为主、多级委托的管理格局，在不同系统之间还存在管理业务交叉的现象。

因此，文化遗产的行政管理体系的特点可概括为：公有制基础上的部门与层级相结合（所谓条块结合）的委托代理制度。

在文物保护单位横向的分部门管理中，由于文化遗产自身的复杂性，还存在着业务交叉的情况。其中较为普遍的是三类交叉：①和拥有文博单位的各个部门在管理上的交叉关系；②和建设部门在处理自然、文化复合遗产上的关系；③和规划部门在处理历史文化名城（村）保护上的关系。

尽管许多地方政府设立了起综合协调作用的文物管理委员会，把拥有文博单位的系统和相关职能部门都作为委员吸纳进来，但由于文物部门的权力和相关资源调配能力有限，基本没有改变这种"条块结合"的委托代理制度。

不过，这种对文物保护单位的交叉管理关系相对中国目前的自然文化遗产管理格局来说，还算是简单的。这种"简单"基于以下两方面比较：①基本不存在自然遗产管理中常见的"一地多牌""区中套区"等现象；②在文博单位中，文物保护单位的管理和隶属关系相对博物馆的管理要简单。博物馆不仅存在公立、私立的区别，而且即便是公立博物馆，也分别属于多达 30 个以上的系统。

（二）人文古迹类景区面临的问题

1. 多头管理

人文古迹类景区多头管理的根源在于上面提及的"条块分割"的管理体制。其主要表现在：人文古迹资源要受到上级主管部门的控制，即所谓条状管理；而经营这些景区的单位往往还要受到地方政府部门的控制，即块状管理。管理部门纵横交错，加之景区能够为管理部门带来利益，所以争权夺利的现象在该类景区中表现得格外明显。

2. 经营权转移

人文古迹类景区的所有权属于国家。从传统体制来看，国家对旅游景区既拥有所有权，又拥有使用权和经营权。随着旅游业和市场经济的快速发展，这种落后的体制已显现弊端，如权责不明、保护不力、资金匮乏等。景区经营权转移的做法开始被运用到管理实践当中，由景区经营权转移引发的讨论已成为业界热点之一。

3. 法律不健全

当前涉及人文古迹类景区的法律法规有《中华人民共和国文物保护法》《博物馆管理办法》《风景名胜区管理暂行条例》等几十部之多，但总体仍不健全。由于前文提到的人文古迹类资源具有多元性的特点，所以由某一部法律来统一管理人文古迹类景区是不现实的。这就要求相关法律部门出台专门性的法律法规，但同时也要注意这些法律法规之间的联系，形成相对完整的法律体系。

4. 社会力量介入不够

目前，民间组织和个人在文化遗产管理中发挥的作用十分有限。一方面，由于我国对人文古迹类资源和景区的管理一直是"国家的事"，公民参与程度低，尚没有形成普遍的文化遗产保护意识。另一方面，我国社会团体无论在公众影响力方面，还是在政策影响力方面，都是不够的，与国家行政机关相比处于明显的权力弱势地位。因此，造成社会力量介入不够的主要原因来自制度层面。

（三）敦煌莫高窟的开发管理

举世闻名的敦煌莫高窟，位于古丝绸之路历史文化名城敦煌市东南 25 公里的鸣沙山东麓。其始建于前秦建元二年（公元 366 年），至今已有 1600 多年的历史，虽经千余年的风风雨雨，现仍保存有十六国后期到北魏、北周、隋、唐、五代、宋、西夏、元等时代的洞窟 492 个，内有壁画 45000 多平方米，彩塑 2000 余尊。敦煌莫高窟是当今世界上现存规模宏大、内容丰富、保存完好、艺术精湛的佛教艺术宝库，在中国文化史和世界文化史上占有重要的地位。1961 年敦煌莫高窟被国务院批准列为全国重点文物保护单位，1987 年被联合国教科文组织列入世界文化遗产清单。

敦煌市 1979 年被国务院列为全国第一批对外开放城市，莫高窟也于同年正式对外开放，当年只有不到 2 万人的接待人数。随着西部大开发战略的实施，特别是进入 21 世纪，莫高窟游客量逐年增加，2001 年突破 30 万人次，

2004年达到40万次，2006年达到50万人次，2012年达到近80万人次，为历史最高峰。以敦煌莫高窟为核心资源的旅游业成为敦煌市的支柱产业，旅游收入占敦煌市GDP总量的18%。根据预测，莫高窟的游客数量还将以每年15%的速度增长。莫高窟的旅游开放，一方面弘扬了灿烂的敦煌艺术，扩大了中华民族优秀传统文化的影响力，提高了敦煌的知名度，为地方社会发展和经济增长做出了积极贡献；另一方面，莫高窟单日游客接待量超过了其承载量的最高限额，洞窟小环境的稳定性被打破，给洞窟保护带来很大的压力和潜在威胁。

敦煌莫高窟旅游开发与保护实践30多年来，不断探索研究，形成了"以研究保护为前提，以规划立法为保障，以先进技术为手段，以游客需求为导向，以预防保护为趋势"的五位一体的旅游开发和文物保护模式，尤其是其保护文物的制度和多种手段，在国内外都达到了领先水平，为我国文物保护和遗产景区旅游发展提供了先进的范式，值得借鉴。

1. 莫高窟开发与保护的管理体制和管理机构

莫高窟的保护与管理机构为敦煌研究院，其前身为1944年成立的国立敦煌艺术研究所，先后隶属于国民政府教育部和中央研究院。中华人民共和国成立后，1950年改称敦煌文物研究所，隶属于文化部；1958年交由甘肃省管理。1984年扩建为敦煌研究院，为地厅级文博事业单位，由甘肃省政府领导，由省文化厅、省文物局归口管理，是负责世界文化遗产敦煌莫高窟、全国重点文物保护单位瓜州榆林窟和敦煌西千佛洞的保护、管理与研究的公益性事业单位。其下设院长办公室、人事处、科研处、计划财务处、总务处、外事处、保卫处、兰州分院等行政管理部门及榆林窟、西千佛洞两个文管所，并拥有敦煌研究院文物保护技术服务中心等文化产业。

（1）敦煌研究院保护研究所。它成立于1944年，是我国最早从事石窟文物保护的专门机构。其主要职能为敦煌石窟的研究和保护。

（2）敦煌研究院美术研究所。它是目前国内具有一定规模和水平的壁画临摹、复制、研究的专业性机构。其主要从事敦煌壁画临摹和复制、敦煌艺术的理论研究、艺术创作等活动。

（3）敦煌研究院考古研究所。它主要是对石窟进行断代，考证壁画的具体内容及研究彩塑的演变等工作。

（4）敦煌研究院文献研究所。它的主要职能是整理和研究敦煌文献，特别是藏经洞出土的各类文献。

(5) 敦煌研究院编辑部。其编辑出版和发行中国社科核心期刊《敦煌研究》，策划编辑有关敦煌学文集和图册。

(6) 敦煌研究院资料中心。该中心不仅是敦煌学资料的重要收藏地，也是国内外读者查阅资料、进行研究的重要基地。

(7) 敦煌研究院摄录部。它主要是为敦煌石窟的研究保护和开放利用提供图片、录像等信息资料。

(8) 敦煌研究院陈列中心。它是目前我国唯一的石窟类文物陈列机构，由日本援建，帮助人们更加全面深入地了解敦煌石窟和佛教艺术。

(9) 敦煌藏经洞陈列馆。它是陈列中心所辖的专题陈列馆，紧邻藏经洞，是莫高窟一处旅游接待场所。

(10) 敦煌研究院接待部。其主要承担石窟艺术的讲解和宣传工作。

(11) 敦煌研究院保卫处。其承担莫高窟、榆林窟、西千佛洞及馆藏文物的安保和辖区治安工作。

2. 制定出台《甘肃敦煌莫高窟保护条例》

甘肃省九届人大常委会于 2002 年制定通过了《甘肃敦煌莫高窟保护条例》。《条例》确定以"保护为主，抢救第一，合理利用，加强管理"为敦煌莫高窟的保护方针，明确了莫高窟的保护规划应当纳入甘肃省国民经济和社会发展计划及敦煌市城乡建设总体规划；明确了敦煌莫高窟的保护范围，分为重点保护区和一般保护区，在重点保护区内不得新建永久性的建筑物，且要保持石窟原有的环境风貌；以分区轮休或者限制游客数量进行洞窟的对外开放；对于流失的莫高窟文物，各级人民政府及有关部门都应积极采取措施收集；明确了主要由国家和省财政拨款支持敦煌莫高窟保护和管理工作，同时政府鼓励和支持以社会捐赠和赞助，以及发展文化产业等方式筹集保护资金。这是甘肃省第一个保护文物的地方性专项法规，是甘肃省地方政府为敦煌莫高窟制定的专项立法，明确了莫高窟保护区的特殊法律地位。它的颁布实施标志着敦煌文物保护、管理迈上了法制化轨道。

3. 科学制定规划

为了更好地在保护的前提下进行敦煌遗产的开发利用，形成遗产研究保护和开发传承的有机统一，敦煌研究院于 2005 年制定了《敦煌莫高窟保护总体规划（2006～2025）》对莫高窟的保护、研究、利用和管理做出了全面的部署，确定了要以科学、合理、适度的基本原则为指导进行旅游开发，明确了开发利用的强度和深度，以及如何对开发和保护进行科学评估，同时具体规划了莫高窟的陈列展示体系和旅游服务管理的有关内容。

4. 确定洞窟环境承载量

莫高窟旅游的特点之一，是有很强的季节性和时段性，旺季特旺，淡季特淡。以2012年为例，全年游客总量近80万人次，旅游旺季的5~10月游客量为72.6万人次，占全年游客总量的91.39%；其中7、8、9三个月的游客量为46.9万人次，占到旅游旺季游客量的64.63%。2012年日游客量超过3000人次的天数达到100天。同年"十一黄金周"假日期间，日游客量更是创历史最高记录，有4天游客量均突破1万人次，10月3日游客量达到1.866万人次。游客进入洞窟以后，必将导致温度、相对湿度、二氧化碳浓度等环境要素的变化，打破了洞窟内环境的平衡。狭小的洞窟空间难以容纳更多游客，游客集中参观时相互干扰，直接影响参观效果。

为缓解莫高窟面临的环境压力，敦煌研究院在国内首开先河，与美国盖蒂保护研究所合作，开展了日游客最大承载量研究。日游客承载量研究的因素比较复杂，涉及洞窟空间容量、有无病害、可观赏性、环境因素、游客数量、游客流量、停留时间等问题。研究人员经过长期调查分析洞窟的空间容量、壁画和彩塑有无严重病害和可欣赏性等因素，确定了莫高窟日游客最大承载量不能超过3000人次，并确定了五个直接影响各洞窟游客承载量的关键参数：一是讲解员在每个洞窟讲解和能容纳的最大游客量是25人；二是每个洞窟可接受的游客容量为2人/平方米；三是洞窟面积达13平方米以上的才能开放参观；四是参观路线8~12条，每条线路8~10个洞窟，平均参观时间为8分钟；五是洞窟内的二氧化碳浓度保持在1500 ppm以下（这里ppm是百万分比浓度(‰)[2]）。

5. 在保护的前提下开展游客管理和服务

（1）游客预约制度

考虑到游客集中在旺季到来，容易导致参观效果有所降低、文物超负荷承载的问题，为了实现有序参观，缓解景区和洞窟拥堵现象，保证参观质量和讲解质量，研究院在旅游旺季建立了莫高窟参观预约制度，通过与旅行社联系合作、人工预约、电话预约、网上预约及短信覆盖等方式，并在敦煌市区设立专门的预约中心，有计划、分时段接待游客，以降低洞窟的利用强度，保证游客的参观质量。莫高窟内容艰深难懂，与现代文化距离较远，因此高质量的专业讲解和展示可以使游客全面深入地了解洞窟内容，增强文物保护意识。这样既能充分满足游客的审美需求，又能约束游客的不良行为，起到有效保护的作用。为了使游客更好地理解洞窟内容，研究院设立了负责游客接待的专门机构，培养了一支掌握较丰富的敦煌文化艺术专业知识、熟练掌握外语、能提供良好服务的讲解员队伍，从事专业的接待和讲解服务，并肩负着宣传文物保护的职责。

在游客服务管理方面，规定每批进洞窟参观人数不超过25人，所有游客均在专业讲解员的带领下进行参观。在旅游旺季，每天定时为外宾散客安排外语讲解，旅游淡季随到随安排。在五一、十一等重要节假日和佛教节日期间，讲解员守洞对内宾进行讲解，对外宾则采用讲解员带领参观的方式。为了使游客更加深入地理解敦煌艺术的重要价值，敦煌研究院还在莫高窟窟区前建设了藏经洞陈列馆、敦煌石窟保护研究陈列中心、敦煌研究院史陈列馆。通过上述展示，弥补游客参观时间的不足，增加游客对敦煌文化艺术的体验。

（2）建设基于数字展示的莫高窟游客中心

"数字敦煌"是我国最大的文化遗产数字化项目之一。该项目得到了国际、国内的有关组织和机构的大力支持。经过多年的探索实践，截至2014年初，已经完成了80个洞窟的数字化，即120多个A级洞窟完成了70%。未来就能够将这些成果通过数字网络技术展示在互联网上，让所有人分享。

游客中心的建设是中国政府在世界遗产文化地探索保护和旅游的平衡点的一个重要项目，其目的就是为了解决旅游发展与文物保护之间的矛盾。所有的游客到莫高窟之前，先到游客中心通过数字展示节目来了解敦煌的自然、历史、文化背景。其中数字主题电影主要介绍为什么敦煌能成为一个佛教艺术的宝库，为什么莫高窟会在1000年间连续不断地被开凿成众多洞窟，它有什么文化背景，有什么自然背景，等等。游客还可通过球幕电影身临其境、全方位地感受洞窟完整的形态，可以享受高清的壁画、彩塑艺术。在游客中心体验之后，游客继续前往莫高窟遗址现场，快速浏览、亲身感受博大精深的古代壁画和彩塑等文化遗产。这样就可以压缩在洞窟中的讲解时间，减少游客在洞窟内的滞留时间，把现在3000人的合理承载量扩大到未来的6000人，达到增加游客承载量的目的。这样既能缓解洞窟的压力，又能满足观众领略莫高窟文化艺术的需求（樊锦诗，2008）。

二、自然风景类景区管理

自然类旅游景区是指具有审美观赏价值，由自然类旅游资源（地理、水域、岩溶、气象、森林等）比较集中的地方开发而成，具有一定规模及范围，可供人们游览、休闲或进行科学文化活动等,属于自然状态下不可移动的自然景观及组合。形态上主要包括风景名胜区、自然保护区、森林公园、地质地貌公园等。这里重点介绍我国的风景名胜区管理制度及以黄山为代表的景区案例分析。

(一) 自然保护区管理模式

我国现阶段的自然保护区实行综合管理和分部门管理相结合的管理体制,即统一监督管理与分类管理并存的管理体制。国家环保部门负责全国自然保护区的综合管理,林业、农业、地矿、水利、海洋等有关行政主管部门在各自的职责范围内主管有关的自然保护区。

这种管理体制的优点是:发挥各部门和地方的积极性;各级政府和各部门出资筹建保护区,减少国家财政压力;各部门管辖有利于总结经验,提高管理水平。其缺点是:造成管理力量的分散;机构设置重叠、混乱,协调困难,影响交流和合作。

目前我国自然保护区的管理模式大致有以下几种。

1. 行政主管部门管辖

(1) 单一专门管理机构

全国大多数拥有多种自然资源的自然保护区由所辖资源对口部门进行建设和管理(国家级自然保护区也由所属主管部门委托当地下属单位进行建设和管理)。

(2) 中央直辖管理

中央直辖管理的保护区由国家林业局直接投资进行建设和管理,如卧龙保护区、佛坪保护区、白水江保护区。

2. 政区、保护区合一

此类管理模式的自然保护区有四川卧龙保护区、安徽鹞落坪保护区。

3. 风景名胜区、自然保护区合一

此类管理模式的自然保护区有黑龙江五大连池、四川四姑娘山和九寨沟。

4. 风景名胜区、自然保护区、森林公园合为一体

此类管理模式的自然保护区有黑龙江镜泊湖、宁千山。

5. 学校、科研单位和地方政府共管

此类管理模式的自然保护区有广东鼎湖山(中科院)、黑龙江凉水(东北林业大学)。

（二）自然保护区科学管理体系

要落实自然保护区的基本任务，必须有一定的组织机构来领导，有相应人员来承担，这就是说，自然保护区应当有完整的科学管理体系。科学管理体系是运用科学的管理方法和程序，维持自然保护区的建设和管理，而其有效运转则是建设高质量、高标准自然保护区的必备条件。自然保护区科学管理体系可分为四大管理系统。其体系如图2-4所示。

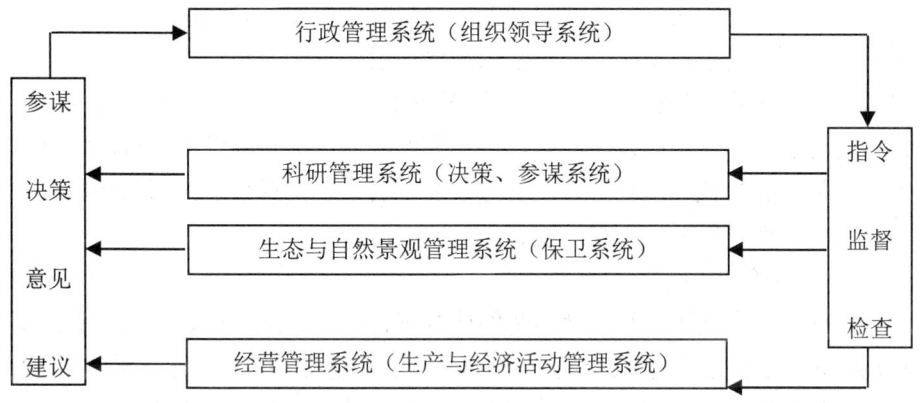

图 2-4　自然保护区科学管理体系

各系统既要有明确分工，又要紧密配合，共同组成一个内部互相协调且机能健全的、保障项目实施的科学管理体系。

1. 行政管理系统

自然保护区的行政管理系统是极为重要的管理环节。行政管理部门通过组织、计划、人事、宣传教育、基本建设、财务审计等部门职责，发挥承上启下、沟通协调的作用。其主要职责是：①上下级机关行政业务；②外事业务；③劳资人事；④财务、审计；⑤政策、法令宣传业务；⑥后勤、基建、职工福利；⑦职工文化教育；⑧监督自然保护区计划、规划以及各种规章制度的实施和执行。

2. 科研管理系统

自然保护区是生物学、地学以及环境科学研究的重要基地，自然保护区的科学研究是其兴旺发达的标志，是自然保护区整个工作的灵魂。保护区的科研管理系统的主要职责是：①组织综合考察与综合评价；②安排科研课题、组织课题组；③布设定位观测站和确定观测项目；④用微机建立基本资料数据库；⑤安排种植实验与养殖实验；⑥制定自然保护区的短期和中长期发展规划；⑦组织研制、评价、审定自然资源的保护与开发利用方案；⑧对科研成果进行鉴定、公布和出版；⑨对标本室、展览馆、科技档案、信息资料室进行管理；⑩组织科技咨询与科普宣传；⑪建立有关学会、协会、研究会、科技情报网的基层组织。

3. 生态与景观管理系统

生态与景观管理系统是自然保护区的保卫系统，主要负责自然资源与自然景观保护方案的实施。公安局或派出所要负责做好所管地段的保护工作，随时提供有关情报，及时处理自然保护区所发生的违法事件和破坏性事件，对考察者、参观者和旅游观光者宣传安全知识和注意事项，综合分析保护工作中的隐患和一些可能发生的破坏性事件的时间、地点与发展趋势，随时向保护区领导和其他管理系统以及地方政府、公安部门提供这方面的情报，共同防止破坏性事件的发生和发展。

4. 经营管理系统

在保护好自然资源和自然环境的前提下，有计划地开展各种生产和经营活动，获得更多的资金来进一步发展自然保护区建设事业，这就是所谓的"以资养区"理论，是发展自然保护事业的重要措施。经营管理系统主要负责：①合理开发利用自然资源方案的落实；②种植业和养殖业；③狩猎业；④加工业（地方特产加工、特种手工业和工艺品）；⑤旅游业；⑥商业；⑦妥善安排保护区内群众的生产和生活。

（三）森林公园管理

1994 年颁布的《森林公园管理办法》将森林公园定义为："森林公园是指景观优美，自然景观和人文景物集中，具有一定规模，可供人们游览、休息或进行科学、文化、教育活动的场所。"

国标 GB/T 18005—1999 中规定：森林公园是指具有一定规模和质量的森林风景资源与环境条件，可以开展森林旅游，并按法定程序申报批准的森林地域。

1. 森林公园的管理体制

我国的森林公园由国务院林业行政主管部门管理。1992 年 6 月，林业部设立"林业部森林公园管理办公室"。1994 年 1 月，林业部发布了《森林公园管理办法》。森林公园管理办公室下设若干机构，其工作具体由森林公园和森林旅游管理处负责，每一个机构的基本职能如下：

（1）森林旅游管理处：负责森林旅游业的管理工作，协调各森林公园的关系，监控森林旅游业的发展方向，发展速度和规划、建设等。

（2）森林公园评审处：对森林公园的资源价值定期评价和对其规划建设的质量进行评价，对即将成立的森林公园进行审定，从而为各部门提供决策信息。

（3）领导处：负责森林旅游法规政策的制定和落实，监管下属部门。

（4）秘书处：主要是组织常委会，做会议记录，为其他部门提供信息，有时也代表领导处解释和落实相关的政策法规。

（5）常委会：由各个资源管理部门、相关政府职能部门及利益相关部门人选组成，对重要的决策有否决权，同时对其他的部门有监督、服务的作用。

2. 森林公园的机构设置

对于省、自治区或地方的森林公园可以按照以上模式来设置，但要根据公园的级别、经营规模、经营性质等做相应的调整。一般的森林公园机构设置为，在森林公园管理处下设立资源开发与保护中心和综合管理部。资源开发与保护中心下分设保护部和开发部。保护部中分为生态环境保护部、旅游资源保护部、科研办公室。开发部分为资源开发部和基础设施开发部。综合管理部下设立人事管理部、财务管理部、安全管理部、公共关系部。

各基层部门的功能可分述如下。

（1）生态环境保护部：对生态环境监控、森林植被保护、水土保持等工作负责。

（2）旅游资源保护部：主要职责是避免对资源的过度开发和不正确开发，同时也对旅游景区由于旅游活动的开展造成的资源破坏进行有效的保护。

（3）科研办公室：为森林公园的生态保护及旅游资源保护提供技术支持，例如旅游的开展对微生物、动植物、土壤及水体的影响，都需要有专门的技术人员提供相应的技术指标。

（4）资源开发部：主要是对现有的资源进行评价，对现有的价值和潜在的价值以及开发会带来的正面和负面影响进行评估，并对开发中的具体工作进行监控。

（5）基础设施开发部：负责森林公园内的道路、食宿、游乐、水电暖等设施建设的规划和实施工作。

（6）人事管理部：主要负责员工的招聘、录用、考核、培训、定编定员、岗位责任的制定、福利和报酬分配等的管理。

（7）财务管理部：对森林公园所有的经济活动进行记录、监督、控制，并对财务状况进行分析，最后为经营管理决策服务。

（8）安全管理部：主要负责森林公园内的旅游基础设施的安全维修、防火等工作，防止游人在游览过程中受到伤害。

（9）公共关系部：理顺森林公园上下级关系，减少行政干预，当合法权益受到侵扰时，依靠当地政府和林业主管部门，协调森林公园与有关部门、单位以及乡（镇）、村等方面的关系。

大型的森林公园在以上组织的基础上，在森林公园管理处下设立旅游部。它是旅游经营管理的中心环节，独立经营管理旅游业务。涉及跨行政管理部门、跨省、自治区的森林公园，有必要在综合管理部门下设立协调关系的部门，其人员可以由森林公园所归属的各相关部门人员组成，这样有利于各种工作的开展。

3. 森林公园现有的组织结构存在的问题

（1）我国的森林公园由国家各级林业局主管，自然保护区由国家林业局和环保总局等主管，国家风景名胜则由建设部主管。这种分工格局使得各政府部门只从自己的角度出发看待森林旅游的发展，这样就造成了不同部门对森林公园的开发程度和受重视程度存在较大的差距，造成了开发不够或过度开发的现象。森林公园的运作主体包括了国家森林公园管理处、国家林业局和当地政府，这就使得各部门从自己的利益出发，多方插手，各行其是，一定程度上造成了管理的混乱。

（2）我国的森林公园一直采取"事业型编制、企业化管理"的经营模式。这种体制的主要弊端体现在以下诸方面。

第一，经营权、所有权与监督权的统一，缺乏有效的监督管理，导致资源的过度使用。"森林公园既是资源的管理者同时又是经营者。作为管理者，森林公园代表国家或集体的利益，管理森林旅游资源，实现资源的保值与增值。作为经营者，森林公园无偿地占有、使用国有资源，为追求经济利益，往往忽视科学规划，存在过度开发现象，其行为缺乏有效的监督和约束。"

第二，景区管理政出多门，职责不清，分而治之。目前国家森林公园内的景区管理分散，各自为政，"一个山体、几家分治、相互制约、影响发展"的局面甚为突出。风景区各家往往从局部利益出发，画地为牢，景区资源整合优势未能得到体现，不利于旅游资源的统一开发和景区旅游形象的定位。由于缺乏一个统一的管理机构进行协调、规划，导致公园内各景区景点建设重复和项目开发雷同，造成资金和资源的浪费，森林旅游产业结构优化更无从谈起,削弱了产品的独特性与竞争力。

第三,旅游行业管理部门缺乏权威,管理力度不够,出现职能缺位。目前在国家森林公园内,建设、林业、水利、环保、宗教、旅游、文物等部门均代表国家行使旅游资产(旅游资源性资产和旅游经营性资产的简称)的所有权和管理权,各管理部门与企业单位级别是平行的,各种类型的旅游资源在短期内难以由一个中央政府职能部门统管起来。旅游局仅作为其中的一个行政管理机构,难以充分发挥其作为行业主管部门的作用,更无法实行法规、标准、政策、规划的宏观管理和监督保护。

第四,森林公园资金投入不足。森林公园的经营者往往不是将内部资金用于积累而是用于职工的分红,这就可能将经营费用作为事业费用转嫁到政府头上,而财政收入的减少又使森林公园的基础建设和森林旅游资源的维护资金投入严重不足。

(四)地质公园管理

地质公园是以具有特殊地质科学意义、稀有的自然属性、较高的美学观赏价值,具有一定规模和分布范围的地质遗迹景观为主体,并融合其他自然景观与人文景观而构成的一种独特的自然区域。它既为人们提供具有较高科学品位的观光旅游、度假休闲、保健疗养、文化娱乐的场所,又是地质遗迹景观和生态环境的重点保护区,是地质科学研究与普及的基地。

1. 地质公园的分级管理

对具有国际、国内和区域性意义的地质遗迹,建立国家级、省级、县级地质公园,分别由相应的各级国土资源主管部门管理,对上级国土资源主管部门负责,同时归同级人民政府领导。

2. 地质公园的规划管理

国土资源行政主管部门负责组织编制地质遗迹保护和合理利用规划,经环境保护行政主管部门审查并签署意见,由计划部门综合平衡后报批实施。国土资源行政主管部门要对执行情况进行监督管理。

3. 地质公园投资运营机制

目前,我国大部分地质遗迹保护区的运营方针仍然是"一要吃饭,二要建设",日常运转经费主要来源于门票和开发项目,少量经费来源于政府拨款。地质公园的建设,保护是第一位的。因此,从保护珍稀地质遗产的角度出发,对一级和二级地质公园,应实施财政专项保护与管理。而对三级地质公园则可引进多元化投资机制,进行适当的合理开发。目前,由于国家财力所限,政府投资于地质公园的保护经费是相当有限的。可以尝试走资产化管理的道路，以产权参股、招商引资等形式保护与开发地质公园。

（五）风景名胜区管理

风景名胜区是指具有观赏、文化或者科学价值，自然景观、人文景观比较集中，环境优美，可供人们游览或者进行科学和文化活动的区域。

自1982年起，国务院总共公布了8批国家级风景名胜区。其中，第一批至第六批曾定名为国家重点风景名胜区，2007年起改称中国国家级风景名胜区。截至2012年12月，我国已拥有国家级风景名胜区225处，省级风景名胜区737处。

1. 风景名胜区管理制度

国家对风景名胜区实行科学规划、统一管理、严格保护、永续利用的原则。2006年9月国务院公布的《风景名胜区条例》规定：风景名胜区所在地县级以上地方人民政府设置的风景名胜区管理机构，负责风景名胜区的保护、利用和统一管理工作。

国务院建设主管部门负责全国风景名胜区的监督管理工作。国务院其他有关部门按照国务院规定的职责分工，负责风景名胜区的有关监督管理工作。

省、自治区、直辖市人民政府建设主管部门和直辖市人民政府风景名胜区主管部门，负责本行政区域内风景名胜区的监督管理工作。省、自治区、直辖市人民政府其他有关部门按照规定的职责分工，负责风景名胜区的有关监督管理工作。

2. 风景名胜区管理体系

我国风景名胜区管理体系分为国家级风景名胜区和省级风景名胜区。

（1）国家风景名胜区

自然景观和人文景观能够反映重要自然变化过程和重大历史文化发展过程，基本处于自然状态或者保持历史原貌，具有国家代表性的，可以申请设立国家级风景名胜区。设立国家级风景名胜区，由省、自治区、直辖市人民政府提出申请，国务院建设主管部门会同国务院环境保护主管部门、林业主管部门、文物主管部门等有关部门组织论证，提出审查意见，报国务院批准公布。

（2）省级风景名胜区

自然景观和人文景观能够反映重要自然变化过程和重大历史文化发展过程，基本处于自然状态或者保持历史原貌，具有区域代表性的，可以申请设立省级风景名胜区。设立省级风景名胜区，由县级人民政府提出申请，省、自治区人民政府建设主管部门或者直辖市人民政府风景名胜区主管部门，会同其他有关部门组织论证，提出审查意见，报省、自治区、直辖市人民政府批准公布。

3. 管理体制弊端

（1）多头管理、管理体制混乱、互相扯皮

土地产权形式多样性导致利益主体多元性。风景名胜区土地与风景名胜资源在用途上存在不完全对应关系，导致地域上形成多个产权使用者（包括政府、部门、集体、个人）对风景名胜区土地进行利用的状况。

由于风景名胜区所在村的村镇规划与风景名胜区规划由不同部门审批，风景名胜区规划难以控制村镇的发展，在一些核心景区内，违反风景名胜区规划的村镇建设项目都有着合法的审批手续，一旦需要拆迁，政府将要付出高额的经济补偿。

在兼有自然保护区、森林公园的风景名胜区中，按国家和林业部规定，作为编制主体的风景名胜区分别要编制两份规划并报国家和林业部的相应主管部门审批。由于管理机构的不统一和不同部门本位利益，常出现风景名胜景区将旅游规划代替风景名胜区规划，将景区建设项目作为旅游项目报批，造成风景名胜区建设的混乱，影响景区的景观风貌。

（2）各自为政，旅游开发与环境保护不协调

"风景名胜资源国家所有"主要是通过国家、省、地方三级政府的共同管理来实现的，其中具体的日常事务管理由地方政府主持。由于分工侧重点不同，各级政府很容易从自身利益出发，在管理重点和方式上出现不同的倾向性。

国家和省两级政府强调保护和监督，主张保护下的合理开发，而作为风景名胜资源相对占有者的地方政府会从地方角度侧重于利用和建设，追求的是开发中的保护。

当前国家和省两级政府就加强风景名胜区管理频频颁布文件和开展检查活动，可是在管理中却常发生长官意志式、急功近利式、盲目错位式和杀鸡取卵、竭泽而渔式的开发。

（六）黄山模式

1. 黄山概况

黄山雄踞于安徽省南部黄山市境内，景区全境南北长约40公里，东西宽

约30公里，总面积约1200平方公里。黄山是国家级风景名胜区，是世界文化与自然遗产、世界地质公园、全国文明风景旅游区、国家5A级旅游景区，与长江、长城、黄河同为中华壮丽山河和灿烂文化的杰出代表，被世人誉为人间仙境、天下第一奇山，素以奇松、怪石、云海、温泉、冬雪"五绝"著称于世。

1979年7月中旬，邓小平视察黄山时明确指示："要有点雄心壮志，把黄山的牌子打出去。"不久之后，安徽省黄山管理局于10月成立，黄山正式对外开放。黄山管理局成立不久，即着手总体规划的编制工作。1980年5月，安徽省人民政府成立黄山规划领导小组，次年正式委托清华大学建筑系编制《黄山风景名胜区总体规划》。1982年1月，总体规划编制完成。1988年7月，总体规划报经国务院原则同意，建设部批准实施。截至2006年6月，风景区内拥有各类宾馆、饭店20家，其中四星级宾馆4家、三星级饭店4家，年接待能力达300万人次；兴建西海、云谷寺、天海、玉屏楼、五里桥等多处水库（蓄水池），总库容达45万立方米，尤其是2002年完成的五里桥新二库及景区综合提水工程，大大缓解了旱季森林防火及旅游生活用水的矛盾；相继建成北海35千伏和温泉35千伏输变电工程，供电能力和稳定性显著提高。邮电、通信和有线电视等设施不断加强，光缆铺设达185公里，基本实现了移动网络覆盖全景区。

黄山对外开放以后，客流量迅速增长。1979年进山游客仅为10.4万人次，到2005年则达171万人次。1979年至2005年，黄山风景区共接待海内外游客2124万人次，其中入境游客152万人次；实现旅游收入53.1亿元，利润总额8.7亿元。2013年黄山风景区接待游客274.65万人次，门票收入4.96亿元；西递景区共接待游客81.21万人次，旅游总收入3.73亿元；宏村景区接待游客152.03万人次，旅游总收入达7.97亿元。

1996年11月，黄山旅游发展股份有限公司成立，向社会发行股票募集资金，"黄山旅游"成为我国第一只完整意义上的旅游概念股。1999年6月，黄山旅游集团有限公司成立。股份公司和集团公司成立后，不断优化旅游产品结构，积极开发休闲、娱乐、探险等新兴旅游项目，丰富旅游内容，拓展产业链条，逐渐形成了重点突出、布局合理、各具特色、优势互补的旅游产业格局；此外，加大客源市场开发力度，大打宣传促销攻坚战，在上海、广州、北京等地设立办事处，与瑞士少女峰、美国约塞米蒂国家公园结为友好山，在韩国首尔设立旅行社分支机构，对外影响与口碑俱增。截至2005年底，集团公司拥有全资企业 8 家、控股企业 6 家、参股企业 3 家，总资产 22.1 亿元；股份公司拥有下属企业 21 家，总资产 9.6 亿元。

2. "黄山模式"的论争

这场论争是由 2002 年 2 月 24 日中央电视台《经济半小时》节目对黄山风景区正在施工中的水库、宾馆等大型工程项目的批评性报道开始的。这一报道与先后在全国多家媒体出现的同类报道立时引起国内外遗产界及社会公众的关注与强烈反响。2002 年 3 月 1 日至 5 日，国家建设部派遣工作组去黄山进行实地调查，其后形成的《调查报告》由 2002 年 3 月 12 日的《新安晚报》与 2002 年 3 月 13 日的《安徽日报》分别或以全文或以摘要方式发表。这份调查报告基本上全面否定了央视节目批评的真实性，从而又导致另一些媒体对上述批评的激烈反批评，并伴之以对黄山现行管理体制的颂扬。然而事情并未就此止息。相反，一些对黄山的历史和现状深有了解的专家与社会人士，对《调查报告》的客观性、公正性及其社会影响提出尖锐质疑。他们不仅希望对《调查报告》的结论进行再调查，同时还希望以黄山为案例，对中国的世界遗产管理问题进行更为深入、系统，更具普遍意义的评论与探讨（徐嵩龄，2002）。

3. 黄山模式的构成

黄山模式既不是纯粹的理论结晶，也不是对国外某一现成模式的仿效与移植。它与中国 20 世纪八九十年代在经济社会改革进程中出现的诸多模式一样，是"摸着石头过河"型实践的产物。宽松且富有成果的国家改革环境、来自政府的干预、管理经费的短缺、旅游经济的蓬勃发展等多方面的因素导致现有黄山管理体制的形成。所谓的黄山模式，可以概括为四个组成部分，即行政建制、经营体制、旅游管理方针、内部能力建设。

（1）行政建制

黄山保护与旅游经营均需恰当的行政建制来支持；同样，当黄山因旅游而成为一项重要财源时，行政建制又成为有关部门争夺黄山管辖权的通道。现时的黄山行政建制正是这两种作用的产物，并经历了一个变更的过程。在 1979 年至 1985 年期间，黄山风景区管委会被定为厅级单位；1983 年至 1985 年期间它下辖一个县级黄山市（俗称"小黄山市"，由原太平县、歙县的汤口镇、石台县的广阳镇组成），从而构成一个黄山旅游特区，直属省政府领导。1986 年之后，黄山管委会与原黄山市的行政隶属关系被解除。1987 年将原徽州地区改为黄山市（俗称"大黄山市"，市政府设在原屯溪市），原黄山市改为现黄山市下辖的"黄山区",黄山管委会主要领导由黄山市主要负责人兼任,并受黄山市管辖。

(2) 经营体制

为了与市场经济接轨,黄山引入市场机制。它借鉴中国企业改革中出现的"所有权与经营权分离"及"股份公司上市筹资"等模式,首先于1996年创建"黄山旅游发展股份有限公司",继而在1999年进一步组建"黄山旅游集团"。这两个经济实体与黄山管委会是"一套班子、两块牌子"。黄山的全部经营业务(企业管理、投资和收购等资本运作)完全由这两个实体按照市场方式运作。

(3) 旅游管理方针

旅游对遗产及其生态环境的可能破坏,是一切遗产保护单位优先关注的问题。黄山管委会提出了"严格保护,统一管理,合理开发,永续利用"的指导方针,并从黄山管理局成立之初就将"山上游,山下居"作为协调旅游与保护这一矛盾的首要的基本方式。只有采取这一方式,旅游对黄山景区的可能破坏才会降低到最低程度,同时又能确保黄山旅游成为促进周边社区和区域经济发展的杠杆。

(4) 内部能力建设

面对遗产保护与旅游服务的双重要求,黄山管委会采取了一系列工程、技术、管理、行政等措施,以强化自身的能力建设。其中包括景区土地使用与规划,建筑工程市场与施工,景区生态、环境、卫生、安全等管理,也包括"食、住、行、游、购、娱"在内的旅游服务,股份公司的资本运作与旅游集团的企业经营,等等。它们应能有效地提高遗产管理质量,提高旅游经营收益,提高对周边社区与区域经济发展的贡献。

4. 黄山模式的成就

根据黄山管委会的介绍,黄山在遗产管理、经营绩效和对地方经济的贡献这三个方面是很有成就的。它们体现了黄山管理者认真而负责的敬业精神、很高的专业才能,以及创造性智慧。

(1) 遗产管理业绩

就遗产管理而言,黄山在卫生、安全、生态环境等方面取得的成绩是相当突出的。黄山的森林覆盖率由20世纪80年代末的76%上升为现在的83%;景区的卫生状况和设施已达到很高水准,自黄山管委会成立以来的33年间,火灾事故较少发生;大气质量达到国家一级标准;为了保护水质,黄山建成

15处污水处理设施；对于固体废弃物，黄山基本做到垃圾分拣和回收。黄山管委会对建筑师的聘用不是采取着眼于成本—效益的招标方式，而是采用不计成本的委托方式——将设计全权委托给清华大学建筑系。

在提高景区管理质量方面，黄山管委会的下述措施特别具有创意：①修建石阶步行道；②设置道旁水池；③升级能源，即为保护大气环境质量，黄山的能源已由原初的生物质燃料与煤，改变为现时的油、气，并正进一步升级为电；④设立洗涤中心与净菜中心，即为了尽可能减少污水排放量与固体废弃物排放量，黄山管委会在山下的汤口镇建立"洗涤中心"，统一洗涤景区旅馆的床上用品及衣物，还在黄山市（屯溪）开设了一个净菜中心，统一向景区旅馆提供经过加工的清洁蔬菜和禽、肉、鱼等。

自1990年以来，黄山获得了一系列荣誉。它多次被国家建设部评为国家级风景名胜区先进单位："卫生山"（1993年），"安全山"（1995年），"文明山"（1997年）。1998年，黄山被中央文明办、国家住建部、国家旅游局列为"全国十大文明风景旅游区示范点"榜首，并被联合国教科文组织中国委员会、国家建设部、国家文物局评为"世界遗产保护管理先进单位"。1999年，黄山获首届"梅利娜·迈尔库里文化景观保护管理国际荣誉奖"。黄山赢得的上述声誉是国家和国际社会对黄山管理成绩的认可和嘉许。

（2）经营绩效

黄山作为一个极具观赏游览价值的世界遗产，旅游经济从一开始就是它的最主要的经营活动。黄山的经营历史可以分为三个时期：第一个时期是1983年至1995年，黄山管委会在传统行政体制下经营黄山旅游；第二个时期是1996年至1998年，黄山组建"黄山旅游发展股份有限公司"，利用资本市场，完全市场化地经营黄山旅游业；第三个时期是1999年以来，它又组建"黄山旅游集团"，经营空间已不局限于黄山本身，而是扩展到黄山以外（地区内、省内、国内）。它的经营内容已不只是景观旅游资源的开发，而且包括日益增多的其他旅游业项目和非旅游业项目。

在第一个时期末的1995年，黄山的总收入为1.4957亿元。其自身经营收入约为1.4378亿元，占黄山全部收入的96%。黄山自外部获得的投入是相当有限的，约为579万元，占黄山全部收入的4%。黄山是主要依靠自身的努力维持和发展的。在外部投入中，正常性投入（即政府经费）约130万元，仅占整个外部投入的22%，在黄山总收入中的份额就更小，约0.87%，简直微不足道。在黄山自身经营收入中，门票收入为4757万元，约占自身收入的

33%，即 1:3。这说明黄山的经营还是较为符合旅游经济的正常特点的。上述成就表明，黄山现行经营体制，与传统体制相比，在经济上是相当有成效的。

（3）黄山对地方经济的贡献

黄山对地方经济的贡献主要表现在"纳税"与"投资"两个方面。其中纳税已被称为当地政府的财政支柱；投资则直接扩大了当地的经济规模，改善了当地经济的成分与质量。

黄山对当地经济的贡献是逐年增加的。就"纳税"而言，粗略估计，1992年至1999年期间，年均增长率约为16%。"投资"等对地方经济的贡献增长率，大体也应与此相似（徐嵩龄，2002）。

5. 旧模式的挑战

（1）"景区游，景区居"之争

黄山的直接经营成本主要为三个方面：一是建筑成本，如黄山景区高档饭店的建造费用是山下同类饭店的5～6倍；二是人力成本，由于山上一切生活用品均需依靠人工运输，故大大提高了人力费用；三是管理成本，如设施管理费用、污染防治和处理费用等，也会相应增高。

黄山现时的"景区游，景区居"旅游方式，必然造成遗产破坏和沉重的环境生态压力。其中，有些可以缓解（如污染问题），但由于费用太高，以至于难以真正实现；有的除非改变"景区游，景区居"方式，否则难以解决，如遗产遭到破坏和与水资源有关的生态退化问题。黄山旅游经营的高成本最终必然全部转嫁到旅游者身上（徐嵩龄，2003a）。

（2）五里桥水库之争

媒体争论中的"五里桥水库"其实不是单一库体，而是沿位于桃花溪上游的容成峰与云际峰之间的峡谷，自下而上陆续建造的一条库链。《调查报告》关于五里桥水库"主要用于风景区森林防火等生态保护供水的需要"的说法既不符合森林防火与生态用水的实践逻辑，又掩盖了水库修建的真正目的——旅游用水。

因为，湿润多雨气候条件的山区（海拔800米以上），无需森林防旱用水；森林火灾均由人为因素造成，防火的重点应是在游人的步行道两侧；现时步行道两侧的森林防火体系，由防火检测与预警设施、步行道旁均衡分布的总容量达 19 万立方米的防火蓄水池、沿途均衡设置的干式灭火器械等构成，它的确减少了黄山火灾事故的发生，是黄山管理的一项成就；如果采用

"水库—配水系统—消火栓"这一方案,将是高技术风险与高经济代价的。事实表明,以水库进行森林防火与防旱,既无必要,也不可行。正因为如此,所谓的为防火与灌溉而"每隔 120 米设置"的消火栓、洒水栓等,至今并未安装。

(3)西庄宾馆之争

现时山上宾馆的床位总数已远远突破《黄山风景区总体规划》。据黄山旅游经济发展研究会统计,景区(温泉、北海、西海、天海、云谷寺、玉屏楼)的床位总数现已达 5704 张,比《总体规划》中 2000 年的 4500 张超出 1204 张,约 27%。

据黄山管委会自己的《基本情况介绍》,黄山"新建改建多座宾馆饭店,景区内现拥有各类宾馆和招待所 20 余家,共有接待床位 9600 个,并可随时增加床位(含搭建帐篷 30 顶)3500 个"。据此,如不计入临时性床位,超《规划》达 113%;如计入临时床位,则超《规划》达 191%。

(4)贡献—收益不对等

黄山与地方经济的关系受到两种因素的制约:一是行政建制因素;二是黄山与地方之间在资源、环境、经济和社会等方面的实际联系。对黄山而言,所谓"地方",首先是从行政建制上加以界定的。在 1983 年至 1986 年,这个"地方"是指(小)黄山市(驻地为甘棠),即现今的黄山区。自 1987 年至今,这个"地方"不仅指现在的黄山区,而且指现在的黄山市(驻地为屯溪)。

在地方对黄山保护和旅游的贡献中,最大的支付者是包括汤口镇在内的黄山区。它无偿为黄山提供了土地资源、人力资源,无偿地为黄山承担生态与环境压力及引起的损失,并同时承担因旅游设施闲置而造成的损失。屯溪对黄山的贡献是在旅游条件方面,而不是保护方面,但应注意两点:其一,屯溪为黄山旅游提供的航空与铁路之便是有高报偿的;其二,虽然屯溪对黄山保护贡献极微,但黄山市(屯溪)竟收纳黄山上缴的环境污染费,而这本应是由环境污染受害者"黄山区"获得的。由上可见,黄山市与黄山区作为黄山经济的受益者,其地位极不平衡;作为黄山保护与旅游发展的支付者,其地位也极不平衡。特别怪异的是,受益者与支付者的位置是颠倒的,即:最大的受益者是最小的支付者,而最大的支付者却是最少的受益者。这一极不合理的状况是由现时的行政建制导致的。作为旅游热点"黄山"脚下的黄山区,却出现贫困现象与大量居民的外出打工,这在任何旅游热点地区都难以想象的。

（5）环境问题

作为黄山风景区"四绝"之一的黄山温泉，昔日的"泉沸如汤""热可点茗"状况已不复存在，温泉的流量和水温均已日渐下降。在旅游旺季，用水量大，泉眼已丧失自流能力，游客沐浴只能依赖抽水供应。桃花溪水微生物等超标，已不宜沐浴，更不能饮用。

为解决黄山风景区生活用水的困难，相关管理部门修建了北海、天海、西海、云谷寺等几座水库，缓解了旅游旺季供水难的问题。但水库的建造也带来了一些不利的影响，如旱季会导致水库下游溪水断流，影响和破坏溪谷的生态环境。

名列"四绝"榜首的黄山松，也受到了很大的损害和威胁。在人流涌动的山道两侧，一些松树已枯死，始信峰上大片古松枯亡或被创伤，使黄山松不得不穿上了不雅观的竹"盔甲"。"梦笔生花"一景"笔尖"上的那株如花的奇松因缺水而枯死，多年来一直由一棵塑料树代替，直至近年才成功移植新树，使奇景复原。由于土壤板结、渗水性差，不少树木根部受损。最近黄山地区已被列为酸雨控制观察区。

1972年冬季，一个烟头引燃一场山火，使天都峰上的大片松树毁于一旦。1994年春季，玉屏楼火灾，楼旁近在咫尺的迎客松再次受到威胁。另外隆冬季节的大雪，往往使松枝不堪重负，被压折枝干，黄山迎客松就曾"断臂"。此外，周围地区的松林线虫等病虫害对黄山松也构成威胁。

（6）投资战略之争

自成立"黄山旅游发展有限公司"和"黄山旅游集团"以来，黄山的投资与经营战略出现三种转向：由景区项目开发向非景区项目开发发展；由黄山景区向景区外项目发展；在景区外项目开发方面，向着黄山以南，即屯溪—千岛湖—杭州方向发展。

6. 黄山模式的改革

对黄山模式，大体可评价如下：在"遗产质量管理"方面，有许多的可取之处，但在处理大型旅游服务设施问题上有关键性的失误；在"经营体制"方面，在纯商业性经营策略和经营方式上有许多可取之处，但在遗产的"非营利经营"方面有着关键性的失误；在"行政建制"与"社区关系"方面，基本上是失误和不成功的。

黄山模式的改革有八个重要的方面。

（1）建立符合世界遗产公约和我国相关法规的遗产质量管理指标体系

黄山应当按"遗产真实性与完整性"原则，制定一系列可操作的管理标准，并将旅游服务标准按遗产保护要求而绿色化。

（2）经营体制由"单纯的市场导向"改变为"多使命指导下的市场操作"

黄山的经营必须破除"一套班子，两块牌子"的传统做法，对于遗产（即景区）应按"非营利"制度经营；对于非遗产类活动（如食、住、行等）则按市场体制经营。

（3）行政建制

行政建制的指导方针要有利于风景名胜区的保护；有利于风景名胜区的旅游经营；有利于促进社区与地方经济的发展。具体任务是确定风景名胜区的土地空间，确定风景名胜区的行政级别，确定用于支持风景名胜区保护与旅游经营的外围土地空间，确定风景名胜区与外围社区的行政关系（徐嵩龄，2003b）。

（4）真正落实"景区游，区外居"方针

黄山旅游活动必须严格按"山上游，山下居"（即"景区游，区外居"）的方式进行，而不是过去的"山上游，山上居"。"景区游，区外居"可以从根本上保护黄山遗产，同时游客可以在相同的时间内，享受更为多样的游览观赏与食宿服务，从而提高他们的旅游费用效益。"山上游，山下居"可以提高整个景区的游客接待容量，黄山旅游公司将会从游客人数增加、游客滞留时间延长，尤其是从旅店连锁经营中，大幅度地提高自己的赢利水平；黄山周边社区（主要是黄山区的乡镇），也将会从中明显受益，并会激发起他们自觉保护黄山和为黄山服务的热情。

（5）旅游要促进社区发展

行政建制应重新调整：第一，应理顺与周边社区的关系；第二，应理顺与皖南经济乃至安徽经济的关系。黄山应妥善地解决有关的行政区划问题，使得为黄山保护提供主要支持的当地社区能从黄山旅游业发展中真正受益。

（6）经营战略与投资方向"四个优先"

在黄山项目与非黄山项目的开发上，黄山项目优先；在非黄山项目开发上，景区开发项目与非景区开发项目（如娱乐业等）相比较，景区开发项目优先；在现时黄山市范围内，周边社区与非周边社区相比较，周边社区优先；在大区域层面，向北、向"两山一湖"方向与向南、向屯溪—浙江方向相比较，应是向北、向"两山一湖"方向优先。

（7）生态环境保护与监控

"景点轮休"是黄山风景区的首创之举，始于20世纪80年代，即通过人工辅助促进自然修复，恢复受损的林木植被，改善"疲劳"景区的生态环境。相关管理部门组建全国首家高山防火水网，对54棵古树名木实行挂牌保护，对迎客松、黑虎松24小时专人看护，对"扰龙松"成功实施人工移植。

（8）游客高峰管理

景区充分发挥"三预"机制（预测、预约、预警）：一是劝导体力好的游客步行登山，以缓解景区索道和热点、热线的压力；二是在换乘中心利用广播和团队预约方式，合理分配慈光阁和云谷寺两条线路的客流；三是悬挂告示牌，提示游客自主选择游览线路，或改签为明、后两天游览。

管委会指挥中心全天候监控景区90个监控点的客流情况，对不同时段、不同地段的人流和车流做出科学的调度和安排，进行削峰调谷、错峰疏导。在莲花沟、鳌鱼峰增设了两个智能人流监控系统，动态分析单位时间内的人流状况，在南大门增设了1个车流监控系统，掌握进出景区的车流状况。

针对自驾游明显增多的现象，从8:30开始，放行7座以下小型客车进入黄山南大门，优先停满南大门内290个停车位，再沿大门外公路旁车位依次有序停放。100名引导自驾车的志愿者配备了必要的指挥协调工具，及时有效地引导车流，确保了停车有序、道路畅通。长假期间，从云谷进山的团队提前一天预约可优先出电子订单票，以减少排队等候出票的时间。提前出票需提供完整的网络订单号、证件号、实际出票数及领票人等资料。

当黄山风景区进山游客量即将达到饱和状态时，为有效分散人流，确保游览秩序，景区将会视情况适时开放正在轮休的天都峰。同时，针对背包游客，在山上空旷的安全区域划定范围，游客可以在这里搭建临时帐篷。

三、人造景区

人造景区，顾名思义，就是指人工建造的景区。本章研究的"人造景区"是专指现代人工建造的景区，以与人文古迹类景区相区别。

人造景区的景点包括博物馆、现代休闲街区和主题公园。它们都是现代城市旅游所依托的重要旅游吸引物，在城市旅游发展、丰富市民文化生活、展现城市文化和城市品位方面发挥着特殊作用。本节重点介绍主题公园的景区管理，并以华侨城为例进行景区管理模式分析。

（一）博物馆管理

博物馆是一个国家、一个民族历史文化和现代文明的形象代表。我国历史悠久，名人辈出，地方民俗文化丰富多彩，这都为我国博物馆事业的发展提供了良好的基础，也为各地旅游业提供了充分的条件，成为我国发展旅游的重要文化基础。

我国的博物馆，大致可以分为综合博物馆、艺术博物馆、考古博物馆、社会历史博物馆、民族民俗博物馆、人物博物馆、文化教育博物馆、自然博物馆、科技与产业博物馆、收藏博物馆、园囿博物馆等 11 种类型。

在计划经济体制下，形成了中央集权的计划管理模式，大多数博物馆隶属于中央和地方文化主管部门，在管理上采取分系统和分级别管理相结合的方法，博物馆被定义为文物的保藏、研究和宣传教育的机构。

博物馆主要依靠政府的事业性投入，如财政拨款，来维持基本运营和业务开支，几乎没有基金组织、个人和社团捐赠等其他融资途径的资金来源。但各地经济发展水平不平衡，地方财政对博物馆的资金投入受到限制。随着博物馆软件和硬件水平的提高，博物馆的日常运营和维护成本也在不断加大。

政府的事业性投入和财政性约束与博物馆的日常运营和维护成本的不断增加之间的矛盾越来越突出，而传统管理体制限制了社会力量参与博物馆发展的积极性，这些都影响到博物馆事业的发展。

博物馆的传统管理体制，导致博物馆出现了产业化经营、市场竞争意识淡薄、管理落后、功能单一、缺乏精品等问题。面对庞大的旅游市场，拥有高质量高水平的旅游吸引物和大批专业人才的博物馆，却处于束手无策、难以为继的尴尬境地。博物馆作为最主要的社会教育场所，缺乏广泛的市场基础，由此导致市场吸引力弱，社会影响面窄。

2006 年，国务院出台了《博物馆管理办法》，为博物馆的建设、经营、管理、文物保护和提供服务等方面提供了政策性的规定，进一步规范了博物馆的行业管理。

2008 年，国家颁布《关于全国博物馆、纪念馆免费开放的通知》，建立全国性的博物馆免费开放的机制，进一步发挥博物馆等文化遗产单位的公益职能，促进文化遗产的三大功能的和谐发挥。

（二）现代休闲街区管理

现代休闲街区作为现代城区步行街兼商业街的一种发展趋势，是步行街在形式上的拓展和内涵上的延伸。步行街是我国城市建设和形象提升的重要内容，特别是以原有的风貌、文化、民俗等为基础，以休闲消费为特色，体现城市文化品位，并具有购物、餐饮、休闲、旅游等多功能的开放式文化休闲街区，在近几年更似雨后春笋般地出现在全国的大中小城市，如北京的南新仓文化休闲街，上海的新天地、沪文化休闲街、多伦路文化名人街，成都的宽窄巷子，焦作的"新东·焦作1898"，等等。这些文化休闲街区规模不大，多保持自身特色，局限于当地发展。

另外，从目前各地所发布的"十二五"发展规划可以发现，建设文化休闲街区的潮流方兴未艾，热度仍在进一步加强。如无锡市提出"到2012年底创建市级特色街区15个"的目标，扬州市提出重点建设"双东"街区、教场街区和南河下街区等三个街区，沈阳市提出重点建设北市场民俗文化街区、太原街时尚文化街与中街时尚文化街，等等。

当前我国文化休闲街区发展数量众多，其中上海"新天地"等是比较具有代表性的成功案例。但目前文化休闲街区在发展上大多是内部挖潜，很难在规模上做大。究其原因，主要有以下三点。

1. 文化特色的局限

地方特色难于移植到其他地方，从这个意义上讲是成也文化，败也文化。学者全秋梅于2003年对上海新天地进行系统研究后指出：上海新天地不能克隆的最主要的原因并不是资金，而是当地的地域文化和消费水平。如经常有些上了岁数、头发胡须都已花白的上海老头坐在路边吃冰激凌，就跟它的历史文化有关。在"西化"年头较长之后，从小经常吃冰激凌的小孩已变成了老头，由此当地老头当街吃冰激凌也便成了很自然的事情，而这些文化的积淀是其他地方无法移植的。

2. 街区规划的局限

在这方面的表现主要为：一是过分依赖遗存特色建筑，导致整体范围偏小，氛围无法彰显；二是没有考虑交通与其他辅助条件，失去休闲的便捷性，导致目标消费群体客流量不足；三是建筑特色过分单一，有的街区虽然在原建筑遗存的基础上进行了扩建，但建筑样式由开发商打造，多为统一样式，使消费者产生审美疲劳，反而削弱了文化的特色魅力。

3. 运作模式的局限

一般的运作模式为：规划——建设——招商——开业。该模式中，开发运营商和商户是房东和承租户的关系，调节的杠杆主要为租金。该模式容易产生两个结果，即或招商环节占用太多时间，或商户有巨大的不稳定性，使街区难以走向成熟,更不用说规模化发展了。

综上所述,影响街区规模发展的瓶颈是:在规模很难做大的前提下,在没有足够文化特色和规划条件下的强行运作,会使现代休闲街区的生命力存在很大问题,并且还可能对当地的文化生态环境造成破坏。

(三) 主题公园管理

主题公园是主题性的舞台化休闲娱乐活动空间,它可以完全是人文创意的,也可以是基于遗产的创意旅游空间。主题公园是从20世纪四五十年代开始兴起的新型旅游吸引物形态。这种特殊产物是在旅游者的审美需求和休闲娱乐方式选择日益多样化的条件下,依托大量投入(智力、财力、人力、物力等)而建立的新型旅游活动场所。它是一个相对投资大、风险大、回收快、回报高的旅游投资领域。随着全球旅游业的发展,主题公园这一新生旅游形态的内涵也得到了不断的深化和拓展。

1. 主题公园的分类

目前,国际上对主题公园还没有标准分类体系,所沿用的大致是以下几种分类方法。

(1) 按照功能和用途分类

主题公园按功能和用途分类,大致可分如下五种类型:

一是微缩景观类(如深圳的锦绣中华、北京世界公园等);

二是影视城类(如无锡的三国城、唐城、水浒城等);

三是活动参与型(如苏州乐园、深圳华侨城"欢乐谷"等);

四是艺术表演类(如深圳华侨城"中华民俗文化村"和"世界之窗"、北京"民族园"等);

五是科幻探险类(如江苏常州"中华恐龙园"等)。

(2) 按规模分类

主题公园按规模可分为大型主题公园、中型主题公园和小(微)型主题公园。

国外将投资8000万到1亿美元,占地200英亩(约0.81平方公里)以上的称为大型主题公园;将投资在3000万到8000万美元,占地100英亩到200英亩的主题公园称为中型主题公园;将投资在1000万到3000万美元,占地100英亩以下的主题公园称为小(微)型主题公园。

在我国,结合主题公园的实际情况和发展状况,将投资1亿元人民币,占地0.2平方公里左右的称为大型主题公园;投资在2500万到1亿元,占地面积相对较小的称为中型主题公园;投资额在1000万元以下的主题公园成为小型主题公园;投资额在300万元以下的,仅含一小型景点的主题公园称为微型主题公园。

(3) 按主题内容分类

主题公园按主题内容可分为自然主题公园和人文主题公园。

自然主题公园又可细分为:生命类(以动植物为主题,例如昆明世博园,各地的野生动物园和海洋馆等)和非生命类(以模拟自然景观为主题,例如宜昌的"三峡集景"等)。

人文主题公园又可细分为:文化类(包括历史文化和民俗文化,即以从古到今的各种文化现象和表现形式为主题,例如各地的世界之窗和民俗园等)和非文化类(包括机械类和智能高科技类)。

(4) 按活动类型分类

主题公园按活动类型可分为静景观赏型主题公园、动景观赏型主题公园、艺术表演型主题公园、活动参与型主题公园、项目挑战型主题公园和复合型主题公园。

(5) 按区域背景分类

主题公园按区域背景可分为城市主题公园、城郊主题公园、海滨主题公园、交通干线沿线主题公园和乡村主题公园。

2. 主题公园的发展模式

(1) 主题公园的区位导向

交通导向:英国旅游局认为,主题公园的理想位置必须具备四个条件:①在2小时车程范围内,有1200万以上的居民或离大的旅游度假区不到1小时的车程;②为了促销的需要,主题公园必须临近2个商业广告密集区;③最好与其他主题公园相比邻;④距交通主干道在15分钟的车程范围内。这就突出了交通因素对主题公园区位选择的重要导向作用。

市场导向:三级客源市场是机会市场;二级客源市场属于有开拓潜力的基本市场;一级客源市场为主题公园的支撑市场。

(2) 主题公园的主题选择

主题公园正朝着寓教于乐的方向发展,由迪士尼的主题选择向自然、动植物、科普、教育扩展。如表2-4所示。

表 2-4 迪士尼的主题选择

	美国加利福尼亚州洛杉矶迪士尼乐园	美国佛罗里达州奥兰多迪士尼世界	日本东京迪士尼乐园	法国巴黎迪士尼乐园	中国香港迪士尼乐园
面积	72.84 公顷	12432 公顷	46.21 公顷	2000 公顷	180 公顷
开业时间	1955 年 7 月 17 日	1971 年 10 月 1 日	1983 年 4 月 15 日	1992 年 4 月 12 日	2005 年 9 月 12 日
园内布局	一个主题公园"神奇王国"内分八个部分：美国大街 冒险乐园 边域乐园 新生物区 幻想乐园 未来乐园 卡通城 新奥尔良广场	四个主题公园 1. "神奇王国"内分七个部分：美国大街 冒险乐园 边域乐园 自由广场 幻想乐园 未来乐园 米奇卡通城 2. 动物王国 3. 米高梅影城 4. 世界橱窗	一个主题公园"神奇王国"内分七个部分：世界集市 冒险乐园 西部乐园 新生物区 幻想乐园 未来乐园 卡通城	一个主题公园"神奇王国"内分六个部分：美国大街 冒险乐园 边城乐园 幻想乐园 发现乐园 迪士尼村	一个主题公园"神奇王国"内分六个部分：美国大街 幻想世界 边城乐园 冒险世界 明日世界 卡通城

目前最受欢迎的主题排名是：教育展览、珍禽异兽、物园林、原野丛林、外国文化、历史陈列、河流历险、生活娱乐、水上乐园、动物表演与花卉展览。

（3）经营主题公园成败的因素

经营主题公园成功的关键因素有：吸引人的设施、合理的价格、距离较近、家庭气氛、特色主题等。经营主题公园失败的主要原因有：自然环境破坏严重；公园地形设计不合理，游客游览吃力；主题混乱，模糊不清；节目无特色；缺乏人情味。

主题公园是高风险、高投资的项目，市场变化莫测，主题选择失误或经营策略不当很容易导致失败。法国迪士尼的初期失败更让许多投资者对主题公园望而却步。在我国出现过各地重复建造西游记宫、宋城、唐城、封神演义宫的现象，投资失败率很高。

主题公园成功的关键是：要有特色，景观及娱乐设施的设计要有创新，差异与新鲜感是吸引力的来源；品牌是吸引回头客的关键，主题公园 CI 设计对它的成功起着十分关键的作用；设施与活动要多元化。

采用高新科技,强调声光电效果,这是近年的普遍趋势。选址仍然是公园经营成败的关键要素。

此外,结合主题特点,把握消费心理,创造一种强调体验的品牌形象是体验经济时代提出的必然要求。在体验经济中,要想取得和保持持久的吸引力,最为关键的便在于持续的创新。主题公园虽然出售的是体验,但为了在体验中不断加入新鲜感,首先必须坚持的就是产品创新。主题公园只有根据目标市场的需求变化不断进行产品创新,才能尽可能地延长生命周期。

(4)主题公园发展趋势

主题公园的发展趋势是:由主题模仿向主题原创转变;由侧重娱乐向娱乐与教育并重转变;由分散经营向品牌经营转变;由单一主题向多主题转变;由单一领域向多领域转变,如主题公园与旅游地产、旅游度假融合,发展成为旅游度假村、旅游综合体。

(5)主题公园经营策略

主题公园的经营策略为:面向短期度假市场;强调游客参与;主题公园与零售业相结合;价格策略多元化;普遍应用高科技。

(四)主题公园开发案例之深圳华侨城

1. 华侨城成长历程

华侨城是指1985年11月11日经国务院批准成立的一个大型国有企业集团及其所规划、建设和管理的经济开发区,2013年末集团总资产超过1000亿元,年销售收入近500亿元。

集团从在经济开发区内规划和兴建中国第一个主题公园——锦绣中华微缩景区起步,相继成功开发建设了锦绣中华、中国民俗文化村、世界之窗、欢乐谷等四大主题公园以及深圳湾大酒店、海景酒店、威尼斯水景主题酒店、何香凝美术馆、暨南大学中旅学院、华夏艺术中心、欢乐干线高架单轨车、华侨城生态广场、华侨城高尔夫俱乐部、华侨城雕塑走廊、华侨城燕含山郊野公园等一批旅游文化项目设施,形成一个集旅游、文化、购物、娱乐、体育、休闲于一体的,面积近5平方公里的文化旅游度假区。截至2000年6月底,所属"锦绣中华""中国民俗文化村""世界之窗"和"欢乐谷"四大主题公园累计接待游客6500万人次,1999年10月被树为全国文明风景旅游区示范点。作为以旅游业务为主导的大型国有中央企业,华侨城集团近年来开发出一系列旅游产品,业态覆盖文化主题景区、连锁文化主题公园、旅游度假区、旅游综合体、当代艺术馆群、公众开放空间、创意文化园、儿童职业体验园、星级酒店、经济型连锁酒店等，并针对各路消费群体的不同需求，打造了生态度假、都市娱乐、滨海休闲、养生旅游等消费方式。目前，集团在全国重点城市已开发建设大型旅游综合项目 17 处，截至 2013 年底累计接待游客 2.5 亿人次，已发展成为中国旅游业第一品牌。

2. 四大主题公园

（1）锦绣中华

锦绣中华主题公园占地面积 30 万平方米，坐落在风光绮丽的深圳湾畔。它是一座反映中国历史，文化、艺术、古代建筑和民族风情最丰富、最生动、最全面的实景微缩景区，也是目前世界最大的微缩景区。锦绣中华内有近百处中国名胜古迹微缩景点，是中国旅游胜地 40 佳之一。园内景点大致按中国区域版图分布，是中国自然风光和人文历史精粹的缩影。景点分为古代建筑、山水名胜和民居民俗三大类，有万里长城、秦兵马俑、圆明园、布达拉宫，有泰山、长江三峡、名塔、名楼，以及具有民族风情的地方民居等 80 多处景点。"一步迈进历史，一日畅游中国"是其最准确的写照。

1989 年 9 月，锦绣中华正式对外开放，开园的当天没有庆典，也没有对外宣传，但首日入园游客就超过 3000 人。国庆期间，每天都有 3 万多游客涌入园中，以至深南大道不得不封闭一半用来停放车辆。锦绣中华在电视上播放了一则公告："希望深圳本地市民暂时不要参观锦绣中华。"国庆期间深圳的冲印店中 80% 的照片是锦绣中华的景观。

（2）中国民俗文化村

中国民俗文化村是国内第一个荟萃各民族的民间艺术、民俗风情和民居建筑于一体的大型文化游览区。中国民俗文化村以"源于生活，高于生活，荟集精华，有所取舍"作为建村的指导原则，从不同角度反映我国多民族的民俗文化。中国民俗文化村于 1991 年 10 月建成开放，占地面积 15.8 万平方米，包括中国 56 个民族中 21 个民族的 24 个村寨，均按原景观 1:1 的比例建造，成为有代表性的民族风情博物馆。游客在村寨里，除可了解各民族的建筑风格外，还可以欣赏和参与各民族的歌舞表演、民族工艺品制作，品尝民族风味食品，观赏民族艺术大游行、专业水平的演出歌舞晚会、民俗陈列馆、民间喜爱节目等各种场景，让游客领略 56 个民族多姿多彩的文化艺术。

1992 年春节期间（初一至初五），锦绣中华微缩景区和中国民俗文化村共接待游客 27 万人，最多一天两景区游客达 6.4 万人，其中中国民俗文化村入园游客 4.6 万人，创下了日接待游客的最高纪录。这个纪录直至今日未被国内任何一家主题公园打破。

锦绣中华和中国民俗文化村是深圳锦绣中华发展有限公司下辖的两大景区，自2003年元旦起两园合一，只需一张门票即可观赏两园所有景点。此景区是来深圳旅游必玩的旅游目的地之一，它融参与性、观赏性、娱乐性、趣味性于一体，是全世界最大的现代中国文化主题公园，被国家旅游局誉为开主题公园先河之作。

（3）世界之窗

1994年，华侨城集团再次斥资6亿余元打造世界之窗主题公园。该主题公园毗邻"锦绣中华"和"中国民俗文化村"，占地48万平方米，是香港中旅集团在深圳华侨城创建的又一大型文化旅游景区。景区将世界奇观、历史遗迹、古今名胜、自然风光、民居、雕塑、绘画以及民俗风情、民间歌舞表演汇集一园，再现了一个美妙的世界。"你给我一天，我给你一个世界"，景区按世界地域结构和游览活动内容分为世界广场、亚洲区、大洋洲区、欧洲区、非洲区、美洲区、现代科技娱乐区、世界雕塑园、国际街等九大景区，内建有118个景点。每当夜幕降临，华灯初放，景区内又展现出另一种迷人的异国情调。由世界民族歌舞和民俗节目组成的"狂欢之夜"艺术大巡游，把景区游园活动推向高潮。

在118个景点中，按1:1比例建造的景点有21个，就连园内的"思想者"等50多尊世界著名雕塑，所用材质都是和原作一样的。世界之窗在10年间创造了每年入园人数230万人次以上，10年累计游客量2650万，经营收入32亿元的业绩。

（4）欢乐谷

1998年10月由华控公司和香港华侨城公司共同投资4亿元，占地17万平米，凸显"欢乐、现代"气氛的高科技主题乐园——欢乐谷建成开放，为华侨城赢来了又一个发展的黄金时期。欢乐谷是融参与性、观赏性、娱乐性、趣味性于一体的中国现代主题乐园。全园共分八大主题区：西班牙广场、卡通城、冒险山、欢乐岛、金矿镇、香格里拉森林、飓风湾、阳光海岸，加上独具特色的玛雅水上公园。园内有100多个老少皆宜、丰富多彩的游乐项目，其中从美国、荷兰、德国等发达国家引入的众多项目为全国乃至亚洲所独有。世界最高落差的"激流勇进"，中国第一座悬挂式过山车——"雪山飞龙"，中国第一座峡谷漂流"矿山车"，中国第一座"完美风暴"，中国第一辆"仿古典式环园小火车"，亚洲最高、中国第一座"惊险之塔"——太空梭，亚洲首座集视觉、听觉、触觉于一体的四维影院,这些高科技、高品质硬件设备的引入,使欢乐谷从一开始便与世界先进主题公园站在同一水平线上。欢乐谷主题公园的规划及项目设计遵循了"体验即是生活,生活即是体验"的现代休闲理念。一方面注重项目的高科技表现手段,另一方面强化满足游客参与、体验新型时尚娱乐的需求。

欢乐谷 2003 年追加投资 5000 万元用于改旧建新。它新推出国内首个大型水上情景剧《欢乐水世界》;而传统项目《地道战》则全新改版包装,增加烟火等特效表演,增强项目的现场感和游客的体验快感;四维电影《疯狂赛车手》在欢乐谷举行亚洲首演,实现了视、听、触全方位感受的跨越。

3. 华侨城发展阶段

华侨城从以前一个普通的经济开发区,发展到今天在家电、主题公园、房地产、主题酒店等领域位居全国前列的大型企业集团,成为深圳乃至全国国有企业的一个典范,创造了景区发展中独特的"华侨城模式"。

深圳华侨城经过将近 30 年的开发,经历了以下四个发展阶段。

(1) 第一阶段(1986 年至 1993 年):旅游先行配合少量地产开发

整体来看,第一阶段地产与旅游达到了平衡发展,且资金产生小部分盈余;逐步开发名胜区域,价格平台明显提升,旅游资源开发引爆区域发展,旅游带动地产,使其成为区域开发现金来源,逐步实现旅游与地产的平衡发展,如表 2-5 和表 2-6 所示。

表 2-5 华侨城发展第一阶段投资项目

项目	开发时间	占地面积(公顷)	建筑面积(万平方米)	资金平衡
东方花园	1986 年	11.2	6	地产收益
锦绣中华	1989 年	30		乐园投资
海景花园	1990 年	2.9	10.2	地产收益
中国民俗文化村	1991 年	20		乐园投资

表 2-6 华侨城发展第一阶段旅游投资收益

旅游设施	占地规模	开业时间	投资	经济效益
锦绣中华	30 公顷	1989 年	1 亿	十年中,营业收入总额 17 亿多,创利 6 亿多,总资产达 3 亿多;锦绣中华和中国民俗文化村两景区先后在开业一年和一年多的时间即收回全部投资,共接待海内外游客 4000 多万人次
中国民俗文化村	20 公顷	1991 年	1.1 亿	

（2）第二阶段（1993年至2004年）：旅游对地产价值的提升

第二阶段前期房地产收益与旅游的投资仍然保持资金平衡，但是旅游盈利开始增多，此时区域价值已建立；到第二阶段后期，房地产收益实现高额的资金回报，如表2-7和表2-8所示。

表2-7 华侨城发展第二阶段地产项目

发展阶段	1996年至1997年	2000年至2004年
代表楼盘	中旅广场	波托菲诺、纯水岸
住区形象	华侨城产业配套	高尚人文社区
价格变化	8000元/平方米	9000~15000元/平方米

表2-8 华侨城发展第二阶段旅游项目的投资收益

景点	占地规模	开业时间	投资	门票	经济效益
世界之窗	48万平方米	1994年6月18日	6.5亿	120元	开业至2002年底，世界之窗共接待游客2300多万人次，营业收入28亿元。世界之窗的利润总额已连续3年超过1亿元
欢乐谷	一期：17万平方米；二期：18万平方米	一期：1998年10月1日；二期：2001年5月	一、二期各投资4亿	120元	2002年，深圳欢乐谷全年入园人数达230万人次；2003年3月底，已接待游客695万人次

（3）第三阶段（2004年至2008年）：区域关联产业初步形成，成为区域开发新的盈利点

从2004年起，以华侨城OCT-LOFT创意文化园为开端，促进工业区的厂房建筑向以创意产业为主体的新空间形式转换；2006年5月，华侨城创意文化园在华侨城LOFT正式挂牌，奠定其在中国创意产业内的战略地位；深圳致力打造"设计之都"，并将"创意产业"打造成优势产业，OCT-LOFT华侨城创意文化园被列为重点创意文化项目。

（4）第四阶段（2008年至今）：启动高端文化旅游项目——欢乐海岸

集团打造首个新型复合型滨海主题商业和中国最具特色的都市娱乐目的地——欢乐海岸，占地面积约125万平方米，包括近69万平方米自然湿地保护区、56万平方米都市文化娱乐区（滨海公共旅游区、绿色休闲度假区，购物广场、餐饮娱乐街区、创意展示中心、高端城市会所、精品酒店、SOHO

公寓、IMAX影院、椰林沙滩、狂欢广场)。

4. 华侨城发展模式

(1) 基于双核盈利的"旅游+地产"发展模式

华侨城集团率先在中国创造了"旅游+地产"的双核盈利模式,实现了旅游和地产的双赢,取得了巨大的成功。由于主题公园是一个"从无到有"的开发建设项目,相对于其他自然、人文景区来说,它的投资额巨大,对开发商的资金实力要求高,同时对投资回报率要求也高,这在一定程度上增大了主题公园的投资风险。过去,中国绝大部分主题公园的收益来源于门票、住宿、餐饮、购物、娱乐等收入,而这一部分的收益往往有限,特别是因区位条件或产品质量等原因造成游客不足的主题公园,很容易因亏损而倒闭。从1986年开发以来华侨城先后建成世界之窗、锦绣中华、中国民俗文化村、欢乐谷等四个主题公园,为自己创造出区域性旅游资源优势;再以此为依托,开发高质量的旅游主题地产,房价因周边环境的变化和改善而持续上升。华侨城从旅游起步,先投入巨资,专注于搞大型旅游项目开发,以旅游改善环境,环境带旺地产,将"生地"变成旅游熟地和旺地,带动景区附近地产升值;再趁势搞房地产开发,以地产促进华侨城全面发展,是旅游与房地产相互结合的典型。地产业务每年为华侨城贡献约80%的利润,是其盈利的核心,但间接的价值创造中心还是旅游业务。华侨城以"主题公园+旅游地产"为主业架构,先做旅游后做地产,形成可全面复制的"旅游+地产"的开发模式,最终形成双核发展的开发模式。

旅游资源为分享旅游资源的房地产提供明显的溢价空间。从长远来看,旅游资源及其配套设施将成为房地产项目的配套资源,成为房地产项目后期市场价格提升的支撑。在以旅游业为核心的基础上,房地产借力开发,与旅游资源、产品相互协助,同时产生品牌效应,互相渗透,最终形成旅游和房地产双核的发展模式,商业与创意地产同时服务于两个核心,如图2-5和图2-6所示。

(2) 基于旅游要素集成的"旅游城"发展模式

华侨城集团在进行主题公园开发时,没有将景区与周边环境孤立起来,而是将城市开发建设理念融入到主题公园的开发建设中,将景区与周边社区共同规划与开发,把旅游要素巧妙地配置到景区与社区中,实现了"景区+社区"的无缝对接与和谐共生,开创了一种主题公园"旅游城"的开发新模式。在"旅游城"里,不仅有主题公园、主题酒店、主题地产、主题商业、

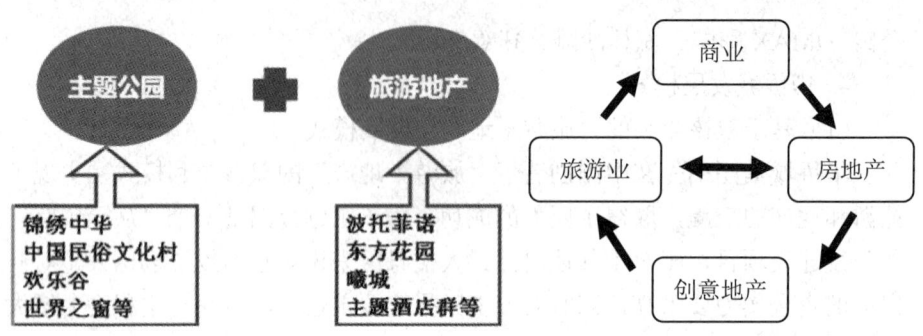

图 2-5 华侨城"双核模式"　　　　图 2-6 华侨城品牌效应

主题创业园区,还有居民和文化教育设施。这是其他景区和主题公园所没有的。"旅游城"发展模式很好地发挥了主题公园的辐射功能,带动了周边社区的发展,实现了景区与周边社区的和谐发展与共生共荣。

(3) 基于全国布局的"连锁"发展模式

为了做大做强主题公园产业,抗衡迪士尼、环球影城等"洋品牌"主题公园的入驻和竞争,华侨城集团提出了"东西南北中"区域发展战略,抢在"洋品牌"主题公园之前,分别选择东部的上海、西部的成都、北面的北京、中部的武汉建设华侨城,开始了在全中国的区域布局,开创了中国主题公园"连锁"发展的新模式。如今,华侨城又在中国的其他主要城市进行了新一轮的发展布局,"连锁"规模越来越大,品牌越来越响。华侨城主题公园的"连锁"发展模式值得中国其他主题公园借鉴。

(4) 基于"文化+科技+生态"的创新发展模式

创新是主题公园持续发展的源泉,文化是主题公园成功发展的灵魂,科技是主题公园生命力的支撑,生态是主题公园健康发展的保障。20 多年来,华侨城集团十分注重将文化、科技和生态的理念融入到产品的创新中,锦绣中华集中展示了中国丰富的山水人文景观;中国民俗文化村展现了 56 个民族的民俗风情;世界之窗展示了七大洲四大洋景观与文化的七彩斑斓;欢乐谷则以高科技为支撑,为游客提供了一场休闲、刺激、动静结合的娱乐体验盛宴;东部华侨城将游客带入了一个原生态的世外桃源。以上所有景区都创造性地推出了动态化广场演艺和民俗节庆活动,通过巧妙地编"剧"造"节",极大地丰富了主题公园旅游文化的内涵,尤其是精心打造的《绿宝石》《东方霓裳》《创世记》《天禅》等精品演艺节目,以及"狂欢节""啤酒节""火把节""魔术节"等节庆活动,不仅已成为旅游者到主题公园必看的节目,而且也构成了深圳城市文化的重要内容。"文化+科技+生态"是华侨城主题公园永葆青春的法宝。

第三节 中国特色的旅游景区管理实践

近年来,在我国旅游景区管理发展的实践活动中,有一些独特的开发模式值得归纳总结,包括以休闲房产、休闲农园、影视基地为代表的多业共生模式,通过生态环境与人文情调构建的竞争优势模式,以文化创意为突出特色塑造产品内涵的模式以及通过主题特色整合旅游产品的模式。

一、构建商业生态:多业共生

旅游景区成功的模式中存在一种多业共生模式,尤其是开发型景区,工农业旅游兴旺发达得益于它的规模经济与范围经济。农业—旅游合一模式成功之后出现许多衍生模式,有林业—旅游合一、渔业—旅游合一、牧业—旅游合一等。除此之外,上海新天地景观还出现商业—旅游合一模式。多业共生模式的特点是:互为依托,形成完整的生态;多种赢利渠道;协同、规模经济与范围经济。在多业共生模式中最具代表性的有以下三种模式。

(一)"休闲社区"模式:景观+房产

"社区"是社会学中的基本概念,最早是由德国社会学家藤尼斯提出的。对社区概念的定义有很多种,但无论从功能还是地域的观点进行阐述,其基本的含义都可概括为:社区是一定地域内发生的社会活动和社会关系,有特定生活方式并具有成员归属感的人群所组成的相对独立的社会生活共同体。它具有三个特点:一定的地域;一定规模的人群;人与人之间的相互关系。社区内的成员具有共同的需求、共同的价值观,会发生社会互动并且具有很强的归属感和领域感。

现代意义上的"旅游休闲社区"在关注人类生活质量、追求人文关怀的高度,以可持续发展的开发理念,着力体现人与自然的全面融合与交流,强调游客的参与性、互动性。它彻底地突破了单一性景点的构想,将传统的景区概念打破,把旅游休闲的功能分散到社区的每个角落,从而成为既是景区又不是单纯的景区,通过组合观光、休闲、度假、会展、运动、娱乐、养生、教育、居住等不同功能，使它们之间相辅相成、互为支撑和补充，共同组成一个配套完善、个性鲜明的旅居结合的休闲度假胜地。

在"旅游休闲社区"的开发理念中，最突出的三大要素是众多高品质的旅游休闲设施、室内/夜间的大型娱乐中心和旅游景观房产（如图2-7）。

图 2-7 "旅游休闲社区"三大要素

对于旅游房地产，刚开始的时候，有人认为在旅游项目中嫁接房产元素是不伦不类的做法。但是，作为世界上最先进入休闲时代的美国，却在事实上早已完成了对旅游景观房产这一全新概念体系的建立和实践。1971年，在迪士尼世界的最初规划中就有一个占地达30平方公里的"未来社区的实验原型"（Experimental Prototype Community of Tomorrow，EPCT）项目，即"埃普科特"，可以说是景观房产的最初尝试。遗憾的是这一极富创意的设想并没有获得顺利发展，由于技术、财力、法律上的原因和内部争论不休，公园开业7年后，"埃普科特"才陆续开业，这使它的运作成本增加到12亿美元之多，等于原先预算的3倍。尽管如此，这个点睛之笔还是大大强化了迪士尼世界作为旅游目的地的吸引力，并使它远远超越了作为旅游方式的概念框架。先进的开发理念使它的成功大大超过了先前开业的功能相对一元化的迪士尼乐园。因为有了"埃普科特"，从1992年起，迪士尼集团的收入增加了15%，利润增加了78%。1998年，迪士尼集团的收入已高达58亿美元，营业利润达16亿美元。其品牌渗透力更是持续强化，价值达170亿美元，位居全球第五。

实践证明,景观房地产是大型都市休闲度假区"度假"功能得以充分实现的保证。因此,它已成为发达国家发展休闲旅游的一种共同做法和普遍趋势。景观房地产是从大型主题公园演变而来的一种复合房地产模式,是旅游与房地产相互渗透与融合后产生的新兴业态。这种模式可以被描述为"旅游—配套—地产",即通过一个旅游项目把生地变成熟地,再变热地,如图2-8所示。

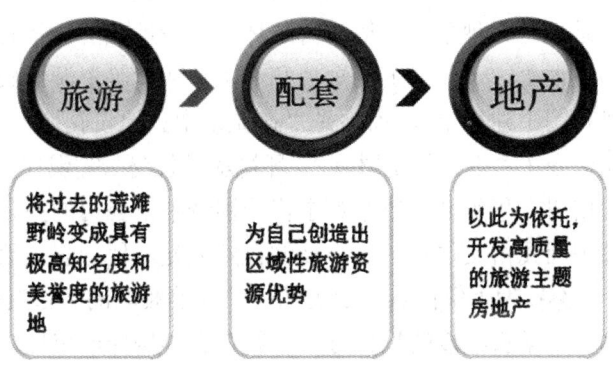

图2-8 景观房地产发展阶段

如图可见,这种模式是以多种旅游项目为依托和基础,以优美的景观和良好的配套为主要特征的、具有一定主题的房地产项目。它通过和旅游项目的嫁接与融合,二者互为依托,相辅相成,共同构成一个旅居结合的,集旅游、休闲、度假、居住等诸功能于一体的大型旅游休闲社区。景观房地产模式的开发的收益曲线如图2-9所示。

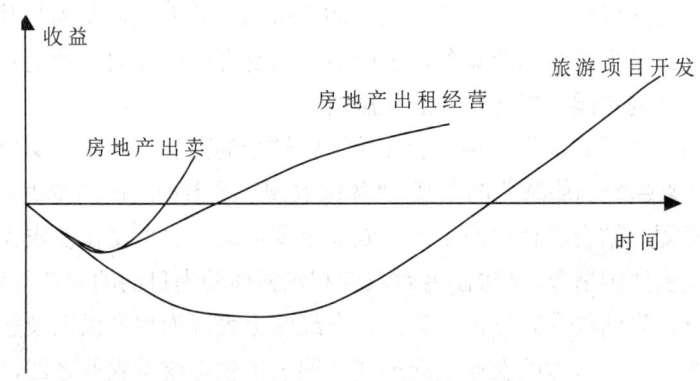

图2-9 景观房地产开发的收益曲线

我国采用这种发展模式的代表包括：浙江杭州的宋城、杭州乐园、深圳华侨城、西安曲江开发区、上海新天地等，它们为中国旅游和房地产企业提供了一个鲜活的样板。

1985年华侨城成立之初，所引进的第一个项目不是办工厂、盖酒店，而是以年薪11万美元的代价聘请新加坡著名规划师孟大强先生担任规划顾问；华侨城建设的第一个"战役"不是大兴土木工程，而是制定城区建设规划的"规划战役"；华侨城成立的第一个国有企业是华侨城园林公司，华侨城开始的第一项建设是种花、种草、种树，营造环境。华侨城的决策者认为，经济建设中最大的失误莫过于规划上的短视和对生态环境等资源的破坏。他们的理念是要在"花园中建城市"，而不是"在城市中去建设花园"。他们在全国开发区中率先倡导了"规划就是财富""环境就是优势"等现代发展理念。为了保留几棵古榕树，华侨城的决策者宁肯让锦绣中华公司的办公大楼后退几米；为了保住中国民俗文化村一个小岛的自然风光，他们忍痛放弃了"栈桥连岛"的设计方案；为了保住燕晗山上的一块天然峻峭的"鹰咀石"，他们三次修改了华侨城中学教学楼的设计方案。就在当年房地产市场极度火爆的时候，他们不为一时的高额利润所动，在寸土寸金的土地上拿出大片地方来种花种草、蓄水造湖。目前华侨城的绿地覆盖率达53%，达国际城市绿化率领先水平。华侨城最终冲破国内开发区那种"一推平""排排座""火柴盒"的传统模式，走出了一条"以文化营造环境，以环境创造效益"的可持续发展的新路子。

相对于其他单纯的旅游或房地产项目，旅游和房地产共生的项目最主要的特色和优势在于其项目组合的开放性、休闲环境的可控性和景观与配套上的唯一性，这些优势可极大地增强项目的吸引力，并有效避免因与其他项目定位同构化而带来恶性同业竞争，因此而成为复合型产业的一种全新业态。

（二）"休闲农园"模式：农业＋旅游

"休闲农园"模式作为一种农业和旅游业结合的高层次的新型文化生态旅游形式，越来越受到旅游业的重视。"休闲农园"是指利用田园景观、自然生态及环境资源，结合农林牧渔生产、农业经营活动、农村文化及农家生活，以为游客提供休闲情趣，增进游客对农业和农村体验为目的的农业经营形态；是结合生产、生活与生态三位一体的，在经营上表现为集产供销及旅游休闲服务等二级产业于一体的农业发展形式，展示了生态旅游农业之路，实现第一产业与第三产业的优势互补，实现生态效益、经济效益、社会效益三者的统一，是现代城郊农业发展的一个重要方向。

1. "休闲农园"模式的核心理念——销售绿色

"休闲农园"塑造绿色的乡村生活体验，包括绿色环境和绿色食品。①绿色环境：全球环境的恶化、自然资源的破坏，使人们回归大自然的迫切需求不断提高，人们在物质生活丰富的同时，其精神生活的品位也越来越高，尤其是都市居民，长期生活在喧闹的街区和封闭的高楼大厦，他们向往大自然的宁静、农家小院的田园风情，崇尚自然生态美和人与自然的和谐统一。②绿色食品：在当前市场上，食品因大量施用化肥、农药而使质量下降，安全性得不到保证，所以绿色食品、有机食品受到人们的普遍欢迎。蟹岛严格按照生态农业（以有机质肥料和生物防治为主）、有机农业（不使用化肥和农药）的要求种植的农产品以无公害的名、特、高、新、鲜结合特征的绿色蔬菜为主，全面开发绿色食品与有机食品。

2. "休闲农园"的发展模式——农业与旅游合一

休闲农业具有较强的参与性，正好满足了人们的体验需求。休闲农业作为一种直接的体验，可以为人们提供内在的自由感。人们参加休闲农业活动和社会互动的不同，会导致休闲投入程度的不同。人们可以现场参与农事活动，了解农业生产知识，亲自采摘农园的绿色蔬菜瓜果，品尝农家饭菜，体会农村生活，接触农村的乡土风情，参加农村举办的民间娱乐活动等。

3. "休闲农园"的保障机制——基于生态链的旅游循环经济

循环经济是一种善待地球的经济发展新模式，它要求把经济发展活动组织成为"自然资源——产品和用品——再生资源"的闭环式流程。所有的原料和能源要在这个不断进行的经济循环中得到最合理的利用，从而将经济活动对自然环境的影响控制在尽可能低的范围内。它强调最有效地利用资源和保护环境，做到生产和消费"污染排放最小化，废物资源化和无害化"，以最小的成本获得最大的经济效益和环境效益。蟹岛保证绿色的措施是：不烧煤、不烧油、不烧锅炉，用的是地热、太阳能和沼气，使物质能量大循环，基本实现了污染物零排放。

4. 空间布局——前店后园

该特点最有代表性的是北京蟹岛度假村。整个度假村在布局上采取"前（旅游）店后（农业）园"的方式，按照"以园养店、以店促园"的思想进行经营。"园"有种植园区、养殖园区、科技园区；"店"有可容纳1000人同时就餐的"开饭楼"、四季可垂钓的"蟹宫"、综合性大型康乐宫、特色农家小院客房和仿古农庄、各种动物观赏的"宠物乐园"、夏日室外冲浪的海景水上乐园，以及各类农家民俗表演、农业观光、采摘、自捡生态蛋等项目。"园"塑造绿色的旅游环境，为"店"的消费提供产品，是成本中心；"店"是消费场所，为"园"的产品提供顾客，是利润中心。"前店后园"的布局格式保证了农业与旅游的互补与融合。

5. 盈利机制

"休闲农园"有四种盈利机制。①盈利双渠道：休闲农业园具有农业旅游双收入渠道，降低了风险并通过互相强化可以提高对方的收入。②绿色溢价：蟹岛采摘的绿色蔬菜的价格是一般超市同类商品价格的 4 倍以上，垂钓鱼类的价格也在市场价的 4 倍以上，从外地采购来的转卖商品的价格也在收购成本的 3 倍以上。③范围经济：系统内构建的子系统间的"代谢"和"共生关系"形成物质循环，降低了生产成本。在种植业子系统中，农产品大部分被农业生态子系统内部职工消费和被旅游生态子系统游客消费，还有约 35 万公斤农产品和副产品（粮食加工的麸皮等）以及数百吨的干物质（农作物秸秆）作为饲料输送到养殖场和鱼塘，既解决了农业废弃物的处理问题，又为养殖业提供了充足的饲料来源；既变废为宝、节约原料又保护了生态环境，为生产有机食品提供了充足的肥源。生态链中，上一环节的"废物"成为下一环节的原料，既减少了"废物"处理成本，又减少了原料投入成本，这是典型的范围经济。④"现场消费效应"：现场消费导致了农产品运输成本的降低，以及农产品促销成本的降低。

（三）"影视基地"模式：影视＋旅游

"影视基地"模式是影视业与旅游业协同共生的一种业态。影视基地的基本功能是为满足影视节目制作的需求。从我国现有的影视基地看，除了中影集团怀柔基地外，其他基地基本以影视制作外景基地为主，辅之以部分摄影棚或演播馆以补充内景制作的需要。中影基地主要定位于内景和后期制作，但在项目规划方面也保留着外景地开发空间。影视基地的第二功能是影视文化旅游。将旅游作为产业要素与影视基地嫁接，在国外已有多年的运行经验。我国在影视基地创建初期，基地的大部分收益来自伴生旅游项目。

影视剧拍摄加旅游已成为大多数影视基地的基本运营模式。影视基地的经营范围主要集中在场地出租及配套服务（包括餐饮住宿、道具加工、场景搭建、交通工具、群众演员、后勤服务等）与影视旅游（包括景区游览、体验、旅游产品、食宿服务等）两大方面。近年来，少数影视基地开始出现其聚集效应，吸引影视投资与制作单位在基地内设立机构，使得影视基地的功能由原来的制作加旅游的基本模式扩展为影视产业运作模式。

研究发现，影视基地收益较好的事例，集中在20世纪八九十年代。当时，改革开放的热浪引发了人们对各种新奇事物的热衷，加上庞大的追星一族，使得影视剧基地热闹非凡。1987年兴建的无锡影视基地是中国第一个影视基地，当年中央电视台在江苏无锡修缮疗养院的同时，附带建设了西游记艺术宫，放置拍摄电视剧《西游记》所用过的道具、服饰、设备等，以便日后再用。艺术宫对外开放，一时竟成了无锡城的一大旅游热点，当时一张门票仅1元钱，而日收入最高竟达到万元，第二年便收回全部投资。但是，随着人们的消费观念与时尚追求升级换代，影视基地的经营面临新的挑战。目前，暴利时代已经过去，但由于影视基地的投资巨大，以制作加旅游基本模式的收益平衡投资的影视基地可谓凤毛麟角。影视基地不同于地产项目，不得不将自身经营战略定位于长期目标。因土地成本和投资来源的不同，影视基地之间的投资回报期望值也有所不同。

二、构建竞争优势：生态情调

（一）竞争新动向：自然与人文环境竞争

在城市化加速的进程中，"雾霾""沙尘暴"等环境问题日益凸显，人们的生活节奏日益加快，心理压力日愈增加。在这样的发展背景下，人们对优美休闲环境的需求更加旺盛，此时景区围绕环境的竞争变成了焦点，不少景区打起了"绿色""亲水""情调""怀旧"牌，并且出台了一系列的指数来衡量景区自然与人文环境，如：空气质量指数、舒适度指数、速度指数、口味指数、出入指数、购物指数等。

（二）最适休闲环境指标

最适宜的旅游景区往往以协调的自然环境和良好的人文环境为特征（见图2-10）。"长寿之乡"长寿秘诀的理论总结也是构建最佳旅游景区环境的理论基础。

格鲁吉亚的外高加索、巴基斯坦的罕萨、厄瓜多尔的比尔卡班巴、中国新疆的和田、中国广西的巴马都是世界上有名的长寿之乡。国际上对长寿地区的标准是多方面的，其中一个标准，就是看这个地区百岁老人的多少，10万人口里面有7个百岁以上的老人，这个地区就是长寿之乡。人的健康长寿不仅受生活环境的影响，也与文化、生活习惯、膳食营养等相关，但与该地

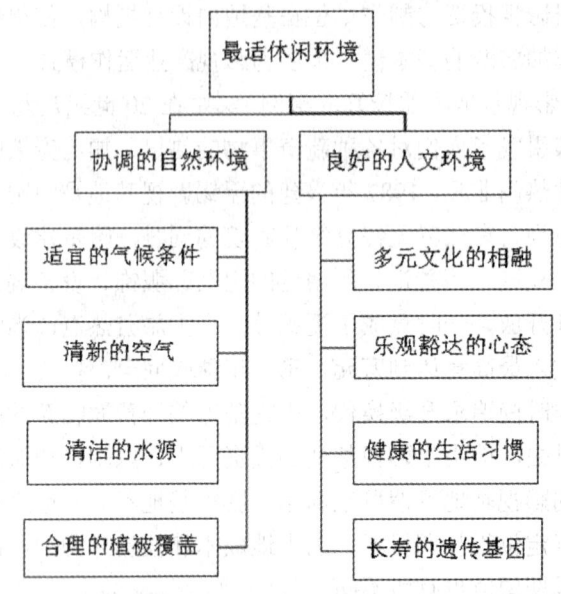

图2-10 旅游景区最适休闲环境的标准

区地理环境的关系更加直接,当地的气候、土壤、水、空气、植被等,都是影响人健康长寿的重要因素。因此,长寿之乡所在的地方普遍自然环境优美,海拔高度适中,一般都在1500米以下;气候凉爽宜人,冬无严寒,夏无酷暑,有益健康,利于长寿;而且多为地方病较少流行或没有流行的地区。调查发现,长寿之乡的土壤和食物中富含微量营养元素,尤其是土壤中的硒含量都偏高,而硒是公认的对健康有益的微量元素。因此长寿之乡本身在"最适休闲环境指标"中有较强的竞争力。长寿之乡是生态自然环境优美的最佳代言和指向标,且"长寿秘诀"本身就极具旅游吸引力。

(三)自然环境指标

《亚洲周刊》评选最适合居住的城市标准涉及27个项目,其中关于自然环境的指标有:空气中二氧化硫的数量(百万分之一单位);空气中二氧化氮的数量(百万分之一单位);每百万分之一立方米空气中所含悬浮颗粒/尘埃数;人均享有的绿地和公园面积。

参照我国曾获"全球最佳人居环境奖""国际花园城市"等国际人居奖的城市或地区,旅游目的地的常年平均气温在23℃左右(冰点与人的正常体温的黄金分割点)、年光照时间2000~3000小时、降水量800~1500毫米、大气污染指数好于或等于二级的天数在 200 天以上、植被覆盖率在 50%以上的自然环境最适合人类居住。对于景区景点型旅游目的地，小环境的标准要更高，如碧峰峡的植被覆盖率高达 97%。

（四）人文环境：情调设计

在景区休闲环境的设计中，人文环境也是必不可少的一个部分，如经常提到的，某旅游目的地"独具小资情调"或者"演绎 BoBo 风格"，或者"深受 Lohas 一族的喜爱"。这些具有特色的人文情调会增加景区的环境吸引力。

三、塑造产品内涵：文化创意

文化创意是指以创作、创造、创新为根本手段，以创意成果为核心价值，以知识产权实现或消费为交易特征，为社会公众提供文化体验。文化创意产业主要指在尊重知识产权的框架中，借助于现代高新科技，依靠创意工作者的智慧，对文化资源加以提升与再创造，生产出附加值更高的产品，既能创造财富又可以振兴文化的产业，包括文化艺术、新闻出版、广播、电视、电影软件、网络及计算机服务、广告会展、艺术品交易、设计服务、旅游、休闲娱乐、其他辅助服务等。联合国教科文组织认为文化创意产业包含文化产品、文化服务与智能产权等三项内容。任何一种文化创意活动，都要在一定的文化背景下进行，但创意不是对传统文化的简单复制，而是依靠人的灵感和想象力，借助科技对传统文化资源的再提升。文化创意产业属于知识密集型新兴产业，它主要具备以下特征：高知识性、高附加值、强融合性。

文化创意产业可以促进文化旅游产品深度化、多元化的结构调整，满足多元需求的旅游要求，极大地丰富了文化旅游的内涵，推动旅游产业的转型、增效。文化创意旅游产业着力于产品的独特性、创新性和艺术性等文化底蕴，由此创造出来的文化旅游产品内涵深厚、回味无穷，弥补传统文化旅游乏于发展和创造的不足。

旅游业是一种资源依托型产业，是建立在或实或虚的旅游"资源"基础之上的。用创意挖掘民族文化旅游资源，既包括对遗失于现实生活，具有旅游开发价值的历史文化资源的抢救、整理与呈现；也包括对已经开发利用的民族文化资源做更深层文化价值的探索、研究以及创造性整合，达到优化旅游资源组合的目的。在挖掘整理的基础上突出民族味、亲切度，筛选出核心文化价值，侧重于借助可视文化载体全方位的展示，侧重于其互动性价值的充分发挥，侧重于旅游者心境体验的满足，重要的是围绕核心价值开发出层次性、系列化和高品位的文化旅游产品，重塑民族文化旅游产品和产业品牌形象。

用创意创造文化旅游产品，主要从以下三个方面入手：一是选准切入点，突出产品的层次性；二是提炼主题，突出产品的系列性；三是丰富文化内涵，突出产品的高品位性。突出旅游产品和旅游场景或旅游环境的文化性，凸显创意旅游产品对文化旅游需求的多元"文化层次"的关怀与满足。总之旅游产品的主题越鲜明，就越有利于创意主体分层次、多视角地进行展示和设计，通过强化、充实、剪裁、协调、烘托等创意手法，使其内涵得到充分发挥，为旅游者创造出层次丰富而深刻的旅游体验产品。

文化创意产业被称为21世纪全球最有前途的产业之一，已成为许多国家和地区经济发展的支柱产业。在其发展中，旅游业扮演着参与者和展示者的角色。而随着文化创意产业的日益崛起，文化创意的思维方式和发展模式将为旅游业的发展注入新动力，成为旅游业新的增长极。因此文化创意与旅游业的互动，便是用文化创意激活旅游资源的潜在价值，用文化创意引领旅游业的发展，并坚持以本地旅游资源为依托，注入更多的民族文化内涵，在促进文化创意产业健康有序发展的同时，加快旅游业的发展，建设可持续发展的和谐社会。

在文化创意与旅游紧密结合的实践中，有以创意丰富的广场文化——西安大雁塔广场，也有以创意复兴的工业区——北京798创意艺术厂区，还有以文化创意产业为吸引物的村落——北京宋庄文化创意聚集区，以及以文化创意为灵魂的旅游创意演出——《印象·刘三姐》及《宋城千古情》等。

（一）大雁塔文化广场

大雁塔广场作为西安市的标志性广场，位于举世闻名的佛教圣地——大雁塔脚下，以大雁塔为中心，以文化为理念，从每一个建筑群落到每一级台阶都充分体现了大唐文化的博采之韵。以盛唐文化为主轴、以唐朝历史为主构、以唐风建筑为主体、以佛教文化为主旨、以丝路之旅为主题，被誉为亚洲最大的文化广场。占地近1000亩的大雁塔广场，包括北广场，南广场，雁塔东苑、西苑、南苑、步行街和商贸区等在内的多个子广场，将大雁塔环抱在中心。整体设计凸显大雁塔慈恩寺及大唐文化精神，并注重人性化设计。其中以北广场最为著名。大雁塔北广场位于整个广场的最北面，古有"曲江流饮"之名且依大雁塔而建，故此命名，是中国唐一的唐文化广场。它东西宽480米，南北长350米，占地252亩，定大雁塔为南北中心轴，由水景喷泉、文化广场、园林景观、文化长廊和旅游商贸设施组成。它南北高差9米，分成9级，每阶5步。由南向北逐步拾级形成对大雁塔膜拜的形式（徐华和山根格，2005）。

广场整体设计概念上以突出大雁塔慈恩寺及唐文化为主轴，结合了传统与现代元素。北广场有四座石质牌坊，它们既是广场景观的标引物，又是北广场的招牌和景观。四座牌坊均用白麻石材贴面，形成中间高两边低的三门样式，呈现出平衡、稳定、简洁、大气的特点。牌坊题词用唐人崇尚的字体书写，中间大匾额用颜真卿楷书大字，大气磅礴；两边上下联匾额题词用王羲之、王献之行书字体，典雅生动。《大唐盛世》带来了各行各业的空前繁荣和进步，此雕塑特意从诗歌、书法、茶道、医药等领域中选定了"诗仙"李白、"诗圣"杜甫、"茶圣"陆羽、"诗佛"王维、"唐宋八大家之首"韩愈、"书法家"怀素、"天文学家"僧一行、"药王"孙思邈等八个精英人物，以逼真写实的雕塑手法展现在人们的面前。

西安曲江自2002年投资兴建文化创意产业项目以来，旅游发展也是突飞猛进。旅游人数从2002年的不足200万人次，上升到现在的每年3000万人次。现在的曲江，已经成为广大市民和中外游客"走近历史、感受人文、体验生活"的首选之地。

（二）798创意艺术厂区

798创意艺术厂区所在的地方，是前民主德国援助建设的"北京华北无线电联合器材厂"，即718联合厂。718联合厂于1952年规划筹建，1954年开始土建施工，1957年10月开工生产。1964年4月上级主管单位撤消了718联合厂建制，成立了706厂、707厂、718厂、797厂、798厂及751厂。2000年12月，原700厂、706厂、707厂、718厂、797厂、798厂等六家单位整合重组为北京七星华电科技集团有限责任公司。为了配合大山子地区的规划改造，七星集团将部分产业迁出。为了有效利用产业迁出后空余的厂房，七星集团将这部分闲置的厂房进行出租。2002年2月，美国人罗伯特租下了这里120平方米的回民食堂，改造成前店后公司的模样。罗伯特是做中国艺术网站的，一些经常与他交往的人也先后看中了这里宽敞的空间和低廉的租金，纷纷租下一些厂房作为工作室或展示空间。被称为"798艺术家"群体的"雪球"就这样越滚越大。由于部分厂房属于典型的现代主义包豪斯风格，整个厂区规划有序，建筑风格独特，吸引了许多艺术家前来工作定居，慢慢形成了今天的北京798创意艺术厂区。

原718联合厂区的部分建筑采用现浇混凝土拱形结构，为典型的包豪斯风格的建筑，在亚洲亦属罕见。因为越来越多的画廊、艺术中心、艺术家工作室、设计公司和时尚店铺、餐饮酒吧等时尚艺术空间汇集于此，使这一区域在短时间内成为北京最具国际影响力的艺术区。而718联合厂原本破旧的大厂房一时间成为京城最有"范儿"的艺术空间。据不完全统计，在进入798创意艺术厂区的103家机构中，主要包含创作展示和交流、设计两大类。其中属于艺术创作、展示和交流的有59家（占全部机构的57.3%）；设计类（包括空间设计、广告设计、家居家具设计和服装与形象设计）有29家（占全部机构的28%以上）。此外，还有出版发行和书店及餐饮酒吧一类跟艺术创作沾边的一些小门类。

至少有300位以上的艺术家直接居住在798创意艺术厂区或者以这里为自己的主要艺术创作空间，其中还有一些来自国外的艺术家。他们分别来自法国、美国、比利时、荷兰、澳大利亚、韩国、新加坡等。进驻798创意艺术厂区的既有大名鼎鼎的艺术家如刘索拉（作家、音乐人）、洪晃（出刊人、出版家）、李宗盛（音乐人）、李象群（雕塑家）等，也有名不见经传的无名之辈。这些艺术家们在对原有的历史文化遗留进行保护的前提下，将原有的工业厂房进行了重新定义、设计和改造，带来的是对于建筑和生活方式的创造性的理解。这些空置厂房经他们改造后本身成为新的建筑作品，在历史文脉与发展范式之间，实用与审美之间与厂区的旧有建筑展开了生动的对话，使得798创意艺术厂区成为一个以创意和艺术闻名于世界的北京新名片。

（三）宋庄文化创意旅游

褪去昔日乡村的残破与寂寥，5000多位艺术家、22座大型美术馆、113家画廊、4500多个艺术工作室汇聚于北京通州北部的这片土地上。一个新的文化产业聚集地正在蓬勃兴起。它的名字已是天下闻名——北京宋庄。

从宋庄镇政府向北行，眼前是一条长达百米的艺术大道，各色画廊、艺术品商店、超市、餐馆、酒店沿街而设，小汽车和公交车往来奔驰。1994年，这里还是一个小村落，名叫小堡村。方力钧、岳敏君、刘炜等艺术家由圆明园画家村迁居于此。截至2006年，北京市认定了首批十个文化创意产业聚集区，宋庄聚集区是其中面积最大的一个，规划面积14.6平方公里。

在文化创意思想的指导下，宋庄镇大力发展文化创意产业。目前，入驻聚集区的文化创意企业中，包括日月星画材制作公司在内的中小制造企业近30家，服务企业有20多家，已建成前哨画廊、韩燕画廊等20余家画廊，包括宋庄门户网站在内的 4 家艺术网站，建成了全国唯一的村级美术馆——宋庄美术馆；盘活旧工业厂房，完成了东区艺术中心、上上美术馆及嫘苑女艺术家工作室改造；探索新农村文化产业发展，创建创意农业观光园。这些项目的建成，初步形成了宋庄聚集区的文化产业集群，带动了相关产业的发展。

通过对竞争与合作伙伴，以及宋庄聚集区自身优劣势的深入分析，宋庄原创艺术与卡通产业聚集区进行以下定位：①国际当代艺术创意中心及卡通产业聚集区；②北京当代文化艺术创意中心与文化制造业基地；③通州文化产业第二极，以此为支点，全力打造"中国·宋庄"品牌。

宋庄聚集区的发展思路与发展模式——"双核化"发展。宋庄聚集区按照艺术聚集区的一般发展规律，将形成"核心—周边—相关"的产业布局。它以艺术家聚集区为核心，以艺术品交易服务机构为周边，以艺术品制造，即画材、画框生产等为相关产业区；按照动漫游戏产业聚集区的规律，将形成以三辰动漫和网络游戏制作、研发为中心，以与三辰协作开发动漫游戏内容产品为主要业务的中小企业为周边层，以艺术家个人工作室为相关层的分布结构，进而形成一个"双核化"的产业布局。

一个村落通过发展艺术创意，做成了产业，并以此为核心竞争力吸引旅游观光与投资。宋庄艺术家群落等地也成为游客追捧的热点。宋庄旅游的发展，也丰富了京郊旅游产品。

（四）文化创意演出

旅游与文化创意的有机结合，可促进文化传承保护，有利于文化价值提升，推动文化资源保护和优化，使文化焕发出独特的魅力。而旅游文化演出借由文化创意产业来驱动，对环境破坏最少，产生的效益辐射范围却最大，是旅游业与文化创意互动融合的最佳经济模式。行业内公认，文化演出的直接受益与其对周边相关产业带动效益的比率为 1:7。如桂林山水实景演出《印象·刘三姐》，便将张艺谋导演的创意和旅游资源融合得非常好，并取得了意料之外的产业发展效果。2004 年《印象·刘三姐》首次公演后三年就收回了成本，至今带动了周边住宿、餐饮、交通、纪念品等一系列领域约 20 亿元的效益，为全国的文化旅游演出做出了示范。

《宋城千古情》推出至今累计演出 13000 余场，接待观众 3000 万人次，每年 300 万游客观看，是目前世界上年演出场次最多和观众接待量最大的剧场演出，被海外媒体誉为与拉斯维加斯"O"秀、法国"红磨坊"并肩的"世界三大名秀"之一，创造直接经济效益 15 亿元。

四、包装组合产品：主题整合

现代旅游发展都强调主题的重要性，都想要打造鲜明主题，并以此整合、规划、强化旅游主题，使规划的三大块内容，即资源、市场、产品都围绕着旅游主题。可以通过区域整合，如以"雁栖湖不夜谷"为代表的沟谷主题；也可以区带进行主题整合，典型代表是四川三圣乡农家乐（第三章将专节论述）。

北京怀柔区雁栖镇地处怀柔城区西北，原本是山内偏僻的小镇，但山内水源质优丰沛，适合虹鳟鱼的生长。自1993年启动神堂峪自然风景区建设以来，雁栖镇农民自发形成了发展民俗旅游的"虹鳟鱼一条沟"。沟域内包括神堂峪村、官地村等5个行政村700多户人家。2006年北京市新农村建设正式启动，全市沟域经济发展也在山区逐渐兴起，雁栖镇在"一村一品，一沟一品"的规划指导下，通过主题提炼与包装，"虹鳟鱼一条沟"正式升级成为"雁栖不夜谷"，并初步形成了集旅游度假、休闲养生、餐饮垂钓、观光采摘、文化体验于一体的综合旅游示范区。

通过打造"雁栖不夜谷"这一旅游品牌，当地旅游产业取得了长足的发展。仅2010年，全镇就接待游客158万人次，获得旅游综合收入1.9亿元。"十二五"期间，伴随着怀柔区重点项目——北京雁栖湖生态发展示范区的建设，"不夜谷"向国际一流的旅游休闲服务区的转变迫在眉睫。为此，雁栖镇决定全力以赴推进"不夜谷"升级改造，推动旅游产业升级发展。

以古长城脉络为背景，以水光山色为依托，以观蓝谷薰衣草为节点，在西栅子村开发建设具有国内一流水准的生态旅游度假区；启动黑坨山自然风景区建设项目，以带动北部山区大地、西栅子两个村的旅游产业发展；完善北湾村皇后镇度假村建设，修建游泳馆、跑马场、篮球场等体育健身场所。随着这些项目的建设，该镇以创新旅游业态为手段，以提高服务质量为抓手，以大项目开发建设为基础，大力建设景观节点和旅游设施，拓展休闲旅游发展空间等种种举措，将逐步形成以"不夜谷"为轴心的旅游环线，做大做强"不夜谷"这一极具雁栖特色的休闲旅游品牌。

第四节　旅游景区门票问题研究

一、"门票经济"现象

20世纪90年代以后，我国的旅游消费迅猛增长，极大地促进了旅游经济的快速发展。而伴随这种良好发展态势而来的，却是全国各大景区门票一轮又一轮的疯狂涨价。自国家发展和改革委员会将全国20个旅游景区门票价格的管理权限下放至地方政府以后，2005年北京故宫、天坛、颐和园、八达岭长城等六处世界文化遗产景区门票开始"自主涨价"。其中，北京故宫旺季门票价格由60元调整为100元，淡季门票价格由40元调整为80元。"一石激起千层浪"，随后旅游景区门票涨价的"涟漪效应"迅速在全国各大知名景区展开，张家界、黄山、九寨沟、井冈山、峨眉山、黄龙、丹霞山等纷纷上调景区门票价格。这次涨价风波一直持续到2007年"五一黄金周"达到了顶峰，很多著名旅游景区（点）如江西庐山、曲阜孔庙、临安青山湖、青岛崂山等的门票价格涨幅已经超过了50%。伴随涨价狂潮而来，更为严重的是景区出现了"大门票套小门票"等许多变相涨价的现象。为了控制景区门票疯狂涨价的势头，2007年4月国家发改委出台了新的门票限价令，但限价令的出台并没有达到预期的效果，反而使景区门票涨价有了法定依据。旅游景区门票价格的疯涨所产生的恶劣影响，迅速波及到了旅行社等旅游产业链的各个环节，引发了旅游业的恶意竞争。

为了进一步规范旅游市场秩序，国家发改委联合其他管理部门于2008年4月颁布了《关于整顿和规范游览参观点门票价格的通知》，开始了全面整顿旅游景区门票价格。但是由于我国旅游景区大多有社会资本的参与，而这些景区却并不属于《通知》管辖的范围，"整顿和规范"对它们而言只是一纸空文。2009年国庆节前后，国内众多景区如五台山、曲阜三孔、泰山、武夷山等再次掀起了涨价潮，其中福建武夷山的门票从220元上调为250元；山西五台山的门票从90元上调为168元。至此旅游景区的门票价格上涨问题再次引起全社会的关注。2010年国务院办公厅颁布《贯彻落实国务院关于加快发展旅游业意见重点工作分工方案》，提出旅游景区的门票价格调整需要提前半年向社会公布，所有旅游收费均应按照规定向社会公示。但是，旅游景区门票的大幅度涨价依然屡见不鲜。

二、门票经济的表现特征

（一）门票收入占景区经营总收入的比重较大

国内很多旅游景区（点）都把旅游景区门票收入作为重要的经营收入来源，门票收入在景区（点）总收入中占有很大的比重，部分景区患有严重的"门票收入依赖症"。根据相关统计资料显示，2012年我国5A级、4A级旅游景区门票收入占营业收入总比重的78.33%，如表2-9所示。

表2-9 2012年5A级、4A级景区门票收入情况

5A级景区门票收入（亿元）	5A级景区营业收入（亿元）	5A级景区门票收入占营业收入比重（%）	4A级景区门票收入（亿元）	4A级景区营业收入（亿元）	4A级景区门票收入占营业收入比重（%）
158.53	413.94	38.29	747.96	1744.84	42.87
5A级景区门票收入占A级景区门票收入比重（%）	4A级景区门票收入占A级景区门票收入比重（%）	4A级、5A级景区门票收入占A级景区门票收入总比重（%）	5A级景区门票营业收入占A级景区门票收入比重（%）	4A级景区门票营业收入占A级景区门票收入比重（%）	4A级、5A级景区营业收入占A级景区门票收入总比重（%）
13.77	65.06	78.33	15.57	65.63	81.2

我国一些世界自然和文化遗产景区以及国家级风景区，其旅游景区门票收入占景区总收入比例的30%以上，还有个别景区（点）门票收入比高达90%左右，旅游景区门票收入俨然已经成为景区最重要的经济收入来源。相比较而言，在旅游业发展比较成熟的国家或地区，旅游景区的门票、住宿以及交通费用仅占游客总消费的30%左右，娱乐、购物、餐饮等旅游消费则占70%左右。

（二）旅游景区门票价格与人均国民收入相比较高

国外发达国家如美国、日本以及法国等国家，其著名旅游景区的门票价格与社区居民每月平均收入之比都在0.3%～0.8%；而纵观国内几大旅游景区，这一比例大概在5%～20%，而且其间的浮动比率较大。显而易见，目前我国旅游景区的门票价格是处于高位运行的，与地区人均国民收入和地区经济发展水平反差极大。

三、门票经济的形成动因

(一) 旅游产业发展不成熟

从旅游经济发展的规模来看，我国已经成为"旅游大国"，但是在旅游产业素质、旅游景区服务以及旅游产品供应等方面还处于初级阶段。从我国区域旅游经济的发展状况来看，西部地区旅游景区（点）的门票远远高于东部地区，中小旅游城市的景区门票远远高于北京、上海等国际大都市。在一些旅游经济水平较低的地区，旅游景区的门票收入占据了旅游总收入的绝大部分，"旅游经济"的概念与"门票经济"几乎等同。一些地方为了增加旅游景区门票收入，通过"大门票套小门票"等各种变相方式提高景区门票价格。我国旅游产业发展的不成熟以及区域经济发展的不均衡，在一定程度上决定了门票经济存在的必然性。

(二) 旅游产品结构比较单一

在旅游经济发展的初级阶段，旅游景区产品主要以传统意义上的单一观光旅游为主导，产品结构比较单一。旅游产品所依托的资源主要以自然人文性的观光景区为主，文化旅游资源开发严重不足。旅游景区由于缺乏相应的资金和政策支持，导致住宿、餐饮、娱乐以及旅游购物等旅游产业链其他相关环节的建设跟不上景区发展，旅游配套设施不健全。另外，由于受经济发展水平的限制，商务会议、体育运动、生态度假等旅游产品开发不足，已经开发的旅游产品内容同质化严重。由于传统观光旅游产品缺乏参与性、体验性、创收性的旅游项目，导致景区门票依然是旅游景区最主要的收入来源，景区经营管理者不得不依靠提高门票价格来增加景区的旅游收入。

(三) 旅游景区资源的垄断性优势

旅游资源具有区域性、不可移动性、不可替代性以及文化性等特点。旅游资源的这些特质使得它们无法被简单地复制和模仿，特别是国内的世界自然和文化遗产类旅游景区，其经营主体往往依据其旅游资源的稀缺性、旅游景观的独特性等，以限制景区游客容量，保护景区旅游资源为由，不断地提高景区的门票价格。如安徽黄山既是国家地质公园又是世界自然文化双遗产，四川峨眉山也是世界自然文化双遗产，都属于稀缺性资源，在市场上拥有较高的门票定价权。不断涨价的旅游景区，大部分属于此类具有较高垄断性的旅游资源。门票经济的产生，与旅游资源的垄断性具有密切的联系。

(四) 旅游景区管理体制落后

国内许多旅游景区、景点分属于不同级别的行政管理机构，其经营理念、管理方式以及发展目标各不相同，经常容易出现利益纷争，导致旅游景区畸形发展。一是部分景区的门票收入直接归直属行政管理机构部门管理，而且大部分成为地方财政收入的一部分，因此，政府行政管理机构以"景区维护费"等各种名义提高门票价格，以期旅游景区为地方财政做出更大的贡献。二是由于政府行政管理机构的直接管辖，其本身缺乏旅游景区运营所需要的财政资金，又不能让旅游景区（点）作为一个独立企业法人进入社会融资市场进行引资、融资，导致旅游景区配套设施建设、配套项目建设资金严重缺乏，只能依靠提高景区门票价格来增加旅游收入，改善景区服务，提升景区品质。三是由于长期处于政府行政管理机构管辖之下，大部分旅游景区管理者普遍缺乏现代化的旅游经营管理观念，旅游景区发展后继乏力。

综上所述，存在门票经济的最根本的原因是旅游经济发展不成熟所引起的旅游供求结构矛盾、旅游产业结构失衡以及相对落后的旅游管理体制。

四、旅游景区门票问题的应对之策

从根本上说，政府以及相关行政管理机构对旅游景区门票经济转型升级的主要作用机制，是通过政府制定的相关政策以及管理制度影响地区旅游产业发展的环境来促进门票经济转型升级的。政府一方面通过改善交通、环境等旅游基础设施来辅助地区门票经济的转型，另一方面也通过制定旅游产业发展的政策、规划以及相关法规等宏观调控措施，为门票经济的转型创造良好的市场环境、政策环境以及资金环境、技术环境等。

(一) 制定合理的旅游景区门票管理政策

门票经济发展模式的出现，在很大程度上是因为景区在政府行政管理机构的直接管辖下，旅游经济收入比较单一，对旅游基础设施建设以及景区旅游资源的保护投入的资金较少，同时，这也是门票经济向产业经济转型面临的第一大难题。财政支持作为一种政府宏观调控的手段，其主要的作用领域在于基础设施、公共服务设施以及景区资源的保护等方面。为积极促进地区旅游景区门票经济的成功转型，政府及相关行政管理机构应深入研究财政支持旅游产业发展的政策措施，调整和完善财政资金的扶持方式，加大对旅游景区（点）公共服务设施、旅游基础设施的财政投入力度；安排旅游发展专项资金，加强对旅游新业态以及创新型旅游项目建设的资金和政策支持；改革财政支持方式,将财政扶持资金与旅游企业业绩、旅游项目建设实绩以及旅游景区的达标升级相挂钩,实行"以奖代补"支持旅游产业的改革发展;继续发挥政府对旅游发展的引导性作用,资金主要用于旅游项目前期工作、项目规划包装、重点旅游项目贷款贴息、旅游促销、人才培养、旅游商品开发等方面;地方政府对旅游产业的财政性支持政策将为实现旅游景区门票经济的成功转型提供必要的财政和资金支持。

(二)建立完善的旅游景区门票管理制度

1. 科学的门票价格管理制度

门票经济成功转型的关键在于摆脱对"门票收入"的过度依赖。为此,相关政府管理部门应综合考虑旅游景区的资源价值,通过定性和定量的分析,确定不同类别、不同等级的旅游景区的政府指导价格,同时鼓励博物馆、纪念馆以及城市公园等在条件成熟的情况下实施免门票。经营各景区的旅游企业可根据政府制定的指导价格,在充分考虑地区经济发展水平、旅游投资成本、景区淡旺季情况以及市场供求状况等因素的基础上,最终确定旅游景区的门票市场价格,同时借鉴国外经验实施灵活的门票价格调控策略。此外,相关政府管理部门在门票价格制定的时候,应充分考虑到社区居民、游客以及旅游企业、政府等多方面的利益,因地制宜完善旅游景区门票价格管理听证制度,同时借鉴国际惯例和其他行业惯例及时向旅行企业、社会公众通报相关信息,把旅游景区门票价格列入社会公共信息服务范围。旅游景区门票价格的调整要及时通过网络、电视、广播等多种传播媒体向社会公布,以利于接受社会公众的监督管理。

2. 完善的旅游法律法规制度

完善的旅游法律法规是实现门票经济成功转型的重要制度保障。为实现地区旅游经济的转型升级,旅游景区要认真贯彻落实国家和省市有关法律法规,加快完善《旅游管理条例》《诚信旅游条例实施细则》《旅游从业人员管理办法》《旅游设施的服务等级标准》;建立由各部门相互协调配合的旅游联合执法机制,加大旅游联合执法力度,严厉打击侵犯游客利益的违法行为,表彰和奖励合法经营,保障游客和旅游经营者的合法权益和人身安全,树立规范、安全、健康旅游目的地的良好形象。

(三)规范旅游景区门票管理体制

1. 先进的旅游景区管理体制

目前国内很多景区依然存在着"政出多门,多头管理"的混乱现象,因此，要从根本上转变现有的管理体制，就必须统筹协调各相关部门，成立旅游产业发展委员会或旅游管理委员会，工作重点集中在旅游宏观调控、综合协调、宣传促销、市场监管、监督检查、营造环境等方面；成立旅游项目评议委员会，对项目的筹划、立项、可行性等给予充分的论证，在资金筹措和运营过程中实行宏观控制；最终形成行为规范、运转协调、公正透明、廉洁高效的旅游管理新体制。在加快发展旅游业的总体目标和"政府主导、企业跟进、社会参与、市场运作"的体制格局下，各有关部门和各相关行业明确任务，密切配合，建立行业表彰制度和部门问责制度，把支持旅游发展落到实处。发改委、财政、金融等部门要重视和增加旅游投入；交通部门要努力改善交通条件，尤其是区内旅游公路等级升级，增加旅游客运能力，保证旅游交通线路畅通；建设、国土、文化等部门要积极支持旅游（景点）开发；企业、商务局等要大力开发旅游购物品，扩大商品生产和销售。

2. 创新的旅游投融资体制

旅游开发建设资金不足，已成为制约旅游景区加快旅游景区门票经济转型升级的重大阻碍，但由于多种原因，旅游开发建设资金不可能单独依赖财政资金投入，因此必须采取多渠道方式，借助市场和社会力量加快旅游融资步伐。在这方面，可以借鉴昆明市政府的投融资模式，组建多家地方政府旅游投融资平台，建立起"投、建、管"相分离，"借、用、还"一体化的投融资体制，形成决策科学、执行流畅、监督有效的运行机制；建立效益驱动、投向明确、产权清晰、政策配套的产业投资机制，采用项目特许权、运营权、旅游景区门票质押担保和收费权融资等方式，鼓励各类社会资本通过独资、参股、合作、兼并等形式投资旅游项目，推进旅游企业资本结构调整和机制创新，扩大旅游融资规模，加快推进旅游企业集团化的建设步伐；鼓励采取BOT、TOT等融资方式，加快旅游基础设施和配套设施的建设步伐。旅游投融资体制的创新发展，将为实现门票经济转型提供重要的资金支持。

第三章 乡村旅游目的地发展与管理

第一节 乡村旅游概论

一、乡村旅游的概念界定

Dernoi（1991）指出：乡村旅游是发生在有与土地密切相关的经济活动（基本上是农业活动）的、存在永久居民的非城市地域的旅游活动。Jafari（2000）在其主编的《旅游百科全书》中将乡村旅游定义为：乡村旅游使用乡下地方作为资源，它与都市居民寻求宁静和户外游憩（Outdoor recreation）的空间相联系，而不是专门指与自然相联系而已。乡村旅游包括游览国家公园、乡村地区的遗产旅游、风景区兜风（Scenic drives）并且享受乡间的风光，以及农庄旅游（Farm tourism，或者叫休闲农业）。

乡村旅游由一系列要素组成，其核心是乡村旅游社区。乡村旅游发生在乡村地区，包括参观或体验乡村旅游社区的遗产、文化、乡村活动与乡村生活等，如图3-1所示。乡村环境：山脉、湖泊、河流景观、森林。乡村遗产：传统建筑、工业遗产、教堂与村庄。乡村生活：工艺、地方事件、乡村食品、农业旅游、传统音乐。乡村活动：骑马、骑自行车、垂钓、散步、水上体育。核心：乡村旅游社区。

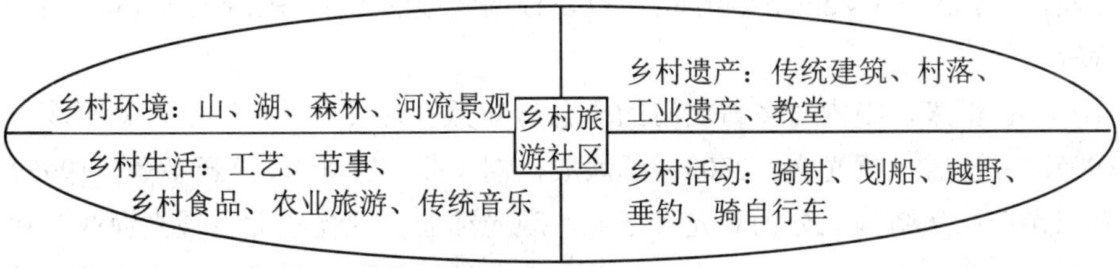

图 3-1 乡村旅游构成要素

资料来源：Peter Mac Nulty，2004

本书认为，乡村旅游是发生在乡村地区，以乡村性（Rurality）为依托的旅游活动。首先这些活动必须发生在乡村地区。Reichel、Lowengart 和 Milman 就指出：乡村旅游就是位于农村区域的旅游。

Bramwell 和 Lane（1994）认为乡村旅游必须是发生乡村地区的、小规模的、具有文化传统活性，常与当地居民家庭相联系并受当地控制的旅游活动。兰恩界定纯粹形式的乡村旅游是：①位于乡村地区；②旅游活动是乡村的，即旅游活动建立在小规模经营企业，开阔空间，与自然紧密相联，具有文化传统和传统活动等乡村世界的特点；③规模是乡村的，即无论是建筑群还是居民点都是小规模的；④社会结构和文化具有传统特征，变化较为缓慢，旅游活动常与当地居民家庭相联系，乡村旅游在很大程度上受当地控制；⑤由于乡村自然、经济、历史环境和区位条件的复杂多样，因而乡村旅游具有不同的类型。

总之，乡村旅游是围绕农业生产过程、农民劳动生活和农村风情风貌，经过科学规划和开发，为公众提供休闲观光、体验娱乐、度假教育、推广示范等多种服务为一体的新型农业产业形态。把农业生产过程、自然生态、农村文化和农家生活等赋予了商品属性。它源于农业，建在农村，惠及农民，能够直接融通城乡经济文化，满足居民消费结构升级，服务构建和谐社会全局，是新时期适应我国经济社会发展要求、蕴藏着巨大发展潜力、有助于解决"三农"问题的朝阳产业。

二、乡村旅游的主要类型

乡村旅游概念的不一致和对乡村旅游理解角度的不同，致使乡村旅游分类上也存在一定的差异性。

国外与乡村旅游相关的旅游主要有：农业旅游（Agro tourism）、农庄旅游（Farm tourism）、绿色旅游（Green tourism）、一般指偏远乡村的传统文化和民俗文化旅游（Village tourism），以及外围区域的旅游（Peripheral tourism），等等。

一直以来，国内对乡村旅游的概念与分类争议很大（卢云亭、刘军萍，1995；黄郁成、黄光文，2003；郭焕成、刘军萍，2000）。卢云亭等（1995）将观光农业从结构上分为观光种植业、观光林业、观光牧业、观光渔业、观光副业和观光生态农业等六类，从功能上分为观赏型、品尝型、购物型、务农型、娱乐型、疗养型和度假型等七类。王仁强等（1999）将旅游观光农业分为农业公园、观光农园、市民农园、休闲农场、科技农园、森林旅游、民俗旅游、民俗农庄等八类。谢花林等（2002）将乡村旅游划分为观光型、民俗型和休闲型。黄郁成等（2003）则将乡村旅游分为古村落旅游和现代农业旅游两大类。但是，综合国内乡村旅游的现状和研究成果，乡村旅游的基本类型可以归纳为以下四类：

一是以绿色景观和田园风光为主题的观光型乡村旅游；

二是以农庄或农场旅游为主，包括休闲农庄、观光果园、茶园、花园、休闲渔场、农业教育园、农业科普示范园等，体现休闲、娱乐和增长见识为主题的乡村旅游；

三是以乡村民俗、乡村民族风情及传统文化为主题的民俗文化、民族文化及乡土文化为主题的乡村旅游；

四是以康体疗养和健身娱乐为主题的康乐型乡村旅游。

常见的乡村旅游形式主要有：农家乐专业村、采摘垂钓园区、休闲度假农庄、休闲农业园区、市民假日农园、农业节庆活动等。

第二节　中外乡村旅游发展经验借鉴

一、乡村旅游发展与管理的演变历程及特点

（一）乡村旅游发展与管理的演变历程

20世纪中期，乡村旅游兴起于欧洲发达国家，但真正大规模地开展是始于80年代之后。可以说，乡村旅游是现代旅游文化中的一项新事物，但是它却以极快的速度在世界各国发展起来，并呈现出极强的生命力和越来越大的发展潜力。从国际经验来看，乡村旅游发展有着明显的阶段性，大体上经历了四个阶段，即传统乡村旅游时期、乡村旅游初步发展时期、大众旅游时代的乡村旅游和新经济时代的乡村旅游。

1. 传统乡村旅游时期

19世纪中期之前是传统乡村旅游时期，传统乡村旅游不仅包括西班牙Rosa Mary（2002）认为的"回老家"度假形式的乡村旅游，还包括从古代和中世纪的城市产生之日后就存在的个体、分散、无组织的各种乡村旅游活动。

而后，工业革命作为一个转折点，促使乡村旅游迈入了崭新的、充满活力的近代旅游时代。但是，由于这一阶段的乡村旅游具有自发的、无组织的、分散的特点，因此，很多学者在国际乡村旅游阶段划分时并未将这一阶段包含在内。

2. 乡村旅游初步发展时期

19世纪中期到20世纪中期是乡村旅游的初步发展阶段。国内外的乡村旅游在初始阶段，都经历了一段较长的发展时间，同时，在这一阶段共同呈现出以下三点特征：①产品结构单一，产品档次低；②小规模经营，在初始阶段，基本上是在现有房舍稍加改造的基础上发展起来的，以一家一户的家庭经营为主，经营规模较小；③乡村旅游发展之初，鉴于旅游者的支付能力和对旅游的认识，初期的旅游者以本地城市中等收入家庭为主，他们大多以周末出游的方式到周边乡村旅游地亲近自然、放松身心，以释放来自城市生活的压力。

3. 大众化时代的乡村旅游

20世纪50年代开始，大型民用客机普遍应用于旅行活动，汽车进入人们的家庭，世界经济的发展导致闲暇时间的大幅度增加，形成了现代"大众旅游"时代。70年代以后，国外乡村旅游进入迅速发展阶段，主要有欧洲国家、北美、日本、澳大利亚等经济较发达国家和地区。因此，20世纪中期到晚期，是大众化乡村旅游的主要发展阶段。该阶段的主要特征为：①产品类型的多样化；②扩张、兼并、规模化经营；③旅游者趋向于大众化。

4. 新经济时代的乡村旅游

20世纪晚期，国外乡村旅游开始步入新经济时代。乡村旅游在这一阶段呈现的主要特征有三个。①乡村度假和个性化旅游。相比较于大众旅游时期大规模、同质性的旅游需求，开始趋向于微观多样性的市场需求。②供给随着需求的变化而变化，乡村旅游产品的经营也开始注重专业化和品牌化。在西欧一些发达国家，如英国、法国、德国、荷兰等，已经形成各具特色的乡村旅游主导产品。③游客呈国际化趋势。随着经营规模的扩大和对品牌建设的重视，旅游目的地客源趋向于多元化。著名的乡村旅游目的地开始吸引中远程国内游客和境外游客，使乡村旅游开始走向国际化。

（二）乡村旅游发展与管理的特点

乡村旅游在不同的发展与管理演变阶段呈现出不同的特点，但就乡村旅游发展与管理的整体而言，从不同的角度来看呈现出以下五个方面的特点：

1. 从发展方式上看,从农民自发发展,向各级政府规划引导转变;
2. 从休闲功能上看,从简单的"吃农家饭、住农家院、摘农家果",向回归自然、认识农业、怡情生活等方向转变;
3. 从空间布局上看,从最初的景区周边和个别城市郊区,向更多的适宜发展区域转变;
4. 从经营规模上看,由一家一户一园的分散状态,向园区和集群发展转变;
5. 从经营主体上看,从以农户经营为主,向农民合作组织经营、社会资本共同投资经营发展转变。

二、乡村旅游发展的国际经验借鉴

"他山之石,可以攻玉。"借鉴他人成功之道,可以使我国乡村旅游的发展少走弯路。纵观欧美乡村旅游发展历程,有以下四方面的成功经验可供借鉴。

(一) 政府推动

多数国家把乡村旅游提升到政治任务或社会公益事业的高度来发展,更注重的是社会效益而非经济效益。西班牙、希腊、爱尔兰等国家便是如此。他们为了发展本国或本地区的乡村旅游,在政府规划指导下,采取各种措施,给予乡村旅游开发以积极的引导和支持。

1. 编制总体规划和执行项目计划

许多国家均是把乡村旅游作为促进乡村可持续发展的关键环节而纳入农村总体发展战略,以此来保证区域发展的均衡性和产业发展的驱动力。西班牙瓦伦西亚大区政府主持并提供了规划编制的技术支持和资金支持。还有一些国家实施了一系列计划支持乡村旅游的发展,如法国的"假期绿色居所计划"与"欢迎到农场来";奥地利的"农场假期"项目;意大利的 Toscalla 乡村节庆;波兰的"波兰绿肺"项目;泰国的 Umphang 社区旅游项目;等等。在 20 世纪 90 年代中期,美国有 30 多个州都有针对乡村旅游发展的计划,14 个州在整体发展规划中有关于乡村旅游发展的条款。加拿大政府和旅游委员会制定了全国范围的乡村旅游发展规划。

另外,许多国家有利于乡村旅游发展的政策措施主要有:免税、补贴、贷款优惠、加强基础设施和公共服务建设等多个方面。例如,法国农业部向经营家庭农舍的农民发放补贴;法国农业信贷银行和旅馆信贷银行向其提供优惠贷款，城里人到乡下居住，只要能租用家庭农舍至少 10 年，就能享受地方政府拨给的乡村建筑整修翻新补贴。全法国在乡村农舍的整修翻新上每年投入 18 亿欧元，平均每个农舍投入 5 欧元。此外，一些针对农业现代化和多样化的特别贷款，也促进了农业观光旅游的发展。

2. 制定法律、法规及行业管理标准

国外乡村旅游的发展还得益于相关法律法规为其创造的宽松的发展环境，如带薪休假制度。乡村旅游之所以能在欧洲得到迅速发展，与欧洲城市化水平、带薪休假制度及福利制度是密切相关的。另外，一些直接与乡村旅游有关的法律法规，则为乡村旅游的顺利发展提供了保障。如，日本于 1990 年颁布的《市民农园事务促进法》，对市民农园土地的租借期限、租借期内租金、土地上设备的所有权和使用权等做出了规定，为城市居民赴农村进行农业旅游休闲活动解除了后顾之忧。西班牙瓦伦西亚大区早在 1994 年就制定了《乡村住宿法》，规定了乡村住宿的基本条件和从事住宿经营接待者的政府登记要求；此外，政府对非法经营也有严格的管理与处罚规定。

3. 组织培训

相关行业培训能够帮助从业人员转变观念，提升能力。欧美国家在发展乡村旅游的过程中，注重通过培训、政策引导等手段，提高当地社区的参与水平和参与能力，通过增加乡村劳动力就业，推动乡村旅游发展成果的共享，从而达到乡村旅游全面发展的目的。

（二）协会扶持

国内外的实践显示，行业协会等中间组织在乡村旅游的发展过程中发挥着举足轻重的作用。1992 年，美国成立了非营利组织——国家乡村旅游基金会（NRTF），从事项目规划、募集和发放资助、提供宣传。其任务是鼓励可持续的乡村旅游发展，提供网络信息服务，执行州旅游合作计划，推广国际旅游项目，提高联邦旅游和休闲场所的知名度，实行游客分流，开发全美森林服务项目等。加拿大分别于 1977 年和 1990 年成立了乡村度假农庄协会（CVA）和土著旅游协会（CNATA）。法国于 1955 年成立了法国家庭农舍联合会，印发第一本农舍指南，收录了 146 个农舍地址。如今，联合会已拥有 600 名职员，专门监督分布在农村环境中的约 56 万家农舍，并向 200 万绿色旅游爱好者推销这些乡村农舍。九州安心院是日本农家乐的发源地，其在"农家乐"开发初期就成立了农家乐的自治组织——绿色旅游研究会，并自费前往欧洲乡村旅游典范的德国农村学习考察，然后制定了安心院农家乐的经营管理和互助合作模式。在匈牙利，有大型地区性协会负责乡村旅游的发展，建设基础设施，负责市场推广，以及为小企业提供咨询服务。根据奥地利农村假日协会2010年的战略，该组织将以往的九大分离机构合并为一家，成为一个联邦和8个省级协会的同一机构。正是这些中间组织对政府职能形成了有益的补充，在很多国家形成了行之有效的"农户+协会+政府"的乡村旅游发展模式。

（三）乡村旅游产品方面

1. 重视传统文化的保护

在西方许多国家的乡村旅游发展计划中，乡村旅游不仅是一种经济的发展与振兴手段，更是一种文化传承和保护的途径。例如，塞浦路斯成立了专门对音乐、传统手工艺、绘画、建筑等进行抢救、整理和恢复的机构。自1991年以来，大约50个村庄被选入乡村旅游发展计划，根据传统建筑风格、吸引力、当地社区意愿，塞浦路斯旅游协会（CTO）研究了当地一些传统建筑风格，并资助设计和完成了包括恢复村落广场、创造环境的自然特征、保护传统建筑等在内的项目。西班牙也启动了一些对当地社区的教育培训和文化恢复计划，以使传统社会文化转化成为旅游产品的一部分。如，农业部收集整理了传统食谱，教育部门和旅游部门合作发展了民间歌舞、传统手工艺、音乐等。日本在进行乡村旅游资源开发和规划时，非常重视在原有的一些遗址上进行复原和整修，尽可能保持传统的、旧式的、古董的、原貌的民俗景点或博物馆，使之成为乡土式的综合博物馆。

2. 产品向多元化、特色化方向发展

国外乡村旅游产品的特色化、品牌化强，可参与程度较高，附加值较大，深受顾客喜爱。如法国极具特色的乡村旅游产品为葡萄酒、烤面包、黄油、牛奶、鸡蛋等。游客不仅可以通过参观葡萄园和酿酒作坊，还可以通过自身体验DIY活动参与酿酒的全过程，了解酿酒的工艺，学到品尝美酒的学问，带动葡萄酒的销量。

表3-1 国外乡村旅游的活动项目

类型	具体项目
旅行	徒步、越野、登山、骑马（驴、骆驼等）、大篷车、自驾车（摩托车、拖车等）、长距离自行车、滑雪、宿营等
水上活动	垂钓、游泳、泛舟、（乘筏、独木舟、皮艇）漂流、冲浪、快艇、航行、湿地

续表

类型	具体项目
空中运动	轻型飞机、滑翔、热气球等
体育运动	洞穴探险、攀岩、定向、网球、高尔夫、高山滑雪、狩猎等
文化活动	考古；访问历史文化遗址；民俗文化节日；学习民间传承手工艺；欣赏乡村民谣，参加乡村音乐会；寻找美食来源，品尝地方风味；参观工农业、手工业企业、博物馆和民间艺术工作室；英语教学培训、园艺培训、厨艺培训、舞蹈培训等
健身活动	健身训练、温泉疗养等
休闲活动	乡间度假、观鸟、观察野生动植物、写生、摄影、赏景、教堂祷告、酒吧休闲等
务农活动	播种、收割、放牧、挤奶、捕捞、果园采摘、酿酒、农产品加工等
主题性农业活动	各种主题农业活动（葡萄酒节、苹果节、草莓节、田野节、农夫生活之旅等）
童玩活动	自制玩具、饲养宠物、放风筝等
商务活动	小型会议、团队激励训练等
特别活动	乡村体育竞技、农产品展

3. 重视乡村旅游产品质量管理

纵观在乡村旅游开发方面做得很好的国家可发现，这些国家均制定了专门的乡村旅游质量管理标准，且产品管理和市场管理都比较成熟。如，以色列为解决乡村旅游面临的服务质量不一致和缺少适合的服务导向问题，综合开展调查研究、培训教育、市场营销、加强管理，提高服务质量等，努力缩小旅游者期望与实际经历之间的差距。另外，爱尔兰在农场旅游目录中特别重视主客关系、农产品、接待设施的质量，以确保游客体验的质量，并建立了体验质量的管理跟踪系统，及时反馈信息，调整服务方向和内容。

（四）营销推广方面

欧美国家在国外乡村旅游市场营销模式中最为现代化和成熟，主要是通过健全的旅游产品营销网站和各种中间商来实现乡村旅游产品的销售。

1. 统一协调，共同规划

乡村旅游产品设计的基本前提是必须要考虑到乡村旅游的发展对当地经济和居民生活的影响。国外乡村旅游的发展正是体现了这一点，往往是地方政府、地区居民和乡村旅游企业在意见和行动上的统一协调、共同规划，而非各自为政独立经营的。

2. 政府协助推销

政府协助参与乡村旅游产品的推销，不仅可以提高乡村旅游企业的积极性，同时也扩大了宣传力度。政府性的部门，如法国的旅游办公室（OT）、旅游联合会（SI）往往在地区旅游发展中统一规划地区的旅游发展，协调地方旅游部门的合作。另外，旅游企业也可以通过不同地区的旅游办公室（OT）选择相应的目标市场或群体，更有效地控制宣传开支。

3. 利用行业认证进行质量控制和宣传

法国、德国的旅游企业注重为旅游产品申请一些相关的行业认证，如乡村别墅的认证。这些认证不仅能帮助旅游企业对旅游产品或服务的质量进行规范，而且也能够有效地吸引顾客的眼球，扩大产品的宣传效果等。

三、国内乡村旅游发展的经验借鉴

虽然国内乡村旅游相较于欧美国家起步晚一些，但在不断的探索中也同样涌现了一批成功的乡村旅游目的地，摸索出了适合我国国情的乡村旅游发展模式，仍不乏极具价值的乡村旅游发展经验可供借鉴。

自20世纪70年代起，我国台湾岛内的休闲农业呈现出较快的发展速度，分别经历了观光农业时期（1971年至1989年）、休闲农业发展时期（1989年至1994年）、休闲农业提升时期（1995年以后）。截至2004年，根据岛内"休闲农业学会"的调查，台湾全岛共有正式批准的休闲农场1102个，休闲农业全年游客人数约为4913万人，平均每个农场游客人数为45000人；全年营运总收益为45亿元，平均每个农场全年总收益为409万元。台湾岛内休闲农业之所以取得如此壮观的规模与效益，得益于其独特的发展模式与可持续的发展理念。

1. 台湾岛内休闲农业的发展模式

（1）相关主管部门引导和管理模式

由于台湾当局农业主管部门将休闲农业定位为一种新型农业经营模式和农业发展的一条渠道，故休闲农业发展模式主要采取管理部门主导模式。整个计划审查与核定、计划内容、经费配置、推动方式均由农业主管部门主导。这种主管部门主导模式主要体现在以下两个方面。

首先，政策驱动方面。休闲农业是农业主管部门在面临着农业发展窘境重生和农村问题日益严重的压力下，为寻求新的农业经营方式，突破农业发展瓶颈而采取的一种农业被迫转型的新措施。此外农业主管部门也相继制订了一系列指导台湾岛内休闲农业发展的计划，如，1990年的《发展休闲农业计划》，1994年的《发展都市农业先驱计划》，2001年的《一乡一休闲农渔园区计划》，使休闲农业的发展具有了一定的规范性。

其次，台湾当局为使休闲农业区形成合理的区域布局和以防其偏离农业本质而趋向于纯粹娱乐化，制订了"发展观光农业示范计划"和"发展休闲农业计划"，并且在发展过程中同样注重对规划的管理，制定相关建制和规定相衔接的规范条文，既保证了休闲农业的企业合法经营，又限制了部分人借办休闲农业之名进行圈地和违法经营。如，"休闲农业辅导管理办法"为配套设施制定相关环节的程序要点及规范，分别有"休闲农场经营计划审查作业要点""休闲农场专案辅导实施作业规定""非都市土地申请作休闲农业设施所需用地变更编订作业要点"等。

（2）多元化的发展模式

台湾岛内休闲农业经营范围广泛，旅游产品丰富。根据休闲农业所依托的资源及开展旅游活动项目的不同，可以将台湾岛内休闲农业分为观光农园、休闲农场、市民农园、教育农园等四种类型。

首先，观光农园根据内容的不同，又可以分为观光果园、观光茶园、观光花园（圃）和观光菜园等四大类，如表3-2所示。

表3-2 观光类休闲农业的类型

经营类型	经营内容	经营范围
观光果园	水果采摘、水果购买，部分具有烧烤露营功能	柳橙、椪柑、桶柑、文旦柚、水梨、阳桃、草莓、芒果、莲雾、葡萄、百香果等
观光茶园	采茶体验、制茶流程参观、茶坊经营，部分提供民宿	茶文化
观光花园（圃）	参观游览、花卉购买	海芋、兰花观光花园、公路花园等
观光菜园	蔬菜售卖、菜园观光、蔬菜品尝	各种蔬菜

其次，农场是指经营农作物的场所，根据经营内容的不同，可以将农场分为林场、渔场、牧场等多种类型。休闲农场是台湾岛内农业类型中最具代表性的一种形式，根据其内容的不同，休闲农场又存在不同的经营形式，如表3-3所示。

表 3-3　休闲农场的经营形式

经营形式		依托资源	活动内容
休闲农场		山溪、远山、水塘、多样的植物景观、特有动物及昆虫	农园体验、童玩活动、自然教室、农庄民宿、乡土民俗
休闲林场		多变的地形、辽阔的林地、山谷、奇石、山泉小溪等景观	感受自然、放松心情、森林散步、体能训练、天然氧吧
休闲渔场	养殖休闲渔场	水域资源、鲜活的海鲜，以及海洋文化	垂钓、捕捉、餐饮、海水游泳、海景观光、水上度假、渔业体验等
	沿岸休闲渔场	水域资源、美丽的海景	海景眺望、露营烤肉、岸钓、渔村文化活动等
休闲牧场		乡野畜牧文化、珍稀的动物资源	乡野畜牧、可爱动物观赏、昆虫保育教室、烤肉露营

再次，市民农园是将位居都市或其近郊之农地集中规划为若干小丘块，分别出租给一般民众栽种花草、蔬果或经营家庭农艺，其主要功能在于提供土地与耕种技术给予一般都市民众，让都市民众也可享受耕作乐趣，体会农业生产经验。在台湾岛内，市民农园土地大都是由农民提供的。每一出租地块以20～50平方米为一出租耕作单位。租期多数为一年，每期租金约2000～4000元。所租土地以蔬菜种植为主，也存在部分种植各种花草的体验者。另外，市民农园依不同使用对象，一般可分为家庭农园、儿童农园、高龄农园及特殊农园。

最后，教育农园是兼顾农业生产与教育功能的农业经营形态，农园中所生产或栽植的作物及设施的规划配置即具有教育功能。一般常见的有特用作物、热带植物、水耕设施栽培、亲子农园等形态。自然生态教室就是一个典型的教育农园。

此外，岛内休闲农业也存在其他经营形式，如度假农场（民宿）、农村文化活动等，由于这些形式是作为一种经营内容依附于其他的经营形式之中的，所以在内容上不具有独立性，但是却丰富了岛内休闲农业的内容。

2. 台湾岛内休闲农业可持续发展理念

台湾岛内休闲农业在经过短短20多年的发展后，已经成功地步入快速发展阶段。其之所以能取得如此快的发展速度与骄人成绩，成为世界乡村旅游发展史上的一个典型，与其在发展过程中高度重视可持续发展的理念是分不开的。可持续发展理念几乎贯穿岛内休闲农业发展的方方面面，综合体现在以下五个方面。

(1) 注重规划

旅游业可持续发展是指在不损害资源持续性的基础上，在保护和增强未来旅游发展机会的同时，满足现时旅游者或接待区域的需要。对于乡村旅游和休闲农业来讲，纯正地道的乡村性是吸引游客的一个非常重要的方面，如果生态环境被破坏了，失去乡村性的内核，乡村旅游也就失去了市场，因此，在乡村旅游的发展过程中，对乡村生态环境的保护，对生态农业的重视就显得非常重要。台湾岛内从一开始确定发展休闲农业的方针的时候，就非常重视规划的作用，把全岛的休闲农业发展规划设计得非常严谨，继台湾当局相关主管部门 1990 年开始推广《发展休闲农业计划》、1994 年推广《发展都市农业先驱计划》之后，1996 年 12 月 31 日公布的《休闲农业辅助办法》规定：不论是休闲农业区或是休闲农场在开发前均应做好开发前的整体规划工作；2001 年出台的《一乡一休闲农渔园区计划》规定了休闲园区必须整合园内的各种资源，避免恶性竞争，有力地保证了休闲农业的可持续发展；2004 年修订通过了《休闲农业孤岛管理办法》。这些规划文本有效地保护了当地的生态环境和丰富多彩的有着浓郁乡土气息的农村文化活动和文化景观，通过开展一系列内容丰富的乡村节庆活动，休闲农业的开展又保护了休闲农园中的乡村性。

(2) 重视对当地居民进行环境培训和教育

为了配合休闲农业的开展，许多地方都纷纷开展了对当地居民的环保意识教育，许多当地的群众也积极投入到关于当地动物和植物的知识的学习中去。南投县埔里的桃米社区有着丰富的本土野生动植物资源，当地群众便自发地参与鸟类、蛙类、蜻蜓、蕨类等讲解员的培训与考试，居民借由动植物讲解员的培训过程，又间接地体会到了农村有别于城市的丰富自然环境资源是农村地方社会和经济发展的基础，也正因为如此，当地居民常定期举办"净溪"活动，积极维护并保护当地的生态环境资源。在台湾岛内的许多地方，通过加强对当地居民的环保教育力度，提高他们的环保意识，把当地居民的环保意识融入到他们的行动中，对于保护当地环境，对游客实施有效的环保教育起到了非常重要的作用，对台湾岛内休闲农业的可持续发展有着非常重要的促进作用。

(3) 社区居民的积极参与

当地居民对休闲农业和生态旅游的态度和参与程度，也是生态农业能否成功的关键。因为当地社区的居民是社区的主体，同时也是休闲农园旅游吸引物里面的一部分，只有当地居民最大限度地参与到休闲农业的生态旅游里来，才能最大限度地保护当地的乡村生态环境和乡村文化景观。通过一定的建制设计，在当地产业行动相关主管部门或相关组织中，由社区居民分工合作，从园区的规划设计到境内共同管理，全由居民来主导，以达社区自立自助、自我管理的境地。台湾当局相关主管部门采取了一系列措施保证地方居民从发展休闲农业中受益，最大限度地提高了他们对休闲农业的认同，对地方文化的认同，对生态环境的保护意识，提高了当地居民的自然环境保育意识，提高了他们对农业生态旅游的参与程度和认同感，极大地提高了他们对发展休闲农业的认同感和参与程度，由他们经营和管理的农林渔牧的生产、乡土文物、农村景观等均具有极富浓郁的地域性和草根性，他们所参与的草根性产业，更能显露自然亲切的本土风貌，当地居民积极参与到休闲农业的发展中去，很大程度保证了乡土气息的草根性，也长久地保持了休闲农业的吸引力。

（4）加强合作，避免恶性竞争

台湾岛内的休闲农业分为休闲农业区和休闲农场两个层次，休闲农业区是由地方主管部门主动规划的大片经营区域，每个休闲农业区有许多各具特色的休闲农场，这些农场根据自己所处的地理位置和资源优势，在地方主管部门的指导下，开展不同的经营业务，有观光果园、观光农园、休闲农场、教育农园、市民农园、民俗村庄和休闲农场等。由于休闲农业区范围广阔，资源丰富，同时区内资源环境、经营特性不同而有许多不同类型及规模的休闲农业经营体，为了避免同质竞争，造成恶性循环，2001年开始推行一乡一休闲园区计划，改变过去天女散花式的分配资源，由地方主管部门统一指导，整合园内农场、农园、民俗等所有景点，使其由点连成线，最后以策略联盟的形式构成带状休闲农业园区，这种统一规划指导的方式避免了各个经营实体因活动规划、资源利用不能很好的协调、配合所造成的休闲农业区的实质效益无法提升的弊端，同时也整合了园区内的各种资源，将各自为战的果园、农园、牧场、村庄等休闲农园各个服务提供者联合起来，设计统一的旅游线路和活动内容，最大限度地提升顾客体验，也将游客的所有旅游需求解决在农园内，最大限度地增加了园区内的经济收入。乡村旅游和休闲农业的可持续发展最关键的一点就是产业链的一体化，通过规定上的指导和规划，将游客的各种需求都保留在本地解决保证了当地的收益，从而也保证了当地休闲农业的可持续的发展。

(5) 提倡台湾岛内少数民族计划，保持乡土气息

台湾岛内少数民族文化是吸引观光客的重要资源，保持住原汁原味的本土文化，就可以不断地吸引更多的游客前往农村观赏自然风光，体验农家生活。在台湾岛内发展休闲农业的过程中非常注重对岛内少数民族文化的保护和发展，在台湾当局出台的"观光客倍增计划"中，旅游路线业已针对岛内少数民族文化做了相应的设计和配套措施推广。对富有浓郁乡土气息的民间节庆活动做了相应的开发，如：南投县历来重视花卉生产，当地百姓有赏花、品花、评花的习俗，当地的休闲农业旅游发展起来后，为了将这一传统延续下去并将其发扬光大，当地借助旅游发展的东风，于2004年4月3日到2004年5月2日，在南投县中兴新村举办了南投花卉嘉年华活动，吸引了无数游客前往，同时，这一具有悠久历史传统的赏花活动也得到了很好的保护，并且发扬光大了。

第三节 乡村旅游目的地发展升级模式

一直以来，乡村旅游在增加就业、脱贫致富、乡风文明、生态文明等方面成为推动新农村建设的重要力量。但是近年来，乡村旅游出现低水平重复建设，产品存在同质、单一，恶性价格竞争，利润不断下降等问题。乡村旅游发展动力不足，且对新农村建设的推动效应逐步弱化。升级成为乡村旅游进一步推动新农村建设的必然选择。

乡村旅游升级的基本思路包括三个方面。①区域特色分工：推广"一村一品"，打造特色新村。打造特色是乡村旅游升级的核心。各区县实现"一区（县）一色"，民俗旅游村实现"一村一品"，民俗旅游接待户实现"一家一艺"。打造特色沟谷带是实现特色化的重要手段。一切升级的落脚点是"村"。②升级方向：主要是实现乡村旅游的规模升级、生态升级、文化升级与科技升级。③业态特征：乡村旅游的形态逐渐从"家园"升级到"庄园"；从点到面，逐步构建乡村旅游目的地。

随着乡村旅游的不断探索与发展，乡村旅游逐渐由乡村旅游一代升级到乡村旅游二代。乡村旅游升级的典型模式有：

成都——从"农家乐"到"五朵金花";

贵州——从"民族村寨"到"主题线路";

北京——从"民俗户"到"新业态";

浙江——从"茶家乐"到"洋家乐"。

一、成都:从"农家乐"到"五朵金花"

自古乐,就有乐在农家。"丰年谁及农家乐,老稚欢讴自涤场""农家农家乐复乐,不比市朝争夺恶"……这些家喻户晓的诗句,不仅为人们勾勒出了一幅幅欢乐自得的农家活动场景,更是道出了融于大自然的、怡然自得的农家乐的真谛。成都"农家乐"正是为远离农村,整日忙碌于工作的都市人群创造了"吃农家饭、品农家菜、住农家院、干农家活、娱农家品"的机会与场所,而闻名海内外。

(一)农家乐

1. 农家乐演变历程

早在 20 世纪 70 年代末,位于成都西北部的郫县友爱乡农科村就已有 8 亩集体果园与苗圃。而正是随后的两个契机,为农家乐在成都的兴起打下了基础。其一,1978 年,村支书带领几名村民到邻近的温江县寿安乡学习园艺栽培技术,学成归来后,不断扩大花卉苗木的规模,而成为一道美丽的风景,因此吸引了一些专程前来观光旅游的游客;其二,1995 年,当时的成都市委书记倡导县委县政府学习借鉴新西兰农家走农业经济和旅游经济相结合的路子,以农科村牵头做实验。随后,由县委县政府主要领导抓点,鼓励几户农民带头搞旅游接待。而后经过反复的实践与总结,很快取得了可观的经济效益,并起到了良好的示范效应。最终,专事旅游接待的农家乐便在农科村兴盛起来。

成都的"农家乐"经历了三个发展阶段,即萌芽阶段、发展阶段和规范阶段。

(1)自然萌芽阶段(1987 年至 1991 年):农家乐作为传统农业结构调整的产物,传统农业的后续产业或替代产业而出现。位于成都市郫县的友爱民俗旅游村成为全国农家乐的发源地之一,依托其传统的盆景苗圃优势,发展民俗旅游。

(2)竞争发展阶段(1992 年至 2002 年):省委领导题名"农家乐",并确立"先发展后规范"的指导思想。

（3）规范发展阶段（2002 年至今）：相关部门对农家乐实行规范管理，升级上档、塑造形象、打造品牌。许多农家乐分别被评为"国家生态示范点""省级文明村""省级卫生村""国家工农业旅游示范点"，其中成都市锦江区三圣乡成为典型，被誉为"没有围墙的农民公园"。

成都乡村旅游源于农家乐的发展。以农家乐为代表的成都乡村旅游从生产到发展、从一家一户经营到规模整体开发，经历了上述三个阶段后，2006 年 4 月 12 日，在首届中国乡村旅游节开幕式上，被国家旅游局授予"中国农家乐旅游发源地"的称号。

2. 农家乐经营特色类型

成都"农家乐"的旅游产品以以下七种类型为主。

（1）农家园林型

农家园林型农家乐以郫县友爱乡农科村、温江县万春镇等西部川坝子"农家乐"为代表，属于"国家生态示范区"，依托花卉、盆景、苗木、桩头生产基地，是"农家乐"的发源地。

（2）观光果园型

观光果园型农家乐以龙泉驿的书房村、工农村、桃花沟、苹果村等东郊重丘的农家果园游乐为代表，以水蜜桃、枇杷、梨子为依托，发展以春观桃（梨）花、夏赏鲜果的花果观光旅游，使旅游收入已经大大超过果品收入。

（3）景区旅舍型

景区旅舍型农家乐以远郊区都江堰的青城后山等自然风景区为代表。在景区附近的低档次农家旅舍受到中低收入游客的欢迎。

（4）花园客栈型

花园客栈型农家乐以新都县农场改建的泥巴沱风景区、邛崃市前进农场改建的东岳渔庄等代表。它们的主要特征是，把农业生产组织转变成为旅游企业，在农业用地上通过绿化美化，使之成为园林式建筑，以功能齐全的配套设施和客栈式的管理，使之成为在档次上高于"农家乐"，而又低于度假村的一种休闲娱乐场所，这类"农家乐"的投资主体主要不是农民，而是城市个体工商户或单位合资，而且专营休闲旅游，一般规模较大、投资较多，农户家庭生活气息和农耕氛围较淡薄，而园林式茶馆风味则较浓，但由于价格低廉，又在郊外田园，在外貌上又相似于较大的"农家乐"，故将此作为一个特别类型。

（5）养殖科普型

养殖科普型农家乐以都江堰、青城山等地为主要代表。都江堰三文鱼养殖基地寓教于"游"，不仅可以品尝价廉物美的新鲜三文鱼，还可以提供鱼类养殖的详细资料，受到广大市民的欢迎。

（6）农事体验型

青城山后山的绿茶基地就是代表之一。游客享受农家乐服务之余，可以亲自到田间地头采上几斤新鲜的茶叶，融入大自然，在劳动中享受休闲的快乐。

（7）川西民居型

川西民居型农家乐是通过改造现有建筑外观，使之与自然生态环境协调融合，成为具有川西民居特色的"农家乐"片区，凸显乡村旅游特色。

3. 成都农家乐经营模式

经过十几年的发展，成都的"农家乐"已经有相当大的规模。但是，在以农家乐为代表的成都乡村旅游的自然萌芽阶段和竞争发展阶段，成都"农家乐"主要有以下两种极具代表性的经营模式。

（1）枇杷沟模式

枇杷沟位于成都二环近郊龙泉驿区，这是由当地政府积极引导、当地农民自主开发的一种农业生态旅游模式。此类"农家乐"呈现出三个特点。第一，交通便捷。从龙泉驿区公交车总站有多趟公交线路直达该村，大概只需20分钟。第二，生态环境好，旅游产品丰富。当地农民充分利用现有土地资源，栽种枇杷、橘子等，一般3～5月为旅游旺季；但季节性较强，冬季客人很少；服务热情，收费便宜。农户既是老板，又是服务员，还是果林技术员、讲解员、陪练员，他们为游客提供热情、周到的服务，游客吃喝玩乐休闲一天的消费仅20～30元。第三，政府引导，管理灵活。农家乐由当地政府引导，依照成都市农家乐旅游服务质量等级划分及其评定标准评星定级，并有统一的旅游开发公司进行品牌营销，实行市场化运作。

位于龙泉驿区的"万亩观光果园"也大致采用这种发展模式。但不同的是，枇杷沟的果树主要是农户为了吸引游客而免费提供给客人采摘和食用的，而"万亩观光果园"农家乐的主要收入来源于水果销售，客人采摘则要支付高于市场价格的费用。此类"农家乐"虽不能与风景旅游区相提并论，但因其独特的田园风光和农家情趣而受到了城市居民的青睐，成为成都市民的休闲新潮流，尤其是成为中低收入居民周末休闲度假的主要方式。而且这种经营模式形成了群体规模优势,便于统一组织,谋求共同发展。不足之处主要是经营项目雷同,经营内容几乎千篇一律;经营管理不规范,生态环境压力大;区内各乡(镇)的道路交通、用水设备等基础设施还严重滞后,有待完善。

(2)农科村农家园林模式

郫县友爱镇农科村位于"国家生态示范区"内,是成都花卉、盆景、苗木生产基地。成都"农家乐"发端于此,它荟萃了川西平原农家休闲旅游的主要特色。当地农户的收入主要来自两个方面:一是出售自家种植的花卉、盆景、苗木等;二是依托自家的园艺美景经营"农家乐"项目。此模式经营机制灵活,有游客时可商,无游客时可农,从事旅游服务和务工务农两不误,不但利用了闲散劳力,而且农副产品可就地消费,增加农民收入,吸引农民纷纷加入。

郫县优越的人文地理环境,也为"农家乐"带来了客源。郫县为古蜀故都,是西汉大文学家扬雄的故里,境内历史遗迹丰富,仍保留着富于川西传统特色的老街、老巷、老店以及民风民俗。该县是"中国盆景之乡",具有悠久的花木种植传统。这里交通便利,是前往世界自然和文化遗产都江堰、九寨沟、黄龙和卧龙自然保护区的黄金旅游通道。

该村的"农家乐"由政府统一规划,比如在建筑风格、标识设计、停车场建设、经营特色等方面都有政府统一进行引导,村委会统一管理。该村成立了农科村游客咨询中心,为游客提供咨询服务。

(二)五朵金花

自2003年以后,成都乡村旅游开始朝着规范发展阶段迈进,以农家乐为代表的乡村旅游开始逐步升级,步入乡村旅游二代。在此阶段,作为农家乐的升级版,最具代表性的是锦江区三圣乡的"五朵金花"。

1."五朵金花"的经营特色

成都锦江区三圣乡的"五朵金花"分别是:

"幸福梅林",占地面积3000亩,主要围绕梅花文化和梅花种植欣赏,形成销售产业链,发展旅游观光产业;

"花乡农居",占地面积4367亩,成为以发展小盆、鲜切花和旅游观光产业为主导的国家4A级风景区;

"江家菜地",占地面积3000亩,以"市民认种一分田"(800元)的方式,把传统种植蔬菜、瓜果和农作物变为市民和学生体验式的休闲产业,实现城乡互动;

"东篱菊园",占地面积 1700 亩,突出菊花的多种类和菊园的大规模,形成了"环境、人文、菊韵、花海"的交融;

"荷塘月色",占地面积 1074 亩,以池塘荷花、榕树成荫,川西小镇和田园风光为特色,成为艺术创作、绘画写生、音乐开发的艺术村。

以"五朵金花"为代表的农家乐以规模化的花卉配置基地为基础,由政府主导规划建设,集花卉销售、生产、科研、信息和观光于一体。其主要特点是规模大、生产性强、投资风险小、综合效益高。经过几年的发展,"五朵金花"共接待游客 1100 万人次,实现旅游收入 2.34 亿元。2004 年,锦江区农民人均纯收入由 2003 年的 4426 元增加到 5311 元,农民收入增幅首次超过了城镇居民。2005 年"五朵金花"接待海内外游客 747.34 万人次,实现旅游收入 1.92 亿元。花卉产值达到 6560 万元,农民资产增值超过 13 亿元,农民人均纯收入达到 6321 元,政府的税收收入也达到了 1200 万元,由此可见,升级版的"五朵金花"取得了良好的经济和社会效益。

2. "五朵金花"的建设方式

三圣乡在保持良好生态环境的前提下,按照"政府主导、部门联动;社会参与、市场带动;基地生产、企业经营"的模式,开展"五朵金花"的建设。具体有如下五条措施。

(1) 农房改造景观化。由"农户出资、政府补贴",按照宜散则散、宜聚则聚的原则,对城市通风口的农房实施就地改造。

(2) 基础设施城市化。按照整体规划,以城市道路、污水处理、天然气等生活设施标准,完善乡村基础建设。

(3) 配套设施现代化。实现户户通光纤,村村有卫生服务中心。

(4) 景观打造生态化。打造湿地,新建绿地,建成微水治旱工程、传承文化的人文自然景观。

(5) 土地经营规模化。通过实施拆院并院、拆企入院、建新拆旧等方式搞好土地整理,在不减少原有耕地面积的前提下,将集约出的建设用地用于拍卖或商业开发;通过政府引导,利用荒山、沟渠、坡坎等土地修建会所,实现土地规模经营,壮大了村级集体经济。

3. "五朵金花"的发展方式

这就是把文化因素和产业因素注入"五朵金花",促进传统农业向休闲经济发展。具体有四个方面。

(1) 以文化提升产业。挖掘幸福梅林的梅花传统文化,赋予荷塘月色以音乐、绘画艺术的内涵，再现江家菜地的农耕文化，展现东篱菊园"环境＋人文＋菊韵＋花海"的菊花韵味，变单一的农业生产为吸引市民体验、休闲的文化活动。

（2）以旅游致富农民。鼓励支持观光道路两侧的农户，依托改造后的农房，采取自主经营、与别人联营、出租给有实力的公司等方式发展乡村旅游，推出赏花、休闲、体验等多种形式的旅游项目。

（3）以产业支撑农业。对花卉龙头企业在资金、技术和政策上扶植，开发出梅花系列旅游产品，形成了产业规模。

（4）以品牌塑造形象。按照"一村一品一业"不断推出农业新品牌，在保持原生态和田园风光的基础上，将传统农家乐游提升为都市乡村旅游，把原本相对独立的五个片区整体提升为一个旅游区。建成集"食、住、行、游、购、娱"为一体的精品旅游区，不断提升"五朵金花"的品位和知名度。

4."五朵金花"所驱动的生活方式变迁

针对"五朵金花"的开发，采取了农民离土不离乡、就地市民化的方式，保证了农民失地不失利、不失业、不失权。具体有四项措施。

（1）构建农村保障体系。它包括新型农村合作医疗、社会养老保险等。

（2）构建城乡教育体系。对农村九年制义务教育阶段的学习杂费、课本费、作业本费、信息技术费进行全额补贴。

（3）构建了农民就业体系。采取多种措施，开发服务型岗位，争取社会型岗位，开发自主型岗位，支持创业型岗位，政府出资创岗，增加公益性岗位，多渠道促进了失地、准失地农民的就业。

（4）构建了农村发展体系。依托"五朵金花"实现农业发展产业化，加快农村集体经济改革向股份化、公司化发展，让农民揣着股份进城，失地后仍拥有集体资产的处置权，准失地农民保持土地承包的经营权。另外，在解决景观配套的同时，也让村集体经济有所收益，保证农民在参与经营中分享收益。

二、贵州：从"民族村寨"到"主题线路"

自古以来，贵州省就是多个民族的集聚地，各民族创造了独特的历史和文化，形成了多姿多彩的乡土风俗，如节日庆典、民间工艺和生活方式等。贵州因此素有"天然公园省"和"文化千岛"的称号。贵州的乡村旅游，大部分是依托这些特色村寨及其群落而开展的。这种乡村旅游发展模式属于景区依托型，主要依托民族村寨或其他大型旅游景点来开展的乡村旅游模式。

贵州在基于民族村寨的基础上发展旅游，起步于20世纪80年代。目前，贵州村寨旅游中知名度较高的有黔东南州的西江苗寨、郎德苗寨、肇兴侗寨；黔南州的音寨、布依寨等。民族村寨参与旅游，其主要目的在于"旅游扶贫"，即以发展旅游业来推动当地经济的发展，解决少数民族地区的贫困问题。经过20多年的发展，旅游业对于推动民族经济发展，改善人们生活水平的作用已得到社会的广泛认同。贵州省2007年全省共接待入境旅游者43万人次，实现旅游外汇收入1.29亿美元；接待国内旅游者6219.89万人次，国内旅游收入504.4亿元。全年实现旅游收入512.28亿元。

然而，由于贵州民族地区的特殊性，随着旅游的发展，原有的发展模式出现了一些问题，如环境污染问题、文化保护问题、经济效益问题、利益分配问题等。贵州民族村寨旅游在蓬勃发展的同时，也面临着巨大的挑战。因此，根据贵州民族地区的具体情况，转变发展模式，进行"二次开发"成为当前贵州民族村寨旅游发展的当务之急。

以巴拉河模式为例，主要介绍贵州的巴拉河模式。

（1）政府引导

在推动巴拉河地区乡村旅游的发展过程中，贵州省各级政府做出了积极的贡献，充分发挥了主导作用：通过编制《贵州省旅游发展总体规划》，将"巴拉河乡村旅游国际示范项目"列为九个示范项目之一，同时积极寻求与新西兰等国的合作。在项目实施过程中，为了加强对巴拉河乡村旅游示范项目工作的指导，确保该项目工作落到实处，州、县、镇人民政府成立了巴拉河乡村旅游示范项目工作指导小组及工作机构，下设办公室，明确专人负责项目的管理和实施。

（2）国际合作——巴拉河乡村旅游国际示范项目

"巴拉河乡村旅游国际示范项目"是中国贵州省与新西兰政府合作开展的乡村旅游扶贫项目。该项目的目的在于通过国际合作，高起点、高水平的规划、建设巴拉河乡村旅游产品，树立贵州乡村旅游形象，打造"巴拉河乡村旅游"品牌，并推向国内外两个市场；让贵州乡村旅游产品成为中国乃至世界的知名品牌，并对贵州省发展乡村旅游起到示范带动作用，进而推动贵州省乡村旅游的发展。该项目从2004年3月到2006年3月，为期两年，新西兰政府为该项目提供了50万新币援助。在项目开展期间，法国、奥地利、爱尔兰等国旅游机构也提供了大量的帮助。

(3) 地域分工，构建乡村旅游目的地

"秀丽山水＋田园风光＋民族文化＋历史遗存"是巴拉河流乡村旅游的特色；"世界苗族文化遗产保留地"是巴拉河乡村旅游的灵魂。按照"同质中寻差异，对比中显个性，选择中把重点"的原则，围绕"巴拉河乡村旅游"的定位，根据各个村寨自身的地理位置和民族特色等实际情况，经专家和村民的广泛讨论，合理确定了七个村寨的职能，充分发挥了各自的优势。

整个巴拉河流域构建乡村旅游目的地。在这个目的地的内部，各自根据自己的特长以及区位优势，发展各具特色的旅游项目，避免了内部竞争，同时提高了区域整体竞争力（如表3-4所示）。

表3-4　巴拉河乡村旅游目的地分工

村寨	特点	分工定位
怀恩堡	明末清初的古驿道，处于巴拉河乡村旅游区的入口	为巴拉河区域提供旅游综合服务
南花	苗族歌舞	苗族歌舞展示
季刀	古朴的村寨建筑和历史文化	看百年粮仓、听百年古歌、踏百年步道
郎德	苗族歌舞和古建筑群	酒礼 参观苗族传统古建筑 苗族歌舞表演展示
南猛	芦笙艺术之乡	芦笙表演 脚猛—南猛—朗德以徒步为主的旅游线路节点服务
脚猛	苗族铜鼓舞 特色农业 三斗（斗牛、斗鸡、斗鸟）	苗族铜鼓舞 猫猫河—脚猛—南猛—朗德以徒步为主的旅游线路节点服务
猫猫河	全国卫生文明村寨 处于巴拉河乡村旅游区的入口（由雷山方向进入的门户）	苗族刺绣展示 乡村休闲度假 旅游综合配套服务

资料来源：李再勇. 贵州·巴拉河乡村旅游示范项目工作简介（内部资料）[Z]。

(4) 树立品牌，持续发展

在"巴拉河乡村旅游国际示范项目"中，国内外专家本着高起点、高水平的原则，为巴拉河地区的乡村旅游做了一系列的规划，设计了包括徒步旅行、漂流泛舟、娱乐休闲、民族艺术观赏、乡村旅馆、游客接待中心（信息中心）、社区培训中心、工艺品制作作坊，以及投资、管理（DMS）、监督等配套规划，创立了"巴拉河文化"旅游品牌。

贵州的自然景观和文化遗产既丰富又脆弱，特别是不可再生的自然和历史文化遗产，一旦破坏很难恢复。因此，乡村旅游开发必须坚持"保护第一，开发第二"的原则，形成"保护——开发——保护"的可持续发展道路。在巴拉河乡村旅游区，通过科学地设计旅游产品，尽量减少旅游对本地民族文化和生态环境的破坏。同时建立了村寨旅游信息员制度，7个村寨的信息员及时准确地收集监控信息，按时向省州旅游部门和国内外专家上报，为下步工作的开展提供帮助和决策依据。

（5）参与式旅游开发

①培训村民，提高素质。在项目开展期间，项目组的国内外专家及省、州、县项目办人员深入项目区7个村寨进行实地调研、座谈及走访村民，向村民们宣传了实施该项目的目的和意义以及相关的乡村旅游知识。国际专家将村民作为"地方性知识的拥有者"，通过"启发——交流——互动——分享"的新模式，在互动交流中将专家拥有的知识系统与村民的知识系统实现了有机的结合，大大深化了村民对开展乡村旅游的认识，提高了旅游接待的业务素质，也增强了村民对本民族文化的自豪感。项目期间共培训村民900余人次，还对50名村寨信息员进行了技能操作培训。同时，为了开拓村民眼界，接受新观念，省、州项目办先后两次组织巴拉河项目区村寨的村两委负责人、旅游管理人员、信息员和部分村民代表92人次，到省内外乡村旅游发展成熟的地区考察学习，重点放在村寨环境卫生，资源开发利用及保护，旅游经营方式、管理模式等方面。

②全民参与。在巴拉河旅游区，村民们主要通过为游客提供住宿、餐饮，销售旅游商品和提供苗族风情表演等方式成为乡村旅游开发的主体，从中获益。比如在朗德接待旅游团队的民族歌舞表演中，全村以户为单位，每场表演每户均有成员出场，分别承担接待、表演、后勤等工作并分别记工分1~20分不等。一场表演收取旅游团队500元表演费，每月按工分结算分配给每户村民。不仅如此，村民们还积极参加社区公益活动，在村寨集体建设中，村民们也发挥了积极的作用。如季刀上寨的村民自发完成了进寨石板步道和3条生态步道的改建和修建。

③民主决策，村民自治。在巴拉河乡村旅游示范项目中，为了保证村民参与旅游开发的权利，在每个村都成立了村旅游办，作为村民参与旅游的自

治机构。村旅游办以村党委为中心，成员主要是村党委委员，包括村长、支书、会计（村会计、旅游会计），各组再选派3个成员（村中约100人为一组），实行轮流制，让每家每户都有机会参与管理。村旅游办的职责是：管理旅游接待活动，组织村民维护村寨清洁卫生，修建和维护基础设施，对村民宣传教育，负责与上级主管部门的联系。同时，村旅游办的一个重要职责是管理和分配村中的旅游收入，并针对村里旅游发展的问题不定期召开会议，做到一事一议。

三、北京：从"民俗户"到"新业态"

2005年北京乡村旅游接待人数达到1228万人次，总收入达10.98亿元，同比分别增长37%和45%。各区县乡村民俗旅游的收入占全区旅游收入的比重逐年上升，尤其是怀柔区，2005年达到40.70%，可以说已成为地方旅游经济的重要支柱。到2006年底，北京市区县的321个村开展乡村旅游接待工作，其中市级民俗旅游村110个，市级民俗旅游户7119户。从事乡村民俗旅游接待服务的人员约5.5万人。

1. 京郊"民俗游"演变历程

20世纪80年代后期在昌平县十三陵旅游区首次出现了观光桃园。之后，京郊民俗旅游经历了以下三个阶段。

（1）农家乐时期（1994年以前）：20世纪90年代初，郊区农村观光、学生体验农村生活和农家乐等活动，成为当时北京郊区农村旅游的主要形式。旅游者多以单位组织为主。农村旅游活动以配合政治思想教育活动的开展而发展起来，注重的是社会效益。

（2）民俗旅游接待专业户时期（1995年至2000年）：1995年北京世妇会之际，大量宾馆饭店和旅游区（点）在郊区崛起，此后，以韩村河、留民营、爨底下、大营等为代表的，以民俗为主题的郊区旅游项目的开发建设，打破了延续多年的以八达岭、十三陵等景区观光项目为主的郊区旅游市场格局。郊区民俗旅游户、民俗旅游村，以吃农家饭、品尝特色美食、住农家院、鉴赏古建民居、体验传统生活习俗、采摘果品菜蔬、垂钓、射猎、购买土特产等丰富的民俗旅游活动为特点，吸引了越来越多的旅游者。

（3）规模经营阶段（2001年至2004年）：黄金周长线旅游过热产生消极后果后，郊区民俗旅游作为一种理性旅游消费的最佳选择，也是新颖的休闲度假方式。"休闲潮"推动了民俗村的规模经营。

2. 京郊民俗游产品特色

北京市的民俗旅游产品形成了许多特色（顾晓园，2004）。

（1）10个以地域文化、建筑文化、民族文化、养生文化、休闲文化、果品文化、餐饮文化等为特色的民俗旅游村。

（2）6种特色的民俗体验活动，即延庆县东小河屯村开展"乡下有我一分田"活动，大兴北臧村镇巴园子村满族婚丧嫁娶习俗活动，怀柔喇叭沟门满族乡的"京郊满族"风情园，房山西庄村的"巧姑靓嫂"基地，虹鳟鱼养殖"一条沟"，以琉璃庙沿线为主的鲟鱼养殖"一条川"。

（3）10个不同季节的果品采摘品种，即海淀区车尔营的白杏、昌平区的樱桃、平谷区的蟠桃、大兴区的西瓜、门头沟的京白梨、怀柔的板栗、顺义区的枣、密云的核桃、延庆县的苹果、房山的柿子。

（4）12种特色民俗餐饮、纪念品，即平谷区雕窝村的烤全羊、海子村的炖鱼头、熊儿寨的侉家菜、黄草洼村的野菠菜；延庆县柳沟村的"火盆锅"、小河屯村的妫川传统婚宴"八八席"、传统米酒；怀柔的虹鳟鱼烧烤；昌平区羊台子村的手工编织；延庆县珍珠泉村的鞋垫、岔道城村的印染、辛栅子村的烫花葫芦等。

3. 京郊"民俗游"发展模式

北京民俗游共有三种发展模式：以遥桥峪为代表的"自发型"模式、以雕窝为代表的"领头雁"模式、以曹家路为代表的"好书记"模式，见表3-5。经营方式有以十渡为代表的"合作社"形式以及以遥桥峪为代表的"个体户"形式（邹统钎，2005）。

表3-5 北京市民俗游发展模式

项目＼模式	"自发型"模式	"领头雁"模式	"好书记"模式
起步时间	早（20世纪90年代初）	较晚（20世纪90年代中）	更晚（20世纪90年代末）
起步的动力	附近景区开发的需求拉动	"领头雁"对信息的敏感性和投资的眼光	基层党政领导带动村民致富的愿望
起步时的参与者	村民自发地、被动地为景区服务	在城里打过工的个别村民主动地为景区服务，群众模仿	当地政府主动开发景区吸引客源
起步时政府的态度	反对	默许	支持

为实现乡村旅游从传统民俗户向现代特色化、从初级休闲向高级休闲、从同质化向差异化、从单体经营向集群布局的转变，推动北京市乡村旅游的升级换代，北京市旅游发展委员会在市场调研的基础上，结合区县乡村旅游的发展实践，总结推出了八种全新乡村旅游业态，分别是：乡村旅游酒店、国际驿站、采摘篱园、生态渔村、休闲农庄、山水人家、养生山吧、民俗风苑。这八种乡村旅游新业态产品的推出是旅游委在乡村旅游业蓬勃发展的基础上，为打造第二代乡村旅游而提出的崭新概念，在国内乡村旅游领域中尚属首创，这必将改变京郊乡村旅游产品单一、特色不突出的现状，对于构建乡村旅游的全新品牌，提升乡村旅游产业的规模和质量，促进乡村旅游产业的升级换代具有重要意义。

为规范上述新业态的发展，由北京市旅游发展委员会牵头制定了《乡村旅游特色业态标准及评定》系列标准，该系列标准是立足于北京市乡村旅游的实际管理和服务水平而设置的科学、合理的管理和技术要求，为"一区一色、一沟一品"乡村旅游发展目标奠定了理论基础和推进依据，也极大地便利了乡村旅游的后期管理。

4. 新业态旅游内涵

北京乡村旅游新业态，通过开展不同类型的乡村旅游经营形成具有一定规模的特定产业形式，它具有类型独特性和空间分布集群性的特点。八类乡村旅游新业态的含义及其案例（宋增文，2013）见表3-6。

表3-6　乡村旅游新业态内涵及案例

新业态	内涵	案例
国际驿站（International homestead）	以家庭（户）为基本旅游接待单位，主要为境外游客提供可亲身参与体验当地或异国的日常生产、生活和休闲娱乐活动的独立经营主体	怀柔慕田峪村、顺义白各庄意大利农庄、昌平区德陵村等
采摘篱园（Picking gardens）	以特色蔬菜、果品或其他特色农作物为特色吸引物，提供观赏、采摘、休闲、学习和科普等综合活动的种植园区或科研生产基地	朝阳朝来农艺园、顺义沿河特菜基地、大兴采育葡萄基地、延庆里炮村等
乡村酒店（Rural hotel）	依托乡村自然人文风景、民俗风情，为国内外游客提供乡村住宿、餐饮、娱乐度假等功能的独立旅游住宿经营主体	昌平金利牡丹园、昌平鲜果乐园、密云花溪小寨等

续表

新业态	内涵	案例
养生山吧（Wellness mountain bar）	依托山地资源，以绿色健康、健身养生为经营理念，从事颐养身心、健康休闲、舒适度假的经营主体	房山中英水村、怀柔红螺寺村、密云花园村等
休闲农庄（Leisure farm）	以农业生产和乡村生活为依托，以农耕文化为核心，利用田园景观为游客提供乡村生产生活休闲体验以及住宿、餐饮等综合服务设施的经营主体	通州禾阳休闲农庄、通州天地和庄园、延庆怡情园休闲农庄等
生态渔家（Eco fishing village）	依托乡村良好的自然生态、村容风貌和渔业特色产业，以"鱼、渔"和水体景观为主题旅游吸引物，可提供特色餐饮、观光游览、休闲娱乐等服务的独立经营主体	延庆柳沟村、怀柔杨树下村等
山水人家（Natural village household）	具有一定规模，以自然山水景观为资源实质，以游山玩水、感受农家生活为代表活动，能够为游客提供集观光、娱乐、住宿、餐饮、购物等多功能于一体的山水环境度假场所的经营主体	密云石塘路村、昌平香堂村、延庆秀水湾等
民族风苑（Minority cultural village）	以民族建筑、服饰、风俗、生活形态和宗教信仰与生产方式等为依托，集中展示民族文化、民族风情，以提供民族文化与风情体验为特色的综合接待场所	怀柔七道梁正白旗村、项栅子正蓝旗村和老西沟镶红旗村等

5. 新业态发展模式

（1）主动满足游客新需求，注重细化分工

乡村旅游新业态就是要不断研究游客新需求（如高碑店的国际驿站），根据游客需求开发出市场上初露端倪且具有较大潜力的旅游业态。不断开辟乡村旅游产品细分市场，促进专业化分工，强化乡村旅游住宿、乡村旅游餐饮、乡村旅游景区景点等分行业内部的分工。鼓励乡村旅游追求专业化、特色化和差异化发展。

（2）加强与相关产业的融合，推动乡村旅游产业升级

积极鼓励与扶持乡村旅游产业与文化产业（如民俗风苑）、养生保健业（如养生山吧）、现代科技农业等方面的产业融合与资源整合。另外，在乡村旅游产业功能上，要进一步深化乡村旅游的服务功能；在产业特征上，积极促进

乡村旅游产业向高级形态过度，加快产业内部分化和产业外部融合（如生态渔家）；在产业结构上，要由单一结构向多元化复合结构转化，优化合理其组织结构，积极培育和开发不同形式的乡村旅游型业态。

四、浙江：从"茶家乐"到"洋家乐"

众所周知，西湖龙井茶位列中国十大名茶之首，而西湖乡的梅家坞、云栖、翁家山、灵隐等便是其主要产地。唐代陆羽《茶经》中就记载有天竺、灵隐两寺产茶，而一句"山饮西湖，雾生龙井"，就非常形象地概括出了龙井茶的生长环境和自然条件，也正应了好山好水出好茶的俗语。而杭州作为一个著名的旅游城市，不仅有着许多著名的旅游景点，而且还凭借着丰富的茶资源，使以茶文化为主题的农家乐，即"茶家乐"旅游搞得风风火火。

位于西湖乡的梅家坞便是成功打造"茶家乐"旅游，即"一只土鸡+一杯茶"模式的典型代表，不仅实现了保护生态环境，完善梅家坞农家乐旅游模式，更是促进了当地农民收入，实现了可持续发展。

1. 梅家坞"茶家乐"发展历程

梅家坞"茶家乐"经历了四个发展阶段。

（1）封闭式自助发展阶段：梅灵隧道开通之前的梅家坞是一个以产茶为生的小村落，少有人光顾，环境清幽，民风淳朴，与外界接触少，旅游业发展缓慢。

（2）开放式自主发展阶段：自2000年起，随着梅灵隧道的修成，梅家坞的旅游业也兴旺起来，这也使得茶家乐这种旅游方式得以兴起。于是越来越多主营吃、喝、玩、乐的茶家乐馆、农庄开始出现。梅家坞的旅游业也开始兴旺起来。茶家乐这种旅游方式也渐渐开始被人们认同。

（3）政府主导发展阶段：在2002年的时候，梅家坞被纳入政府管理的体系当中，总共规划面积达207公顷。拆除违章建筑4000余平方米，对历史建筑进行保护、修建。这一系列的措施呈现出现在的"十里梅坞"的现状，使梅家坞焕然一新，成为杭州旅游业里的一个新亮点。

（4）自主管理发展阶段：从环境整治至今，梅家坞有接近200座茶楼，生意蒸蒸日上，游客量一年比一年多，旅游业呈现欣欣向荣的景象，茶家乐被越来越多的农户和游客追捧。

梅家坞茶家乐旅游在快速发展的同时，也呈现出诸如服务项目单一，缺乏个性化色彩，村内秩序混乱以及环境容量下降等不少亟待解决的问题。如红火火的"茶家乐"旅游亟待转型升级。因此,别有一番雅致的"洋家乐"便应运而生。

2. 升级版"洋家乐"的产生与发展

2007年,在上海工作的南非小伙子高天成租下村子里的老泥坯房,在保持泥房子外观的前提下,把内部装修成现代风格,自己度假外加招待朋友,结果颇受好评。而后他又租下几幢房子,开起了名叫三九坞的农家乐。但这种"原生态养生,国际化休闲"的度假方式,因度假的载体由外国人首创,于是便被冠以一个新名词——"洋家乐"。

异国风情洋家乐,"中方+西方"式,就是以优势资源为吸引,鼓励旅游发展公司、国际友人、文化创意人士投资乡村旅游,融合当地民俗与西方文化、传统理念与现代文明,开发新兴旅游产品,促进乡村旅游发展的品牌化、国际化,更好地体现了乡村旅游的多元文化融合和生态环保理念。

随着洋家乐旅游产品吸引着越来越多的游客,当地政府也加入到产品合作开发中来。为了服务与规范洋家乐,德清县政府专门成立了德清县西部涉外休闲度假项目服务小组。有了政府搭台,外国老板大力经营,洋家乐在德清越来越热闹。截至目前,德清县已经有35家洋家乐,"洋老板"分别来自南非、法国、韩国等十来个国家,让这一旅游形式在当地形成集聚效应。洋家乐的兴起,也带动了德清县旅游的发展。据统计,2012年德清接待国内游客828.1万人次,比上年增长17.1%;接待入境游客6.7万人次,比上年增长33.0%。2013年德清县旅游更是取得了飞速猛进的发展,如表3-7所示。

表3-7 德清县2013年主要经济指标

2013年主要经济指标	生产总值	人均生产总值	固定资产投资	进出口总额	旅游总收入	国内外游客数	合同利用外资	旅游外汇收入	财政总收入	地方财政收入
统计值	334.3亿元	77010元	198亿元	22亿美元	82.2亿元	1005.6万人	4.7亿美元	3777.5万美元	55.7亿元	31亿元

3. 洋家乐业态特征

(1) 产品风格:注重设计

洋家乐旅游产品的风格,大到房屋建筑,小到室内装饰都很注重产品的设计感,整体营造了一种别致舒服、休闲自在的氛围。另外,洋家乐依托质朴的田园生活、浓郁的民俗风情和丰富的乡土文化,注入体验要素,深入开发以民风民俗为核心的深层次体验活动，突出乡村旅游独特的产品理念，提升旅游产品文化品位，提高文化含量。最终形成了集运动、娱乐、休闲、体验为一体的时尚性产品，实现了从观光型产品向体验型产品转变。

（2）经营理念：倡导"裸心"

洋家乐是彻底的生态体验旅游，它让经营者勾勒出"裸心"的发展理念。所谓裸心，就是倡导放下一切，把自己交给自然，过一种简单的生活。爬山、散步、骑车、钓鱼，或者闭上眼睛，静听四周的鸟鸣声、竹海的摇曳声，在一个可以完全放松的天然环境体验人与自然完美融合的生活。如三九坞是裸装修，建材统统就地取材：旧碗柜被设计成时尚书柜，碎石被堆砌成原生态火炉，旧马槽被改造成双人洗手盆等。房间不装空调，夏天吹电扇，冬天烤火炉，烧的是废木料压制的柴火，还有蓄水池接雨水、垃圾分类，不提供换洗毛巾等措施，都刻上了鲜明的环保标识。

（3）客源市场：定位中高端

从洋家乐旅游市场定位来看，主要是以放松休闲为目的的外国游客和中国高端白领，属于高端消费群体。以"裸心谷"为例，最便宜夯土小屋周一至周四每晚1500元，周末及节假日则为1900元，顶级的树顶别墅最高甚至可达11200元。这样的价格完全可以比拟城市五星级酒店的入住价格。即便是如此高的消费价格，裸心谷的客房还常常供不应求，其常年入住率达80%。从另一个侧面来看，我国乡村旅游的高端消费群体潜力巨大。

（4）营销方式：网络营销。洋家乐通过网络宣传、预订和口口相传等方式，辅助微博、微信等新媒体，展开高端市场的营销。"裸心谷"设立门户网站，德清旅游官方微博拥有近万粉丝。政府也重视对洋家乐的宣传，编制了《心·自然之旅》宣传册；建立主题网站；积极组织莫干山国际生态旅游节、捷安特单车嘉年华等系列活动。

4. 洋家乐推动乡村旅游转型升级

（1）转变发展方式

以裸心谷、法国山居为代表的洋家乐，打造出了"高端、精品、国际化"的乡村休闲度假区旅游品牌，打开了中国旅游的中高端市场，并通过老房子改造，创新性的旧物改造与利用，为国内外的游客提供了高品质的旅游产品。另外，通过骑马、垂钓、散步、瑜伽等悠闲活动与裸装修的建筑风格，洋家乐倡导了一种绿色低碳、低心的发展理念，洋家乐开展了一系列深入体验活动如高尔夫、路虎体验中心、义远有机农场、瓷之源体验馆等，促使乡村旅游产品由观光型向深入体验型旅游产品转变。

(2) 带动旅游投资

随着德清县洋家乐的发展日益兴盛,同时也产生了极大的集聚效应,吸引了更多国内外投资商前来投资。截至2013年,目前区块内正在实施的纯旅游项目有十多个,总投资达45亿元。由图3-2可知,投资的相关领域主要是户外运动、休闲农业、健康养生、宗教活动、生态度假与文化创意。

图3-2 德清县旅游投资相关领域

(3) 增加农民收入

洋家乐吸引大量游客的入住与消费的同时,也吸纳着当地村民从事经营活动,为当地村民提供了更多的就业机会。据了解,裸心谷经常会聘请当地人做度假村的管家,也会请村里的一些妇女来做保洁、厨师等工作。数据显示,仅裸心谷就吸纳了100多名当地村民就业,村民人均年收入3万多元。可以说,洋家乐的发展让当地村民创收财富的手段得到进一步升级,让经营者和当地村民,实现了真正的"双赢"。附近的农家乐利用洋家乐带来的客户资源优势,将部分废弃的农舍改造成旅社,供莫干山的游客居住或是长期出租。

(4) 改善农村面貌

洋家乐在德清县的兴起与发展,在建设的过程中不仅整体上改变了德清县的乡村面貌,使其面貌焕然一新,如三九坞村、南路村整洁的村庄道路,洋家乐景观标识,村边的生态停车场等,而且在外国人与本地村民的交往的过程中,可以相互学习。另外,由于洋家乐的发展,吸引了更多当地外出打工年轻人的回流,在当地工作,把收入留在了农村,为农村留住了人才,对农村发展也是非常有利的。

第四节 乡村旅游目的地未来发展方向

一、经营业态：创意农园与大庄园

代表着乡村旅游目的地未来发展方向的典型业态是创意农园与大庄园。创意农园与大庄园是在乡村旅游"新业态"的基础上发展起来的，进一步满足消费能力日益提高的旅游者对高品位、高质量、个性化的乡村旅游产品的需要，是一种能够整合经营与统一规划，经营管理水平高，具备完善的约束机制，拥有充足的经营资金的高端乡村旅游业态。

（一）创意农园

1. 创意农园的概念与特征

创意农园源于20世纪90年代后期，是文化创意产业与农业产业融合的产物。创意农园的概念源自欧洲，其含义是指对农业经营的过程、工具、方法、形式、产品和经营场所引入新的创意和新的设计，从而使农产品增值，使农业经营场所具有观赏性、游憩性、体验性和参与性，同时，也可以增加新的就业机会。创意农园是第一产业（种植业）、第二产业（简单的农产品加工业和手工业）和第三产业（休闲旅游业）的融合，既具有农业产业的属性，又具有文化创意产业的属性。与传统农业产业以农产品生产为价值导向不同，创意农园主要是以满足顾客的心理需求（乡土情怀、怀旧情结、体验休憩、好奇心理等）为导向的，是通过满足消费者的心理需求、情感需求、休憩需求，来实现产业价值提升的。创意农园是文化创意产业与农业经营相融合的新业态，其发展既要展示有关农产品的创造力，也需要通过想象力的拓展来营造乡村环境的艺术感染力。

创意农园首先是农业产业，并同时兼具文化创意产业的属性。总之，创意农园至少具有以下四大特征。

（1）以农业生产和乡村生活为主要创意对象

创意农园以农业的产前（农耕环境、乡村资源）、产中（农业经营的过程）、产后（农产品以及初加工品销售）全过程，乡村生活的全过程为主要创意对象，是乡村文化传播、农耕传统、农业科学技术与现代农业产业相结合的新型运作方式,并且创意农园设计在创意农园发展中起着引领作用。

(2) 创意农园设计需要探究乡土文化创意

只有富含乡土文化创意,创意农园设计才会有活力;只有集乡土文化的养分与市民对于乡村的好奇心和探究心理为一体,创意农园才会既具有文化底蕴,又对市民有足够的吸引力。满足市民消费心理的新设想、新规划、新设计是创意农园发展的实在推动力。

(3) 创意农园文化附加值高

创意农园的核心在于文化挖掘与文化创新。创意农园的重点在于农业与"文化"的结合。挖掘农业生产中农耕文化的基因,将农产品与其中蕴藏的乡土文化基因结合起来,便是发展创意农园的经营思路。将农产品和农业生产过程赋予更加丰富的文化内涵,就会给消费者以超越物质满足的精神满足感,这将会提高创意农园的文化附加值。

(4) 创意农园是农业与第三产业的高度融合

创意农园是农业与第三产业的高度融合,创意农产品直接面对消费者,它能同时满足消费者的物质需求、心理需求和文化需求。创意农产品已经超出了农产品作为满足基本生存需求物质产品的特性,具有一种满足心理需求、精神需求和文化需求的特性。

2. 创意农园发展的主要手段

(1) 以观光农业园为抓手。农业过程利用和农业环境利用这两种发展思路,都与当地的旅游农业关系十分密切。

(2) 构建产业链。创意农园新产品的设计与开发的核心是要构筑创意产品的产业链,并尽量拓展延伸。

(3) 办好节庆活动。农业节庆活动是发展创意农园的载体,政府要积极引导扶持。

(4) 培育创意农园人才队伍。高层次、高素质的创意农园人才是创意农园的生存之本、壮大之源。

3. 创意农园的种类

创意农园强调的是创意化、个性化与品质化,是用脑用心的农业。创意农园的种类千姿百态,比如:艺术农业、行为农业、装饰农业、创意葫芦、果艺冰雕、手绘时尚南瓜、果艺花道、奢华创意礼篮、创意果蔬、创意休闲等。

表 3-8　创意农园与传统农业的比较

农业种类	农户类别	农业性质定位	生产经营模式与价值趋向
用手的农业	劳农	劳力的农业、生存的农业、传承知识的农业、固守的农业	传统、低产、低质、低效、低附加值农业
用脑的农业	智农	智力的农业、创利的农业、创造知识的农业、战术的农业	高新、高产、优质、高效、高附加值农业
用心的农业	知农	心力的农业、发展的农业、经营知识的农业、战略的农业	区域增产、增效强势农业

4. 案例分析

创意农园——南瓜主题观光园

北京观光南瓜园地处通州区于家务回族乡，这座 2008 年 7 月开园的农业生态观光南瓜园是全国首家以单一蔬菜"南瓜"命名的集南瓜主题观光、餐饮娱乐休闲、科普文化于一体的综合性生态观光园。在 12000 平方米的南瓜园展示大棚内，农户种植了 1000 多个瓜果品种，还设置了丝瓜园、西瓜园、苦瓜园、番茄园等"园中园"，让人仿佛走进了一个瓜菜的艺术世界。

（1）观光农业产业链

在"农"字上下功夫，在"特"字上做文章，深度挖掘南瓜主题文化，延长产业链，于家务乡通过四方面的巧妙组合，漂亮地打出了这张"南瓜牌"。

①观赏。把农业生产与园林艺术有机地融合在了一起，一种南瓜观赏文化正在悄然升起。

②饮食。在北京观光南瓜园内建南瓜主题餐厅，让游客在游览、休闲、采摘的同时，还可以品尝到园中开发的具有食疗、保健等功能的 60 余种成席南瓜宴。科普教育与美食相融合的南瓜饮食文化孕育而生。

③文化。依托首都区位优势，通过举办万圣节聚会、南瓜雕刻大赛等活动，培育传统与外来文化相融合的南瓜旅游文化。

④产业。于家务乡采取"公司+农户"的方式成立东升富民南瓜专业合作社，为农户提供育苗和技术培训服务，同时发展订单生产基地。这不仅合理延伸了南瓜产业链条，而且提升了本地区农业产业的整体竞争力。

在北京观光南瓜园区里，以每天 8 斤的速度"增肥"的 300 多斤的巨型"胖"南瓜，以及迷你型的超级小南瓜都吸引了众多游客驻足欣赏、拍照留念，把五颜六色的南瓜装满一个篮子，可以卖到 300 多块钱。因为在南瓜上打上了图案,一个大南瓜也曾经拍卖到 2000 元。

（2）南瓜主题公园的特色性与唯一性

①南瓜等葫芦科瓜类蔬菜植株与果实都极具观赏价值,并可以做各种造型以及描绘雕刻等,果实保存期长,产品的延伸性长,有利于提高产品的附加值。如玩具南瓜、藤蔓种植、巨型南瓜、金碟瓜,等等。

②通过艺术造型、描绘与雕刻等手段,生产可供观赏的南瓜等瓜类蔬菜的艺术产品。如在南瓜上刺字、卡通彩绘、画京剧脸谱等。

③南瓜等葫芦科瓜类蔬菜自古以来就被作为很好的药食同源植物而被世界各地长期广泛的栽培和食用。如以南瓜为原材料加工成南瓜饼、南瓜粥、南瓜果、金瓜燕窝、南瓜蛋糕、南瓜派、南瓜布丁,等等。

（资料来源：北京市农村工作委员会提供）

（二）大庄园

1. 庄园的概念

庄园是都市郊区休闲旅游发展到一定程度,依托乡村性（Rurality）和地格（Placeality）而形成的一种都市休闲旅游产品形式（邹统钎和齐昕,2011）。庄园功能全面,包括"食、住、行、游、购、娱"旅游六大要素的诉求,融观光、科普教育、体验、休闲、养生保健和度假于一体,集观光性和体验性于一身,覆盖面广,提供多种多样的服务。它可以是农业生产场所,又可以是农产品消费场所和休闲度假旅游场所。

2. 庄园的类型

庄园包括传统贵族庄园、休闲农场、葡萄酒庄和依托庄园和乡村而建立的高档度假酒店等（见图 3-3）。

图 3-3 庄园模型

（1）北美牧场——休闲体验类

以美国为例,牧场分为两大类：一是西部牛仔体验类；另一个是休闲类。

第一，体验类牧场。一些著名的农场主开放牧场迎接游客，提供体验西部牛仔和接受牧场教育的项目。比如杰巴牧场开设"牛仔学校"向学员讲授各种放牧知识和操作方法。游客住在小木屋旅舍，可以参加围捕牛群和迁移牛群，或者做乡间徒步旅行、钓鱼，或者骑马旅行等活动，体验真正的西部牛仔生活。第二，休闲类牧场。休闲类牧场提供各种休闲项目，供游客度假休闲使用。比如 A Bar A 牧场提供骑马、高尔夫、网球等项目，而玛雅度假牧场除了骑马的项目，还有钓鱼、游泳、漂流等。

（2）休闲农庄——体验休闲类

亚洲的庄园以发展休闲农业为主，各个国家和地区的发展情况相似。比如日本、韩国等国以及中国台湾地区的休闲农庄是都市居民休闲度假的首先之地。它依托农业，为游客提供务农体验、乡村风情体验、绿色农产品购买等服务。

（3）葡萄酒庄——体验观赏类

世界上著名的葡萄酒产区在传统以葡萄酒生产为主的经营方式的基础上，均纷纷建立葡萄酒庄，开门迎客。这类大庄园形式，以工农业生产为主，以旅游观光为辅。世界上已初步形成葡萄酒之旅的旅游线路。如，法国的波尔多、西班牙的奥瓦帕乐酒庄、意大利的托斯卡纳、南非的好望角酒庄、美国加利福尼亚州的葡萄园区，等等。

法国的酒庄是"葡萄酒＋体验"的模式。在法国有许多著名葡萄酒产区，这些酒庄提供民宿。在这里可以品酒、买酒，参观酿酒的全过程，亲自采摘葡萄，酿造葡萄酒。目前全法有 1.6 万户农庄建立了乡村旅馆，每年接待数百万世界各地游客。有的著名酒庄以其高品质的葡萄酒闻名，凭借其著名的葡萄酒便能引来世界各地慕名而来的游客们。

（4）贵族庄园——文化游览类

欧洲的庄园多为传统上的领主庄园，其拥有者多为皇室成员及贵族。现在庄园多变为博物馆和纪念馆，比较有代表性的是英国庄园和俄罗斯庄园。英国庄园多为乡村庄园，以参观为主。如位于伦敦郊外，现用来纪念第二次世界大战的布雷契莱庄园；现用来纪念戴安娜王妃的奥尔索普庄园以及英国最大的私人庄园——丘吉尔庄园。俄罗斯的庄园有着悠久的发展历史，庄园文化已经成为俄罗斯文化的重要组成部分。由于俄罗斯庄园特别注重与自然景观的和谐融合，随着庄园文化的逐渐消失，现如今，大多数庄园已被改造成度假休闲时的别墅、度假胜地，等等。

(5) 高档酒店——休闲类

随着时代的变迁，不少贵族的庄园被经营者买断，经过设计、改造成为高档酒店。这类酒店凭借优美的环境、高档的服务用于开展以度假为主题的休闲旅游。如新西兰的胡卡度假庄园，因其建立在原始森林中，融合了自然环境和奢华于一身，且服务品质、陈设、住宿、美食都堪称世界一流，成为上流社会社交的理想场所。

3. 大庄园特征

（1）依托大都市发展，庄园距离大都市保持在 1~2 小时左右车程。

（2）游憩地规模大，综合服务功能强。"大农场"建立在大都市旅游圈的远郊旅游带，环境优良，乡村气息浓厚，是都市居民逃离巨大压力的都市生活，寻求休闲度假的理想场所。其占地面积广阔，服务项目丰富。

（3）体现当地的文化气息。美国牧场体现"西部牛仔"的文化，欧洲庄园体现贵族生活文化，亚洲庄园体现农耕文化。

（4）开展农业教育，建立农业讲解系统。

表 3-9 各种庄园的比较

地区	国家或地区	名称	占地面积	服务项目
北美	美国	杰巴牧场	20 万公顷	牛仔学校 围捕牛群、羊群 乡间徒步旅行、钓鱼，或者骑马旅行
欧洲	英国	丘吉尔庄园	850 公顷	乡间漫步 参观布莱尼姆宫
欧洲	奥地利	沃根庄园	550 公顷	品酒 葡萄酒庄参观、体验
亚洲	日本	小岩井农场	3000 公顷	农具展览馆 农业生产体验 农业生产表演
亚洲	中国台湾地区	飞牛牧场	120 公顷	游憩（露营、烧烤、会议等） 农业生产（乳制品、牧草、有机蔬菜） 蝴蝶观赏、动物喂养

4. 案例分析

茶溪谷

茶溪谷是深圳东部华侨城的一个度假公园，位于深圳市盐田区大水坑公路，占地近9平方公里，是华侨城集团精心打造的国家生态旅游示范区和世界级度假旅游目的地。茶溪谷度假公园以茶文化为主题，呈现了一个绿的世界、花的世界、中西文化交融的世界和休闲度假的世界，体现休闲度假旅游文化，融合了西方山地小镇的风情、茶禅文化的融合、岭南茶田的幽雅和湿地花海的浪漫。它主要包括：茵特拉根小镇、湿地花园、三洲茶园、茶翁古镇以及水上高尔夫练习场、屋顶可开合式网球馆、东部华侨城大剧院等（如表3-10所示）。

表3-10　茶溪谷四大主题功能简介

主题	功能简介
茶翁古镇	茶文化的鉴赏区和中心服务区，也是环境幽雅的游客休憩区。游客可以品茶餐、尝茶点、吃土菜、观茶戏、饮茶酒，深入了解茶禅文化；还可以在茶艺坊、茶酒坊、陶艺坊亲身体验采茶、制茶、做陶的乐趣
三洲田茶园	三洲田茶园是游客洗礼身心、寻幽探奇、亲近自然的绝佳去处。连绵起伏的数百亩优良茶田，是了解茶知识的绿色学院。绵延10公里的栈道全部采用芬兰原木铺设，置身其间，游客可以彻底实现身心减压
湿地花园	湿地花园是一个以花海景观为载体以大地艺术展示为特色，集观光、科普教育、户外游乐和特色运动于一体的湿地山野体验区。它包括四季花田、升空气球、深圳山地自行车项目、游乐天地、旋转花车、四季植物馆、布兰花园、湿地廊桥、信息湿地、花钟教堂十大项目
茵特拉根小镇	茵特拉根小镇是以瑞士小镇Interlaken为模版拟建的；游客闲逛于小镇，仿佛已置身一瑞士山下，小镇的每一个角落都突显着浓浓的瑞士风情，无处不散发浪漫气氛

资料来源：笔者根据网上资料整理所得。

二、经营理念

（一）本地化的经营理念

乡村旅游第三代的经营理念中，极其重视本地化与地产地销的概念。它主要体现在建筑风格的地方化与餐饮的地产地销两方面。

1. 建筑风格地方化

(1) 建筑风格特色化:本地化风格、中西合璧的风格、独具匠心的创意风格。

(2) 建筑材料:积极提倡农耕时代的木、砖、石、瓦、竹、土;忌讳工业时代的水泥、钢筋、塑料、三合板。

(3) 建筑颜色:喜红色、蓝色、棕色、黑色、灰色、白色;忌绿色、粉色、橙色、黄色、紫色。

中国疆域辽阔,不同的地理条件、气候条件以及不同的生活方式,再加上经济、文化各方面的影响,造成各地居住房屋样式以及风格的不同。按区域划分,中国有特色的传统民居建筑包括江南民居、西北民居、北京民居、华南民居等。

表3-11 地方特色建筑一览表

	建筑风格	建筑材料	建筑颜色	典型代表
江南民居	多临河而建,相对紧凑的封闭式院落,以木梁承重,以砖、石、土砌护墙	大块石或石料、木材、砖、土	白色、粉色、黛色	周庄古镇
徽州民居	重风水,最突出特点是马头墙与青瓦,宅院大多依地而建,分三合院、四合院	砖、石、木、青瓦	青色、白色	江西婺源民居
西北民居	利用黄土高原的黄土层建造窑洞,按其外形可分为靠崖式、独立式、下沉式窑洞	黄土层、木材	黄土色	陕西民窑
北京民居	中国四合院的典型代表,严格按照中轴线布局	砖、土、木材	红色、青色、灰色	北京四合院
客家民居	客家最具代表性的民居建筑为土楼,且多为方形土楼	砖、石、土、木材	灰色、黑色	永定土楼
民族风情竹楼	两层或以上的竹结构楼房,傣族竹楼独具代表性	竹子	绿色、红色	傣家竹楼

2. 餐饮本地化

餐饮本地化强调地产地销的概念。地产地销鼓励消费者尽可能消费当地或邻近产地的农产品,既有利于保持食品的新鲜度,又能节约运输费用,减少能源消耗。对于保持地方农业文化传承,活跃地方农业经济的贡献同样也不可忽视。地产地销经营理念的重点在于发展本地特色,强调农产品乃至食品的安全度和新鲜度,也是给本地居民和本地售卖农产品的企业提供相互信任、相互优惠的机会。不仅对于促进地方经济发展和社会和谐大有裨益,而且地方特色一旦建立,本地居民对家乡的自豪感和归属感也会提升。另外,餐饮本地化不仅能成为地方旅游的特色,而且还能构成吸引游客前来旅游的重要旅游资源。如表 3-12 中的地方特色餐饮吸引全国各地的游客慕名前去。

表 3-12 地方特色餐饮一览表

地区	本地特色化餐饮
北京延庆柳沟村	自磨豆腐制豆腐宴、自酿柳下醉
河南洛阳	洛阳水席、不翻汤、浆面条和汤面等
吉林延边红旗村	朝鲜冷面、狗肉、米肠、辣白菜、打年糕等
贵州黔东南苗寨	各家制作家常菜,共享长桌宴
广西桂林阳朔	阳朔啤酒鱼、阳朔螺蛳酿、炒田螺等
江苏扬州	笋肉锅贴、扬州饼、蟹壳黄、四喜汤团、生肉藕夹等
甘肃兰州	牛奶鸡蛋醪糟、凉皮子、兰州牛肉拉面、甜胚子等

(二) DIY 理念

旅游产品设计随着时代追求的变化而变化,DIY 设计理念给予人个性化需求最大限度的满足,因为它是消费者根据自身的不同需求设计创造的,在创造过程中消费者依靠自己的智慧获得乐趣,其内心需求得到满足。设计者创作的旅游产品都带有设计者自身的感性因素,这些感性因素可能会与消费者的某些想法符合,但它们不能完全体现或表达消费者自身的全部需求,DIY 项目为旅游者开辟了自我价值实现的窗口,也为旅游业带来了新的商机。

1. DIY 理念的内涵与意义

DIY 是英文 Do It Yourself 的缩写,又译为"自己动手做"。DIY 原本是个名词短语,往往被当作形容词使用,意指"自助的",是自己制作或设计的意思。近年来,DIY 的另外一个解释为 Design It Yourself,译为"自己设计"。

2. DIY 的特点

(1) 设计流程的简化。首先,消费者和设计师是同一个人,减少了设计过程双方交流的时间和精力;其次,DIY 设计的产品并非要进入市场,主要是自娱自乐和观念艺术的延伸。这就不需要进行市场调查,也不需要收集使用者的反馈意见,更不需要广告或促销,大大简化了设计流程。

(2) 体现环保时尚的消费观。DIY 设计师在有缺陷或不完善的半成品基础上进行设计完善。DIY 理念最重要的一条就是在原来的基础上再加以设计，对废旧物品再利用体现了环保时尚的理念。

3. DIY 理念对乡村旅游的贡献

（1）丰富乡村旅游的项目

目前，乡村旅游产品的同质化、单一性问题普遍存在，导致降价、拉客等低端竞争现象不断。随着 DIY 理念与乡村旅游的融合，种类繁多的 DIY 项目一一展开，极大地丰富了乡村旅游项目。

（2）提升乡村旅游层次

针对客源市场的需求状况，制成吸引力强的 DIY 项目旅游产品，带动了乡村旅游向适度规模化、产业化的方向发展，提升了乡村旅游的文化层次。

（3）拓宽乡村旅游功能

个性化的旅游产品越来越成为人们展现自我价值观的一种元素。DIY 设计让人们完善了自我，补上了生活中不可缺少的一课。DIY 设计概念中重要的一条即是在原来设计的基础上加以再设计的观念，同时对废旧物品的再利用也响应了节约、环保等先进的理念。

（4）增加乡村旅游收入

DIY 项目为旅游者开辟了自我价值实现的窗口，也为旅游业提供了新的商机。相对于传统的乡村旅游项目，DIY 项目因其参与程度高所产生的费用远远大于传统项目。农户利用相对有限的旅游资源发展 DIY 旅游项目，使乡村旅游收入得到了显著提高。

4. 案例分析

我国台湾岛内的金勇 DIY 休闲农场

金勇 DIY 休闲农场是由获得岛内的十大杰出农民神农奖及十大杰出经理人奖的彭金勇夫妇所经营的，朝向精致化及观光休闲农业发展，每年引进十几种新的品种，在农场内从事研究开发。农场内已有几十种番茄，称之为番茄大观园实至名归。

关西镇三线公里处的金勇 DIY 休闲农场有采果、花丼区、农特产展售并提供餐饮、教学、免费的导游和讲解等，如表 3-13 所示。

表 3-13　金勇 DIY 休闲农场的服务项目

分区	服务项目
采果区	番茄、草莓、甜椒等
花卉展售区	花卉盆栽、果苗等
DIY 教学区	竹签画、番茄宝宝彩绘、葫芦彩绘、蝴蝶彩绘、玻璃板画、多肉植物组合盆栽、捣麻糬、红饭、菜包、客家擂茶等
餐饮区	套餐（附番茄切盘、番茄果汁、小菜或甜点）

从服务项目看出，DIY 项目和金勇 DIY 休闲农场特色资源已发生一定程度结合。金勇 DIY 休闲农场的主要资源是番茄，利用这一主线进行深度开发，进行竹签画、番茄宝宝彩绘、葫芦彩绘及玻璃板画等项目开发和产品设计，体现了游客亲自动手、提供创意及发现自我的要素；通过教学，让游客了解农业知识，寓教于乐，培养了游客的合作精神、创新理念及美好情感，体现了旅游的教育功能；通过项目，游客在参与活动的同时，也成了舞台上的演员，展示自我；通过增加项目，提高了番茄的附加值，比传统的采摘项目带来更高的旅游收益。

（三）体验设计

邹统钎将旅游的核心概念归为"经历"，定义为旅游者通过对旅游目的地的事务或事件的直接观察或参与而形成的感受和体验。旅游体验构成了旅游活动的核心内容。不同旅游体验形式，对应不同的心理失衡。它表现为寻求异于居住地的氛围和能满足求刺激、求知、求美和满足好奇感等心理需要的体验剧场。旅游个体通过与外部世界取得联系而改变其心理水平并调整其心理结构的过程，就是旅游体验。它是一种能够满足旅游者情感需要的产品、服务和氛围的综合体。

旅游体验设计就是帮助旅游者撰写剧本、布置舞台、扮演好新的角色，并进行现场导演，使他们感受、体验到新的角色带来的愉悦和快感。导入了体验设计的旅游业将由传统的服务产业转型为体验型产业，向消费者提供的不再仅仅是旅游服务而是旅游体验。具体可参考如下案例分析。

三点钟体验设计模式——天堂农庄（Paradise country）

澳大利亚天堂农庄（Paradise country）位于黄金海岸的 Oxenford 区的一片广阔小山丘上，冲浪者天堂以北 21 公里，距离黄金海岸机场 40 公里，布里斯班机场 55 公里，交通非常便利。农场占地 12 公顷。在天堂农庄（Paradise country）里，可供旅游者参观体验的项目主要有极具澳大利亚传统农庄经营特色的剪羊毛、烹煮比利茶、马术演示、牛仔表演甩鞭、牧羊犬表演驱赶羊群、挤牛奶等。这些传统农庄里典型的日常营生被集中起来以表演的形式展示给旅游者领略和体验（表3-14）。

表3-14 三点钟体验设计模式：天堂农庄（Paradise country）

时间	表演
9:30～16:30	袋鼠考拉庇护区 在袋鼠考拉庇护村，您不仅可以看到澳大利亚的"国宝"——袋鼠和考拉，还可以在袋鼠生活的灌木丛附近亲手喂食袋鼠，在考拉村怀抱考拉付费拍照
9:45～10:30 11:45～12:30 14:15～15:00	考拉村和照相中心 在考拉村怀抱可爱友好的考拉付费拍照
10:00 12:00 14:30	动物喂食 可以近距离接触各种大小的动物宝宝
10:30 14:00 15:30	比利茶与驯马表演 坐在营火旁，享受澳大利亚特有的营火铁罐茶，以及澳式传统的松饼。经验丰富的驯马人表演甩马鞭以及骑马巡演等
11:00 14:30 16:00	牧羊人与牧羊犬表演 观看牧羊人和牧羊犬是如何驾驭和控制羊群的，同时，您还可以观赏到他们表演投掷回力标和甩马鞭等
11:30 12:30 15:00	剪羊毛与公羊巡游 观赏最具经验的牧场工人表演剪羊毛和绵羊大展

这里设计的三点钟体验经典模式，可使游客体验到真实的澳大利亚农场生活和独一无二的澳洲传统文化，在动手体验的过程中体会到农场生活的乐趣。通过为游客设计亲身体验的项目，加深了天堂农庄（Paradise country）在游客心中的记忆。

（四）好客精神

所谓"好客"，通常指热情、友好的待客态度和待客行为。就一个旅游目的地而言，"好客"的主体既涉及身为个体的当地居民，也涉及作为群体的当地社会。所谓"精神"，按照《辞源》中的解释，是指"人的思想、意识、思维活动等心理状态,社会的思想意识等观念形态"。有必要注意的是,这一解释在强调精神乃是人的心理状态的同时,也属于社会的观念形态。李天元和向招明(2006)将"好客精神"定义为:在与来访游客接触时,旅游目的地居民热情、友好的心理状态,以及在此基础上形成的社会氛围。

当地居民的好客精神是旅游目的地比较优势的来源之一,也是影响旅游目的地产品质量的一项重要因素。旅游活动的开展大都是在目的地的具体社会环境中发生和进行。这意味着旅游活动的开展不可避免地会涉及主客双方的接触和互动。在这一过程中,目的地社会所展现的好客精神,无论是对来访游客逗留期间旅游经历或体验的质量,还是对该目的地在市场中的形象,都会产生相当重要的影响。成功的旅游目的地则很重视好客精神的培育,典型代表为"好客山东"精神、"成都好客"精神、"阿庆嫂精神"等(如表3-15)。

表 3-15 旅游目的地好客精神典型代表

旅游目的地	历史渊源	好客精神打造
山东	管仲:"以人为本";孔子:"仁者爱人"和"有朋自远方来,不亦乐乎"。	提炼"好客山东"口号,设计"好客山东"形象,创建"好客山东"品牌。
成都	宽窄巷:宽窄古巷,合院围成;欲扬先抑,宽堂窄门。"走进窄门,来到宽堂,坐一坐,聊聊天,吃点东西"。	通过建筑格局的特点展示成都人热情好客的天性乃至整个成都的气质。
苏州沙家浜	垒起七星灶,铜壶煮三江。摆开八仙桌,招待十六方。来的都是客,全凭嘴一张。相逢开口笑,过后不思量。	化京剧《沙家浜》艺术形象浓缩成"阿庆嫂精神"(Spirit of Sister Aqing)。

三、乡村旅游目的地发展的规律总结

"透过现象,洞察规律与本质。"通过分析不同的乡村旅游目的地所呈现的不同形态的旅游发展形式,可以深刻地总结出乡村旅游目的发展的一般规律。

(一)乡村旅游目的地的目标市场是:市民与过客

乡村旅游的目标市场不仅仅是城市居民,还包含来自不同地方的过客。乡村旅游目的地独特的乡土文化、自然风光、田园风光和乡村体验吸引着远离乡村却对乡村生活充满好奇的城市居民,同时,还吸引着来自四面八方的旅游爱好者、摄影爱好者以及其他乡村地区前来取经的学习者。因此,乡村旅游目的地在选择市场定位时,要综合考虑临近城市居民及不同类型的小众游客需求。

（二）乡村旅游目的地的选址原则是：靠城、靠景和靠水

乡村旅游目的地的大众客源市场主要是城市居民，因此，在乡村旅游目的地选址时，首先，要考虑与其邻近城市的距离。同时，众多实践经验表明，发展较好的乡村旅游目的地多为城市郊区。"大树底下好乘凉"，若依靠著名的旅游景区，受景区辐射及景点集群效应的影响，同样也能为其带来大量的客源，因此，靠近景区也是乡村旅游目的地选址的一个重要原则。"有水则灵"，水更容易使一个乡村旅游目的地的开发具有灵性与活力。水同样作为一种旅游资源，不仅能够丰富乡村旅游产品的类型，开发诸如水上种植养殖、垂钓、观光、水上活动以及开展一些水上文化演出娱乐活动等延长旅游产业链，而且能够改善生态环境，营造一种氛围，无形中提升乡村旅游资源的质量。

（三）六个要素谁重要：食

随着人们生活水平的提高，饮食在人们生活中占据极其重要的地位。怎么样吃得好，吃得健康，吃出特色，是人们在旅游的过程中越来越关心的事情了。因此，在乡村旅游目的地发展的过程中，综合开发"食、住、行、游、购、娱"六大要素相关产业的同时，要更加重视饮食的开发。争取就地取材、地产地销的前提下，开发出具有当地饮食民俗且安全卫生的特色餐饮，使其成为乡村旅游目的地吸引游客的一大卖点。

（四）特色：一村一品；一品做绝；多元配合

乡村旅游目的地的开发要实现区域特色分工——一村一品。所谓的"村"是一个区域概念，可以是一个村，也可以是几个村，甚至是一个乡镇；所谓的"品"可以是种植业、养殖业、农产品加工业，也可以是商贸、餐饮、休闲、文化等行业旅游产品。在实现"一村一品"的同时争取一品做绝，发挥其"小而专""精而细"的优势，最终使"一村一品"的发展过程，成为一个由资源变产品，产品变商品，商品变名品的蜕变过程。另外，要"一村一品"与多元配合相结合，努力构建乡村旅游有机体，实现集观光、考察、学习、参与、康体、休闲、度假、娱乐等为一体的综合型开发模式。

（五）景观：建筑风格最重要

乡村旅游建筑是乡村旅游业的承载物，对乡村旅游有重要的影响作用，在乡村旅游景观上可以反映出乡村旅游目的地特有的特征。因此，在景观设计与建设时，确保景观的建筑风格、建筑材料、建筑文化与当地的自然景观和地方风俗文化相协调，尤其是景观的建筑风格所彰显的某种生活理念，所营造的氛围要与乡村旅游目的地本身所固有的整体气质相融合，切忌把传统的木架构体系与西方的混凝土结构不协调地混搭，影响乡村旅游目的地的整体美感，带来不必要的负面效果。

（六）游客停留时间：饭点、3小时、多日

发展乡村旅游，最重要的是要把游客留住！想让游客多停留，就要把乡村旅游作为一个创意产业来做，不能使游客来到乡村旅游目的地却有种"好山好水好无聊"的感觉，要丰富乡村旅游产品，拉长乡村旅游产业链，最终延长其停留时间，争取实现游客的停留时间由饭点到3小时，到一日，最终到多日的递增。同时，完善乡村旅游的基础设施，引进旅游复合型人才，提高乡村旅游的服务与经营水平，实现乡村旅游的长期可持续发展。

（七）经营要素：成本控制第一

在乡村旅游企业的土地、劳动力、资本、技术、信息等众多经营要素中，成本控制占据着极其重要的地位。小规模、低成本、投资回报期长为多数乡村旅游企业的经营特点。因此，在确保提供安全绿色且质量有保证的乡村旅游产品的前提下，努力降低和节约成本，在同样的价值之上以最低的耗用创造更低的价格，占领更大的市场，获取更加意想之外的收益。

（八）内涵五要素：文化、创意、生态、节事、科技

随着社会经济的发展，人们生活水平的提高，仅仅简单的"吃农家饭，住农家院、体验农家生活"的乡村旅游发展模式，并不能满足人们对乡村旅游产品需求层次日益提升的要求。因此，在乡村旅游产品开发时，要综合把握乡村文化特性，深挖民俗文化内涵；融入文化创意，提升乡村旅游品位；开发乡村田园风光，营造乡村生态氛围；巧借民俗节事活动，做好乡村旅游宣传营销；运用科学技术，助力乡村旅游升级换代。

总之，乡村旅游目的地的打造，贵在用心，贵在不同。正如我国台湾岛内南投清境香格里拉民宿所倡导的八字真言那样"因为不同,因为真诚"（I am different! I am sincere），这正是其在一年四季中不管房价如何，总有顾客上门的内在原因，更是其长期经营发展成功的深刻真谛。

第四章 旅游城市发展与管理

城市已由过去主要的生产场所转变为如今的消费中心（Orbasli，2000），旅游即是这一转变的重要推动因素。源源不断的游客能够极大地促进城市的社会、经济发展，许多城市纷纷转型，将旅游业视为经济增长的新引擎（UNWTO，2010）。许多繁荣的城市诸如纽约、伦敦，无一不具备发达的旅游业，是全球最热门的旅游目的地，国内各城市也在过去的十几年中掀起了争创优秀旅游城市的热潮。

第一节 旅游城市发展与管理概论

一、趋势、内涵与分类

（一）城市趋于发展旅游

世界旅游组织于 2012 年发布的《城市旅游全球报告》指出，目前超过半数的世界人口居住于城镇当中，2030 年将达到 50 亿人，城市对地区、国家以及世界的发展正起着愈加重要的作用。城市具有经济、社会、政治等多重属性，是凝结人类文明历程的最为复杂的产物，是人类文化、历史与传统的中心。随着人类社会的变革、居民需求的不断变化，城市的职能也随之发生改变：城市促进地区经济发展，为减少贫困人口发挥积极作用；城市搭建文化经济网络，为信息、资源的传递提供便利服务。城市化意味着繁荣，城市区域往往是一个国家最具生产活力的地区，但同时也是消费、娱乐与休闲的中心，汇聚一个国家的文化、艺术、音乐、文学以及丰富的建筑和城市设计为一体。城市的丰富、多样吸引着来自各地的旅游者，促使城市成为重要的旅游目的地。

20世纪初期，城市开始有意识发展旅游，通过为旅游者提供多样的旅游产品、服务促进经济增长发展。以成熟的美国旅游业为例，几乎所有的大城市都吸引着旅游者，改变人们对城市的看法以及生活方式——旅游成为人们生活的重要环节，人们都想要到其他城市去体验旅游。20世纪80年代，城市旅游已成为人们关注的热点，越来越多的研究与出版物涉及城市旅游，说明城市旅游的发展影响着其产业链条中的每个利益相关者。低成本航空的诞生更激发了城市发展旅游的兴趣，欧洲城市开始调整其营销活动以吸引更多的游客前来短期度假。

城市面临着庞大的旅游客源市场。这一市场能够为城市带来新的消费形式，能够为城市发展创造巨大的经济与就业机会，已经成为城市规划所考虑的关键因素。对于城市来说，发展旅游不仅能够提供丰富的旅游产品以满足旅游者需求，更可以通过建设更多、更好的基础设施来提升城市自身与服务城市居民。然而，发展旅游却也是一项艰巨的任务，旅游的多样性对城市规划与管理提出挑战，城市必须评估自身的产品并理解何种产品能够符合市场的需求。

（二）旅游城市的内涵

在经济发展到一定阶段，城市的产业结构亟待转型的背景下，旅游在城市发展中作用与地位的变化逐渐得到学者的重视。Meethan（1997）认为旅游城市是在后工业化以及城市空间休闲化背景下，将旅游作为城市发展关键要素的城市；Orbasli（2000）提出随着城市空间功能由生产向消费转变，许多城市开始将旅游作为经济发展的引擎并大力推进发展，由此也导致了一批城市借助其历史文化或自然资源进行旅游开发；Mullins（2003）认为旅游城市不同于以往以生产、商业和居住为主要功能的工业城市，而是以消费作为主要功能建立的。

对旅游城市的研究也贯穿中国旅游业的发展，从1978年旅游业进入大发展开始，旅游城市这一概念便已经出现。徐惠德（1982）最早对旅游城市的概念进行定义，指出旅游城市是通过经济结构和体制的改革，以旅游业为轴心，配置企事业，以旅游经济为主要比重的新型社会主义城市。随着1996年7月国家旅游局正式提出在全国范围内开展创建"中国优秀旅游城市"的活动，并于1998年开始创建"中国优秀旅游城市"以来，国内75个城市积极响应，也掀起了国内对旅游城市研究的热潮。魏小安（2001）认为，旅游城市是在旅游资源的广延和城市居民休闲需求日益高涨的背景下出现的。

继刚和李志刚（2002）认为旅游城市是指在城市经济中要素投入（如劳动力、资金等）不断向旅游部门集中，旅游部门的产出在城市经济中占有较大比例的城市。全国科学技术名词审定委员会将旅游城市定义为具备独特的自然风光或人文资源等独特资源，能够吸引旅游者前往，具备一定旅游接待能力，以景区景点为核心，以旅游产业为主体，旅游业产值超过城市 GDP 的 7%的一类城市。

此外，学者多从自身的研究领域对旅游城市的概念进行界定。如从城市设计角度上下定义，旅游城市是以城市规划和城市建设为基础，以满足旅游者旅游需求为主要职能，以旅游经济和旅游资源的可持续发展为核心，以城市的经济与社会全面发展和进步为目标，按照系统原理、旅游业功能和经济学原则来规划、建设和管理的现代化城市；从生态学角度上下定义，旅游城市是以自然生态的良性循环和可承载力为基础，以提供风景游览条件为主要职能，以可持续发展为核心，以人与自然和谐共存为目标而建设并管理的城市。

（三）旅游城市的类型划分

根据旅游城市的资源类型不同，可以将旅游城市分为历史文化名城型、自然山水名城型、少数民族民俗名城型、边境贸易名城型、宗教文化名城型、现代化名城型以及休闲娱乐名城型旅游城市。

根据旅游业在城市发展中的阶段与地位，可以将旅游城市划分为专门旅游城市、转型旅游城市以及综合旅游城市。专门旅游城市是以旅游作为主要职能和支柱产业的城市，包括风景旅游城市以及文化旅游城市，如桂林、黄山、西安、泉州等；转型旅游城市是指城市的工业和农业发展到一定阶段后，倾向于转型并强化旅游发展的城市，如美国的波士顿、西雅图等；综合旅游城市是指同时扮演着经济中心、政治中心或交通中心等角色的城市，如北京、纽约等。

Burtenshaw 等人（1991）在中心旅游区（CTD）和城市功能区划理论的基础上，提出了城市空间功能模型，并依据城市空间的功能配置不同将旅游城市划分为历史城市、文化城市、娱乐城市以及购物城市（图 4-1）。他认为，尽管多个因素导致了城市空间的融合发展，旅游城市在本质上是多种团队、资源的相互作用，包括历史资源——议会大楼、纪念馆；文化资源——博物馆、展览馆和剧院；休闲娱乐资源——夜店、剧场；给养资源——咖啡馆、餐馆；商业资源等。

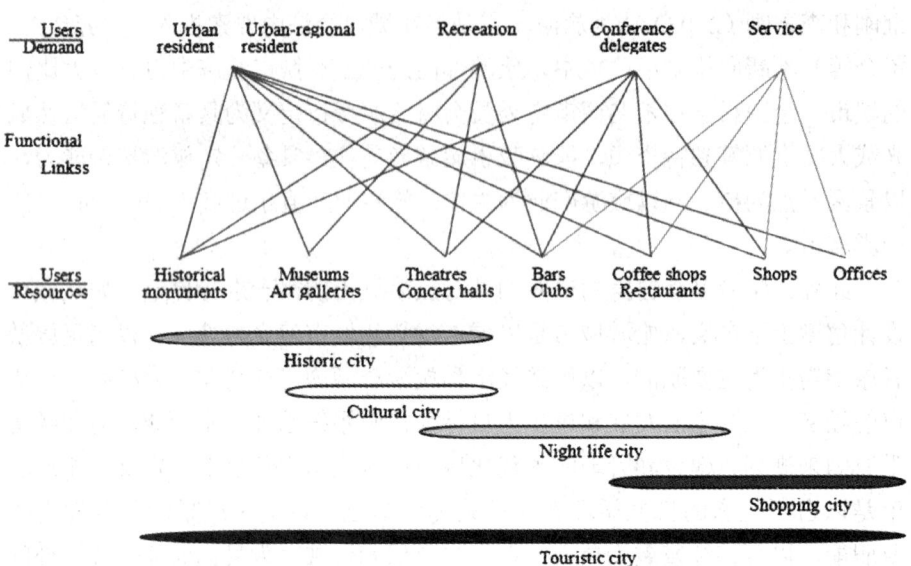

图 4-1　旅游城市功能区

（资料来源：Burtenshaw *et al.* [1991: 165]）

二、旅游城市研究进展

旅游城市是一个复杂的综合体，需要从城市设计、经济学、生态学等不同视角进行研究，进而分析其结构框架与动力机制（杨其元，2008）。旅游城市发展的动力因素各有不同，大致可分为资源驱动型、区位与政策推动型、经济推动型、需求推动型以及多因素推动型共五种；通过对动力因素的系统研究，可以归纳出旅游城市包括发展动力、空间结构、产品供给等方面在内的基本发展路径（连晓燕，2007）。旅游城市的发展路径有专业化及多元化两种，适合不同类型的城市。Sheng（2011）认为旅游城市的承载力越小，在发展过程中就越易遭受不可控因素的负面影响，因此建议这类城市应该利用其旅游发展带来的收益来推进当地经济的多元化发展，以促进旅游城市的可持续发展。

对旅游城市的研究需要关注当前所面临的城市的后工业变迁以及旅游大发展的背景。Meethan（1997）认为旅游城市在城市管理上应有所调整，并以约克市作为案例，分析该市在发挥旅游接待以及供当地人生活工作两个功能之间存在的冲突与竞业关系，并提出缓解两者矛盾的城市管理对策。城市关于旅游的发展政策也不断发生变迁。Maitland（2006）收集整理了25年来对剑桥旅游规划与管理的相关研究,探索旅游发展政策如规范旅游者行为、管理城市、控制人力市场、协调产业发展等在历史型旅游城市的发展与管理中的影响,他发现地方性因素尤其是当地管理者的积极或消极作用以及政策的传达效果更加重要。

对旅游城市发展建设过程的应用研究也是学者的关注热点。Litvin(2005)以历史文化旅游城市查尔斯顿的 King Street 街景改造计划为研究对象,研究购物街的改造建设工程对于旅游城市的吸引力、旅游者的购物意愿方面的影响。随着经济全球化发展,旅游城市也应该逐渐走向国际市场,建设国际旅游城市。闻飞等人(2009)对国际旅游城市的相关研究进行了梳理,将诸学者对国际旅游城市的定义、分类、标准建设、指标体系、建设策略以及其他相关研究做了系统的回顾,认为国内学者对国际旅游城市的建设中理论对实践的指导作用还不明显,首先是基础理论方面尚未达成统一标准;其次是与国外城市的比较研究较少,作为国际旅游城市的研究而没有国际上的城市则会使研究显得单薄;最后,对国际旅游城市的研究应注重定量分析,不能仅局限于宏观层面或发展战略的定性探讨。李娜(2006)构建了包括国际旅游业发展水平、国际旅游保障体系以及国际旅游环境三个主题,以及下设的十个子主题在内的国际旅游城市指标体系,并将其应用在三亚的实证研究中。

然而,旅游城市的发展也并非一帆风顺。针对旅游城市在旅游爆炸式发展过程中面临的社会矛盾和经济矛盾,许多学者也进行了相应的实证研究,包括生活成本的提高、资产泡沫的产生、增长的犯罪率、文化的变迁、公共交通压力以及环境恶化等问题。

三、旅游城市发展与管理

旅游与城市的相互影响可以归纳为六个方面:一是旅游需要城市提供的多样化产品,而城市也需要旅游来达到其经济和社会发展目标;二是旅游为城市带来生机和活力,但是也改变了城市的景观风貌和发展模式;三是旅游联结了城市生活的每一个人,加深了人与人之间的沟通联系;四是旅游作为许多国家的支柱产业,在就业、收入、基础设施建设与公共服务方面发挥着重要作用;五是旅游促使城市更重视其能够提供的旅游产品,变为更专业的旅游目的地;六是旅游业的繁荣发展同样能够为城市居民带来可观的利益与回报。

因此,各个城市必须关注发展旅游过程中所面临的各种挑战:如何以可持续、负责任的方式去管理不断增加的旅游者？如何通过旅游提高当地居民的生活质量？如何将旅游发展融入城市发展当中？小城市如何发展提升其竞争力？如何衡量旅游业对城市的经济影响？城市如何发展绿色旅游，减少对环境的负面影响？

为此，世界旅游组织于2012年9月在土耳其伊斯坦布尔召开的"城市旅游全球峰会"上提出了关于旅游城市发展与管理的《伊斯坦布尔宣言》。《宣言》呼吁：

- 重视旅游对国家、地区产生的经济与社会影响；
- 将旅游发展纳入政府发展政策体系的关键环节；
- 促进信息、政策、知识在旅游城市各环节中的共享与交流，惠及目的地、旅游者以及城市居民；
- 重视人力资源，不断投资职业培训；
- 通过一系列政策规定引导、促进旅游企业进行可持续发展；
- 增强创新，开发新型、专业化、附加值高的旅游产品服务，提升游客体验；
- 将创新科技以及可持续发展纳入城市旅游发展，培育智慧城市。

第二节　旅游城市目的地与枢纽功能一体化

可以以上海为例进行说明。近年来，上海外地游客越来越多，最明显的特点是先游上海，再到周边，最终再从上海踏上返程。上海旅游设施不断改善，旅游活动日益丰富，旅游集散中心有数十条连接市区与郊区以及周边省市的旅游线路，再加上本身就是国内的交通枢纽城市之一，使上海成为长三角地区首要目的地与旅游枢纽。事实上，上海的发展路径体现了旅游城市的一大发展方向——旅游城市在作为目的地吸引旅游者的同时，凭借其发达的经济、完善的设施以及成熟的交通，发挥着所在区域的旅游集散与中转枢纽功能。

一、旅游目的地与枢纽功能辨析

（一）旅游目的地功能

旅游目的地最初作为地理区域上的概念引入旅游研究，包括主要的通道和入口、社区（包括吸引物和基础设施）、吸引物综合体、连接道路，这个区域既可以是一个景区或者城区，也可以是一个城市或者国家。国内学者对目的地的研究强调其地理空间集合的关系。保继刚（1996）认为，一定空间的旅游资源和专用设施、旅游基础设施以及相关条件有机结合，成为旅游者停留和活动的目的地；魏小安（2002）认为旅游目的地是能够使旅游者产生动机，并追求动机实现的各类空间要素的综合。可以看出，旅游目的地的功能主要体现在两方面：一是资源、地理因素形成的旅游吸引功能；二是通过"食、住、行、游、购、娱"六要素的配套供旅游者停留和活动。

（二）旅游枢纽功能

枢纽指事物相互联系的中心环节，如神经枢纽、水利枢纽、交通枢纽、旅游枢纽等。旅游枢纽根据其规模、体量不同，既可以是一个旅游集散地，也可以是一个旅游枢纽城市。旅游枢纽功能关注旅游者在枢纽地的聚集、分散过程，并为此提供信息、交通、给养等支持服务。谢五届（2009）提出旅游枢纽是区域外部客源进出的主要通道，可为次级旅游城市提供客源和信息服务，次级旅游城市则为旅游枢纽城市提供丰富的旅游项目，以缓解旅游高峰期枢纽城市的旅游压力。任亚青（2014）认为旅游枢纽（城市）作为旅游客源地与目的地之间的桥梁与中介，其主要功能包括实现游客聚集、换乘、扩散的功能以及在游客集散与换乘过程中为游客提供各种辅助管理与服务的功能，其中，集散功能是指游客在旅行中首先聚集到旅游枢纽，然后借助枢纽交通实现向旅游目的地的扩散；换乘功能是指旅游枢纽城市所承担集散功能所必须具备的交通的中转换乘功能；服务功能是指游客在聚集、换乘中所需要的签证服务、行李服务以及信息服务等。

（三）目的地与枢纽功能辨析

区别于旅游目的地吸引游客的功能，旅游枢纽功能更强调对旅游者的集散、中转功能，包括对国内游客进行国内旅游的中转、国内游客出国旅游的中转、入境游客的旅游中转以及过境游客的旅游中转。旅游枢纽功能不等同于旅游中转功能，而是旅游中转功能的高级阶段。从游客的旅行线路看，旅游枢纽是游客来往目的地旅行过程中必经之处，而中转地则可能只是游客经过的地方；从规模上看，旅游枢纽是前往多个不同旅游目的地的必经之处，而中转地则可能只是前往某个旅游目的地的必经之处；从游客行为上看，游客会在旅游枢纽地进行旅游消费行为，而且可能仅在旅游中转地做等待停留；从游客规模以及重要程度上看，枢纽功能是中转功能的高级阶段。所有的城市都具有旅游中转功能,但不是所有的城市都具备旅游枢纽功能。

二、旅游目的地枢纽化发展与提升

(一)世界旅游城市的本质功能是枢纽

无论是弗里德曼,还是萨森都将世界城市理解为具有全球控制能力的战略性地区,是协调和控制全球经济的枢纽和中心。泰勒强调基于"过程"而非"地方"来理解世界城市,世界城市不再被静态地理解为控制中心,而是理解为网络化这样一个过程。世界城市被看作是彼此连接的网络体系中的"全球服务中心",可以使用全球生产服务(包括金融、保险、会计、广告、法律、咨询等)企业办公机构的全球网络来刻画世界城市网络(王继红,2010)。

弗里德曼(J. Friedmann,1986)系统地提出了世界城市假说。他认为世界城市是新的国际劳动分工和全球经济一体化背景下的产物,是全球经济系统的中枢或组织节点,它集中了控制和指挥世界经济的各种战略性的功能。美国著名学者 S. Sassen(1991)将世界城市称为全球城市,她认为全球城市就是那些能为跨国公司全球经济运作和管理提供良好服务和通信设施的地点,是跨国公司总部的聚集地。全球城市具有以下四个基本特征:①高度集中化的世界经济控制中心;②金融和特殊服务业的主要所在地;③包括创新生产在内的主导产业的生产场所;④作为产品和创新的市场。M. Castells(1996)针对那些少数国家中能吸引和集中高层管理活动的特定区域而创造了节点城市概念,节点城市是全球经济下的点,电信的发展使得这些城市能够跨越传统的边缘界线而进行交流和贸易。世界城市则是那些在全球网络中将高等级服务业的生产和消费中心与它们的辅助性社会联结起来的地方。世界城市产生于公司网络活动的关系以及以知识综合体和经济反射为基础的城市之间的联系之中。城市不是依靠它所拥有的东西而是通过流经它的东西来获得和积累财富、控制力。世界城市的本质特征是拥有全球经济控制能力,这种控制能力主要来源于聚集其中的跨国企业和跨国银行总部。

世界级的旅游城市必定是一个旅游枢纽。新加坡重视把自己建设成区域的门户(The gateway to the region):区域的起点、金融与物流枢纽,领先的集装箱港口,大型机场,世界顶级会议中心。中国的香港特别行政区把自己定位为:必看的一程多站枢纽(A "must-visit" hub for multi-destination travel)。它分别启动了粤港、沪港、琼港航线以及邮轮"一程多站"等,直至延伸到整个内地,另外通过滇港"一程多站式",发挥云南省作为连接东南亚、南亚

"桥头堡"的作用,进一步延伸香港旅游线路,吸引更多的香港和内地的游客到云南旅游,并将滇港"一程多站式"旅游线路进一步向东南亚和南亚延伸。

目前的明显趋势是枢纽城市(比如迪拜、新加坡)在强化目的地功能,而有些重要的目的地城市(比如北京、巴黎)利用其强大的客源优势又在发展枢纽功能。旅游目的地与旅游枢纽融合趋势非常明显。

(二)旅游目的地与旅游枢纽功能的一体化趋势

在全球化与信息化交互作用的背景下,城市之间的网络开始主宰全球经济命脉(周振华,2008)。各个城市已经直接或间接参与到了全球经济中,成为全球城市的网络节点之一。相比于以往的单一中心城市,全球城市对于其他城市的影响力与控制力不在于其所掌握的资源多少,而是它与其他节点城市的相关联系。城市间的联系是城市发展的核心问题,直接关系到城市的兴衰。同样,对于已经进入全球旅游网络的各个旅游城市来说,其兴盛发展不仅依靠其资源禀赋与旅游吸引力的强弱,同样有赖于与其他旅游目的地、旅游客源地之间的密切联系,由此也凸显出旅游枢纽功能的重要意义。

回顾国内对旅游城市的评价体系近10年的研究,研究对象已经从以往对旅游目的地功能的单一研究逐渐扩展到城市的旅游目的地功能与旅游枢纽功能的协调考量。李娜(2006)在其构建的国际旅游城市评价指标中的国际旅游保障体系的主题中,将城市的可进入性纳入衡量指标,并下设"开通国际航班的机场""国际机场客运吞吐量""国际航班通达境外城市数量""国际航线通达境外城市数量""国际航线通达境外国家数量"以及"国际航班通达境外城市数量"等6个指标对旅游城市的枢纽功能进行了评价。在对北京建设成为最佳旅游目的地城市的战略研究中,邹统钎(2011)认为北京定位为旅游目的地城市是依托于其所拥有的丰富资源,而非对其所在区域的旅游控制力。在已成为其他客源地的重要旅游目的地的既定条件下,北京要想建设世界城市,其旅游发展的核心应该是通过发展旅游枢纽功能提高它对区域旅游业的控制力。

随着旅游全球化发展,旅游城市不再是静态的、单一的旅游目的地,而是融入所在的区域旅游网络中并成为其中的重要节点,在本区域、本国乃至全球吸引着旅游者,并向外输送客源。成功的旅游城市应同时具有巨大的客流集聚与发散能力,在吸引客源的同时,成为区域旅游的枢纽。如新加坡将自身定位为"区域的门户",宣传自己为亚洲区域旅游的起点、金融与物流枢纽;中国香港特区将自身定位为"必看的一程多站枢纽";伦敦将自身定位为

"世界城市、欧洲领袖、世界门户、首都城市",同样扮演着本国的枢纽角色。总而言之,强化区域旅游枢纽功能将是旅游城市目的地的发展重点,旅游城市目的地与枢纽功能一体化势在必行。

(三)旅游枢纽功能:集散、换乘、服务

旅游枢纽(城市)作为旅游客源地与目的地之间的桥梁与中介,其功能主要包含实现游客聚集、换乘、扩散的功能以及在游客集散与换乘过程中为游客提供各种辅助管理与服务的功能,如图4-2所示。

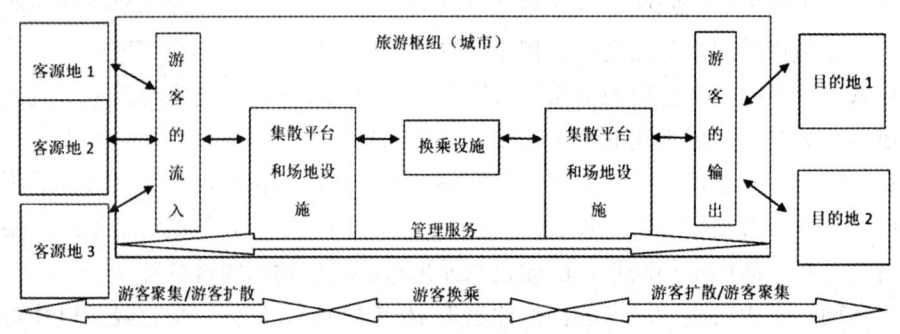

图4-2 旅游枢纽功能示意图

1. 集散功能

由于旅游资源的不可移动性以,旅游者需要离开常住地前往旅游目的地。如图4-2所示,众多游客通过交通的媒介作用,聚集到旅游枢纽,然后再借助旅游枢纽城市的交通实现向目的地的扩散。(返程亦然:众多游客从目的地聚集到旅游枢纽,然后通过旅游枢纽城市的交通扩散至客源地。)在聚集与扩散的过程当中,旅游枢纽城市与客源地、目的地的交通衔接性(即旅游枢纽城市的对外交通的状况)是游客能否顺利完成聚集和扩散重要条件。

2. 换乘功能

在"客源地——旅游枢纽——目的地"的旅游模式中,游客聚集到旅游枢纽城市再扩散到目的地的过程中,必然会发生交通的中转换乘。在中转换乘的过程当中,旅游枢纽城市不同(或相同)的交通方式之间的衔接性(也即旅游枢纽城市内部交通的状况)是游客能否顺利完成换乘的重要条件。

3. 服务功能

在"客源地——旅游枢纽——目的地"的旅游模式中,游客在聚集、换乘与扩散的全过程中都伴随着辅助服务的需要,如聚集过程的签证服务、换

乘过程中的行李服务与扩散过程中目的地旅游信息服务等。

（四）旅游枢纽提升：以航空枢纽为例

旅游城市中完善的交通体系是旅游枢纽的核心环节，现代化国际枢纽机场作用明显。

1. 航空枢纽的问题

当前航空枢纽大多是由大型航空公司所拥有、管理的机场。基于轴辐路网理论（Hub and spoke model），航空公司航线多以枢纽机场为中心，向外连接各地形成。航空枢纽要求航空公司组成相对集中的航班波和一定的航班密度，才能够为旅客提供高效的中转衔接机会，减少旅客的旅行时间。因此，枢纽航空公司在组织航班的时候，希望航班波的强度和密度越大越好，以提高单位时间内的中转效率，但是航班量过大及中转人数过多的高峰处理量，给机场和航空公司带来了巨大的运营压力和成本压力。可见，枢纽航班波的强度和密度并不是越大越好，高效的运营有赖于机场设备设施、机型、航班结构、中转流程设计、人员素质等方面的配合协调。

2. 效率优化

枢纽的效率问题会随着枢纽的航班量的增加、驻场航空公司的增加而突出。从枢纽优化的难易程度来看，枢纽效率优化的方法有四个，分别是航班波结构优化、中转流程优化、枢纽控制中心优化和多枢纽建设优化。航班波结构优化，就是对目前现有的航班波进行优化，对高峰期的航班进行微调，从而达到提高枢纽效率的目的；中转流程优化，就是简化现有中转流程，进行流程再造，提高枢纽单位时间操作效率；枢纽控制中心（HCC）优化，就是建立枢纽控制中心（HCC），对枢纽进行项目管理式运作（荷兰皇家航空公司在阿姆斯特丹机场建立 HCC）；多枢纽建设优化，就是在现有次级枢纽的基础上，建设第二枢纽（汉莎航空在慕尼黑机场建设第二枢纽），缓解主要枢纽的运行压力，为旅客提供更高效的中转选择。

3. 技术助推

先进技术的使用可以为旅客提供舒适、便捷的服务，主要体现在旅客登机、行李运输过程。以阿姆斯特丹史基浦机场为例，其是全球第一座率先引进条形码行李牌。使用机器人装卸行李货柜以及使用虹膜辨识通关的机场。此外，史基浦机场还斥资 3300 万欧元，把无线射频识别技术引入了旅客行李处理系统。几年前，史基浦机场还在行李提取大厅中安装了数个大型电视，让旅客能直观地看见行李处理的实时情况，并可以掌握领取行李需要多长时间的信息。该机场的自动化程度非常高,除了常规的自助值机设备、自助托运行李设备外,还有先进的自助转机服务系统和自助过境服务系统。

4. 服务便利

航空枢纽所在区域往往有较大的空运市场需求和中转国际旅客与货物的需求。国际知名的枢纽机场中,国际中转客货的比重一般占到机场吞吐量的30%。高比重的国际客货中转量是枢纽机场的重要标志。便捷的枢纽机场需要完备的中转设施,包括多条跑道的飞行区、流程合理的中转设施、先进的航班信息系统以及相关配套服务等。机场应积极发展多式联运,全方位、多角度从海陆空多个侧面考虑,将空港的建设与海运、陆运网络建设有机地联系起来。此外,航空枢纽应给旅客提供的方便,不仅体现在人性化设施方面,还体现在流程设计方面的独具匠心。

5. 政策引导

现代化枢纽机场离不开空域资源的充分利用和开发。随着流量增加,空域矛盾愈加突出,需要逐步开放空域,调整空中管制政策,满足日益增长的航空市场需求。同时,实行过境免签政策也能助推打造枢纽机场。过境免签能够提升一个国家或城市的开放度和国际化水平,而并不仅仅作为促进旅游业的一种手段。国际上很多国家均有不同时间限制的过境免签政策,对于当地的旅游和航空业以及对外开放都有积极的促进作用。

(五)建设旅游枢纽案例借鉴

1. 新加坡樟宜机场

新加坡地处两大洋和两大洲的"十字路口",地理位置十分优越。高瞻远瞩的新加坡人充分利用了自身的这个优势,将原本旅游资源有限的家乡建设成为亚太区的一个重要旅游枢纽。如今,著名的新加坡樟宜机场已成为世界第七大繁忙的国际机场,为飞往约 60 个国家和地区、220 多个城市的 100 多家国际航空公司提供服务。然而,高度密集的交通网络只是成为国际旅游枢纽的基本条件。新加坡之所以能够以小小身躯承担亚太旅游枢纽之重任,与其樟宜机场出色的服务以及政府不遗余力的政策支持密不可分。

(1)世界最佳机场

全程优质服务。"成为世界最佳且最友善的机场"是新加坡樟宜机场的服务宣言与价值观。机场要求服务人员在服务过程中做到灵活(Flexibility)、认真(Attention)、礼貌(Courtesy)与高效(Efficient),并且与旅客面对面接触中要做到主动打招呼(Greet)、微笑(Smile)与致谢(Thank)。为了不让此宣言沦为一种口号，樟宜机场在梳理"到达""出发"和"中转/过境"三大客流接受服务流程的基础上，建立起了全过程优质服务管理体系。此体系不仅包含了机场与航空公司的员工与设施，同时也涵盖了机场内的商店、餐饮等多机构和环境。与此同时，樟宜机场还借助大量的市场调研，分析游客中不同群体的需求，从而有针对性地对商务客人、携带婴儿人员以及音乐爱好者等不同类型的游客提供符合其期望的服务。

花园式休闲航站楼。新加坡向来被誉为"花园城市"，樟宜机场的设计同样也延续了花园的概念，各航站楼均拥有主题公园，颠覆了人们对于机场的传统印象，恍若处于生态园之中。樟宜机场对游客的巨大吸引，源自花园式的航站楼，更因为机场花样繁多的休闲与娱乐。花园式的樟宜机场为旅客提供了 4 种不同时长的转机体验建议：2 小时至 3 小时以内，游客可免费上网，可观赏全球首个机场蝴蝶公园，可享受免费足底按摩；3 小时至 4 小时，游客可尝试鱼类微按摩服务，洗个热水澡，还可免费玩 FREE Xbox 360 和 PlayStation（两种国际知名电子游戏机）游戏；4 小时至 5 小时，游客可以在屋顶游泳池畅游，可以在电影馆免费观看大片；5 小时以上，游客可选择在安静的休息区小睡片刻或进入休息房，还可以选择参加免费的新加坡之旅。

购物的天堂。樟宜机场发达的商业一向最为全球机场业同仁所称赞。不仅是国外旅客，就连新加坡市民也会在周末时间来樟宜机场吃饭、购物。樟宜机场商品的价格与品质特别具有吸引力。因为商家通过竞标的方式获得机场的特许经营权后，还需要严格执行机场规定的监管标准，其中包括"100%退款保证"和"2 倍差价退款"等。如果顾客对在机场购买的商品不满意，可在 30 天内无理由调换或全额退款，甚至连退换的邮费也是由商家负责；而顾客如果发现机场出售的同款商品的价格高于市内其他店铺，可获得 2 倍的差价退款。此外，新加坡还实行离境退税政策，外国游客可以在离境时享受到在新加坡所购商品价格 7%的退税。机场现有 140 家免税商店，其中不乏 Prada、Pashma、Pandora 等世界知名奢侈品牌免税店。对于游客而言（尤其是中国的游客），樟宜机场等同于购物的天堂。

（2）政府的政策支持

新加坡政府对于旅游业非常重视，新加坡旅游局更历来都是保障与推动新加坡旅游经济快速增长的一股重要力量。

完善法律法规保障旅游业健康发展。新加坡为保障旅游业健康发展，依法管理旅游业，颁布实施了《新加坡旅游促进税法》《新加坡饭店法》《新加坡旅行社法》等法律。同时为保证出售的旅游商品质优价廉，新加坡旅游局和新加坡消协还联合推出了"优秀零售计划"，对有信誉的商店颁发鱼尾狮标志，作为信得过商店。假如游客在旅游购物时受到诈骗，可到旅游局或消协投诉，经查属实后不但责令加倍赔偿游客损失，还要吊销其营业执照。这不仅保护了游客利益，更保障了新加坡旅游业的持续发展。

推出签证优惠政策吸引中国游客。新加坡旅游局早就意识到，要吸引中国市场的游客就必须要拓宽中国游客的签证渠道。因此，新加坡推行了一系列方便中国公民造访新加坡的签证措施，其中主要包括：便捷多次往返观光签证、便捷观光签证、96 小时过境免签证、Visa-for-Visa 和旅行社代送办理个人观光签证等。

借助经济手段开展旅游促销。新加坡旅游局最常借助经济手段开展旅游促销。尤其 2008 年世界金融危机时，赴新加坡旅游的外国游客人数不断下降，新加坡旅游业的发展遇到了较大困难。为了振兴旅游业，新加坡旅游局宣布推出总值约 9000 万新元的 BOOST 计划——"旅游业抓紧机遇加强发展计划"，通过资金援助、价格促销以及宣传攻势等多种方式协助旅游企业渡过难关。

2. 东京成田机场

长期以来，日本东京成田机场把安全作为首要任务，建立了密集的国际航线网络，成为东亚的国际航空枢纽机场。

(1) 把握机遇

"天空开放"是成田机场历史上遇到的最大的一次航空政策上的变化，由此成田机场看到了巨大的发展机遇。随着 2013 年 3 月底新的夏秋季航季的开始，日本与美国和一些东盟国家以及欧洲签订的《天空开放协议》在日本成田国际机场开始生效，航空公司可以在成田机场自由地新开航线和增加航班量。

为了稳固成田机场在东亚的重要国际机场地位，成田机场集团制订了一个新的三个财年中期计划（2013 年至 2015 年）。根据这个计划，为了增加机场的竞争力和鼓励更多的航空公司增加航班运营数量，成田机场计划在 2014 年把每年的飞机运转量从 27 万增加到 30 万。

(2) 设施改造

三大航空联盟都将成田机场作为亚太航班运营的枢纽，投入相对平衡的航班量。为了提高工作效率，成田机场选择了将相同航空联盟公司集中在同一座航站楼内的运营方式，以便航空联盟更合理地运营和提升服务质量。为了使这三大航空联盟能在成田机场增强他们的航线网络,成田机场准备安装更多的廊桥和停机位,扩大出入境和海关的区域,改善中转设施,升级出发厅的值机区域和扩大航站楼的容量。

但成田机场候机楼的设施改造还不止于此。在全球范围内,快速发展的低成本航空公司都纷纷新增了飞抵成田机场的航线航班。去年,澳大利亚和马来西亚的低成本航空公司纷纷在日本成立了分公司并开始运营飞往成田机场的航班。这给旅客提供了更多的选择和满足了新的航空需求。因此,成田机场也正在为这些低成本航空公司建设相应的配套设施。

(3) 优化服务

为了增加国际网络和在亚洲的竞争力,该机场在改进实施和运营效率的同时,降低了机场的收费。首先,自2013年4月份开始,成田机场对飞抵航班的降落费平均减少了5.5%。同时,成田机场还引入了额外折扣,以刺激航空公司新开和增加航线航班,或使用更大型的飞机运营航班。为了使不同机型的飞机飞抵成田机场,成田机场已在2013年4月份对国际航班的收费平均降低了10.6%。成田机场旨在消除高收费机场的形象,鼓励新开和增开航班,在迅速发展的亚洲地区成为航空公司乐意选择的机场。

除了改善服务设施和重新制定收费标准外,为客户提供一个友好的、有吸引力的机场服务,也是成田机场主要的工作方向。作为自1978年开始就实施严格宵禁限制的机场(23时至6时),成田机场自3月底开始允许飞机在23时至23时59分起飞和降落。这一政策的改变很大程度上使旅客得到了便利。

成田机场所要吸引的不仅是日本国内的旅客,还有全球的旅客。为此,改进商业设施和免税店,引入日本传统零售店也是成田机场的发展方向。同时,该机场还为网络用户改善机场航站楼的无线网络设施。此外,成田机场未来在值机区域内还有一些创新项目,使旅客在机场的使用流程更加合理化,以及为旅客提供更加便捷和舒适的机场环境。

三、目的地与枢纽功能一体化战略对策

(一) 客流枢纽建设

客流枢纽功能的发挥依赖集散中心的建设。旅游集散中心是整合区域旅游资源和规范客源旅游市场,以及满足游客个性化旅游需求和促进旅游市场培育的重要综合性平台。旅游集散中心的功能是在整合各旅游要素的基础上,搭建旅游销售平台,并设置班车接送游客出行,力图使游客任意组合购买旅

游线路与服务，方便游客自由出行。旅游集散中心的主要对象是自助游客。在各城市建设旅游集散中心的热潮中，由于认识不足以及人才缺乏等条件限制，旅游集散中心往往陷入有形无实的尴尬局面。

上海旅游集散中心于1998年5月成立，为满足上海及外地来沪各年龄层次和消费档次的游客需求，建设有涉及景点267个的旅游线路136余条，每天发车约400个班次，是上海唯一具有旅游超市功能的散客集散点，其建设后迅速成为短途游客的首选之地，由此确立了上海在长三角区域的旅游枢纽地位。旅游集散中心的建设与管理也可以借鉴上海旅游集散中心的经验，在建设中，注重区位的设置，选择拥有便利交通环境的区域，方便游客购票乘车；在宣传过程中，针对特定的服务人群进行精细化营销，以取得最佳的效果；在产品设计中，收集国内外旅游信息，按需设计，组合产品，开发丰富的旅游线路；在运营管理中，注重对信息技术的应用，满足自助型游客的信息需求。

（二）交通枢纽建设

旅游枢纽城市对客流的集散过程离不开交通的中转与换乘。交通枢纽的建设在于交通方式的多样化以及换乘的通畅与快捷。随着航空、高铁以及远洋邮轮的发展，旅游城市应根据其自身经济条件、区位特征、客流量规模等因素，构建规模化、立体化的交通体系，才能实现对战略性资源与通道的影响和控制。交通体系一般会包括航空、航海、公路以及铁路的方式，在旅游枢纽城市的中转过程中，旅游者尤其是境外游客往往需要选择、变更不同的交通方式。交通方式的变更即换乘过程的连续性、舒适性与成本同等重要，一方面换乘通道将不同的交通工具衔接起来，满足时间与空间上的连贯；另一方面，换乘通道保障游客集散与换乘的便利性，减少滞留。

（三）配套服务建设

旅游枢纽城市的配套服务建设应注重便利性，包括中转政策、信息服务与配套设施的便利与完备。针对旅游枢纽提供的中转功能，政府应提供诸如国家签证政策在内的优惠政策；信息服务主要指客流枢纽以及交通枢纽设置的游客咨询平台以及枢纽地的信息化发展水平，应能方便、快捷地满足旅游者需求；旅游配套设施如住宿业、旅行社业、旅游集散中心应完备建设，并提高包括上述在内旅游企业的服务水平。

（四）深化区域合作

区域旅游合作是实现资源共享、扩大市场空间从而实现规模经济的必然选择，也是增强旅游城市枢纽功能的重要途径。区域旅游合作是一项综合性强、复杂度高的工程，需要政府、企业、研究机构等多方面的努力。

1. 拓宽旅游合作范围

旅游枢纽地与周边区域拓宽旅游合作范围的具体措施有：在产品开发、信息宣传以及旅游品牌的打造等方面展开区域合作；在旅游投资方面，鼓励旅游企业向周边尚未开发的资源进行资本注入；在政策制定方面，旅游优惠政策的范围应打破行政区划，从更广的区域来考虑。

2. 完善合作收益分配机制

合作收益分配是区域合作的关键问题，决定合作能否长期开展。收益分配涉及政府、众多企事业单位之间的利益，一旦处理失当将成为区域合作的障碍。首先，合作区域内政府应积极推进建立区域旅游合作收益分配机制，具体来说，各地方政府之间要明确合作的方式、合作的途径以及各城市所得收益与自身贡献的对等性；其次，要积极引导企业与企业之间通过透明契约来明确收益分配问题。企业之间更要相互监督，确保合作收益依照契约执行。

第三节 旅游城市公共管理

旅游城市是诸多产业要素和丰富旅游资源在城市区域内的聚集，是经济较为发达的一类旅游目的地，其形成与发展都与所在地区、国家的政治、经济、社会环境息息相关。经济一体化、互联网革命、环境恶化、资源枯竭等问题已为旅游城市带来了巨大的挑战：旅游城市需要面对全球范围内的竞争者，旅游城市产业布局与经营方式正在被互联网颠覆，环境、资源、安全问题成为吸引旅游者的重要条件。此外，部分旅游服务的公共属性也决定了旅游城市管理者（政府）必须履行其应尽的职责。完善、健全的公共管理势在必行。本节将从信息化管理、资源环境管理以及危机管理三个方面加以介绍。

一、旅游城市公共管理的内涵与特点

（一）内涵

公共管理是以政府为核心的公共部门，整合各种社会力量，广泛运用政治、法律、管理、经济等手段，以强化政府的治理能力，提高政府绩效和公

共服务品质，从而达到实现公共利益的目的。其被应用于城市管理当中，包括城市规划、城市建设、市政工程、公用事业、市容面貌维护、物业服务在内的市政管理，以及以公益为目标的公共经济及以满足市民需要的消费经济领域的城市管理。

旅游公共管理是为以政府为核心的旅游公共部门及非营利组织，运用现代公共管理的基本理论，以提升管理效率为重点，以增加旅游的社会福利为目的，对旅游活动进行计划、组织、协调和控制，并提供旅游公共产品和服务的活动总称。相较于一般的城市，旅游城市的公共管理应着重考虑旅游者作为城市外来人口进入城市对城市的经济发展、规划建设、治安管理、公共服务等方面的影响，使旅游城市的发展既能够满足当地企业、居民的工作生活正常进行的同时，又能够满足旅游者的需求。

（二）特点

1. 主体多元化

政府是旅游城市公共管理的主体，负担主要责任。当前，囿于城市发展整体上不成熟而表现出的公共管理的总体水平和效率不高、公共管理范围界限不清等现状，旅游城市公共管理工作中往往存在着诸如政府管理职能越位、城市规划与建设脱节、社区管理水平低下、公共管理缺乏公众参与等尖锐问题。针对上述问题，在划清公共管理范围的同时，借助市场经济体制的优势，发挥企业、社会的作用是旅游城市公共管理的趋势。政府作为组织者和指挥者，引导其他管理主体参与公共管理；企业配合政府提供公共产品与服务，分担公共管理事务，减轻政府的管理压力，提高城市管理效率；社会作为行业管理最为广泛的参与者，起到监督建议作用。

2. 管理数字化

不断发展的数字信息技术将逐渐运用到旅游城市的公共管理中。借助数字技术，旅游城市可以对各种信息资源加以整合利用，对市容市貌、环境卫生、市政公用、城市秩序等进行全时段的监控，实现公共管理的全时段、全方位覆盖。同时，数字化的应用可以促进政府、企业以及社会公众三个管理主体之间的互动，不同机构与组织之间可以相互传递信息，并提高行政工作的效率与效果，促进公共管理向扁平化的组织结构发展。总之，数字化将对旅游城市公共管理的制度、结构与工作方式产生深远的影响。

3. 决策系统化

旅游城市公共管理涉及问题复杂，决策时需要兼顾社会、经济、生态与文化的协调，如处理好旅游开发与环境保护的关系、社区居民与旅游者的关系、旅游经营主体之间的利益关系等，对决策的要求较高。因此，旅游城市管理者需要运用系统原理，权衡城市的管理目标、各方利益关系、发展现状等各个因素，经过可行性研究、咨询与论证做出科学的决策。

4. 委托机制的建立

委托机制的建立是指在明确公用事业所有权共有的前提下，政府公共管理部门依法定程序，从市场上公开选择企业从事一部分公共管理工作。通过签订委托协议，政府与受委托企业明确双方的行为和职责范围，此举旨在提高公共管理效率，发挥市场主体的专业优势，改善服务质量，并能够有效预防政府承担管理事务中可能存在的权力寻租行为。委托机制的关键是确立哪些公共管理事务可以委托出来，哪些事务更加利于市场经济的优势发挥。

二、我国旅游信息化管理与智慧旅游建设

党的十八大报告明确把"信息化水平大幅提升"纳入全面建成小康社会的目标之一，并提出了走中国特色新型工业化、信息化、城镇化、农业现代化道路，促进"四化"同步发展。国家旅游局也将2014年中国旅游主题确定为"美丽中国之旅——智慧旅游年"，强调旅游产业中的信息化发展。旅游城市对信息有依赖性，信息是旅游业系统得以运转的基础，并贯穿于整个旅游活动当中。因此，旅游城市的公共管理也应积极推广与应用信息技术。

（一）旅游城市信息服务体系

旅游城市信息服务体系包括以下四个部分。

1. 信息服务资源

信息服务资源即旅游信息内容，如旅游城市的各类旅游要素信息、指南信息以及政府信息等，具有价值性、真实性、延迟性的特点。

各旅游城市都在建设旅游目的地信息系统，但由于没有统一规范，很多不符合游客需求，不符合行业发展现状。信息形式和传播方式多样，广大游客也对旅游信息的广大深度有着较高的要求，加之旅游信息共享和交换的必要性，都要求建立旅游信息的相关标准。

国家旅游局已于2013年出台《旅游目的地信息描述和分类标准》，明确信息分类和信息描述规则，从而为旅游领域信息资源的组织与规划、旅游信息系统设计与开发，及其与相关领域的信息交换提供依据和指导。标准主要包括信息分类标准和信息描述标准两大部分。信息分类标准分为：①基础信

息；②旅游吸引物信息；③旅游设施、服务机构和人员信息；④旅游产品信息；⑤指南和参考信息。信息描述标准针对信息分类标准的每个类目，列明具体描述项目并对各描述项目的属性进行说明。

2. 信息传播渠道

信息传播渠道包括旅游网站、旅游咨询服务中心、旅游热线电话、旅游媒体平台、旅游信息服务小册子以及各类信息终端等。

随着旅游市场向买方市场发展，旅游者的选择更多是考虑服务质量是否周到细致、服务种类是否丰富全面、服务方式是否方便快捷。传统的旅游服务方式已经不能满足游客对旅游信息移动性、实时性和交互性的需求，要求各个旅游城市投资建设旅游信息化设施，通过各种媒介渠道更有效地传播旅游信息，并尽量整合旅游咨询、旅游投诉与旅游救援、旅游提示、旅游预订等功能。

3. 旅游信息的服务对象

旅游信息的服务对象包括旅游者、旅游从业者以及旅游管理部门。

旅游信息系统除了对旅游者及旅游从业者的服务系统外，还包括旅游政府服务系统。其中，旅游监测预报体系通过动态信息发布，可以提高节假日对旅游高峰期的客流引导能力。如全国重点景区游客流量监测系统实现了对旅游目的地动态客流量、客流构成等较精确统计，为旅游经济运行分析、决策、调控以及规划的制定，提供了翔实的依据；同时也为应急事件处理、游客意见反馈和游客定向服务，提供了支撑手段。

4. 旅游信息服务环境

旅游信息服务环境包括网络技术环境、通信平台环境、旅游业的成熟度等。

网络技术、通信平台的更迭改变了旅游信息服务系统的发展。自媒体如博客、微博的发展颠覆了以往传统媒体由上而下的"广播"模式，逐步演变为传播者与受众随时互换角色的点对点"互播"模式；移动终端普及，逐渐成为互联网信息的重要载体，也改变了人们获取旅游信息、开始旅游行为的习惯，并拥有越来越多的主动权。

（二）智慧旅游与全国信息化发展实践

个性化旅游的趋势下，旅游者对信息服务的依赖程度越来越高。出行前做旅游决策时，往往需要借助报刊、互联网等媒介了解各地旅游信息，并根据媒介提供的文字、图片、视频等各种综合信息获取决策的依据。当前，我国旅游业信息服务还处于初级阶段,信息化多停留在口号、表面,表现在许多景区信息设施应用不充分或闲置、信息更新较慢、个性定制服务能力弱等,难以支撑快速增长的旅游需求。

2014 智慧旅游年的确定,标志着我国旅游信息化进入快速发展的新阶段,是对传统旅游信息化的提升。智慧旅游主要体现在三个方面:第一,基于移动智能终端实现游客的个性化订制,尤其针对日渐兴盛的散客市场;第二,为企业提供服务,尤其是基于云计算的技术变革为众多中小企业和小微企业提供服务;第三,基于云计算和大数据实现旅游目的地公共服务与公共管理信息资源的无缝整合,通过预测预警达到服务和管理的最优化。智慧旅游的主要目的是感知旅游者、旅游资源、旅游经济、旅游活动等信息,并及时传送与挖掘分析,一方面可以提升旅游体验和品质,一方面能够引导旅游企业策划对应的旅游产品,推动旅游产业链的创新营销。北京、山东、山西、河南等省直辖市均以开展旅游信息化建设工程,如表 4-1 所示。

表 4-1 我国信息化建设情况

省/直辖市	信息化建设项目
山东	旅游目的地系统
山西	旅游信息网络架构体系
河南	依托网络动态化管理的旅游投资项目库
湖北	旅游应急指挥信息平台
四川	开发四川省旅行社及导游管理软件
甘肃	甘肃旅游信息化平台
北京	启动智慧北京行动纲要

(三)"落地难"的智慧旅游

智慧旅游概念提出后,迅速得到业界和学界的积极响应,并被国家重视发展,也引起了国外的广泛关注。然而,在发展势头一片良好的过程中,也出现了重投资、炒概念、轻服务、缺管理的现象,引起了业内的迷茫与焦虑。

1. 整体解决无从实现

旅游目的地期望通过一揽子工程"整体解决方案"彻底完成智慧旅游建设的意愿难以实现。就各个旅游城市信息化基础和发展现状而言,实现智慧旅游发展是漫长的过程,需要的基础设施建设工作尚未完善。

2. 智慧旅游平台有名无实

旅游信息和渠道碎片化为统一整合的智慧旅游信息平台提供现实需求。

然而，各地所谓"智慧旅游平台"仅仅是一个 APP 应用，或一个网站加一个微信公号，一个官方微博加一个 APP 应用的组合，完全未实现信息的整合与统筹。

3. 技术响亮应用不足

"云计算""物联网""大数据""虚拟场景"等技术名词愈加常见，但往往难以取得对应的效果。根源在于技术运用停留在表面炫奇而内部应用不足，项目建设强调概念而轻视实施，实际操作业务与技术的融合不足等原因。

4. 归口不一管理分割

在国家层面，智慧旅游归口规划部门，省市级别信息化部门兼管，部门省市由办公室统管。部门不同，理解不同，落实到管理、运营方面自然产生诸多摩擦、阻碍，使得智慧旅游成为"空中楼阁"。

此外，智慧旅游的建设缺乏规划设计，重复建设、粗放经营都导致其难以取得良好的效果。

（四）智慧旅游发展趋势

1. 规划先行

智慧旅游建设需要进行前期规划，根据区域的现实情况制定相应的建设规划，辅以互联网模式创新，为后期的持续发展奠定基础。

2. 重视体验

智慧旅游建设并非"拍脑袋"工程，需要遵从旅游业作为体验经济的基础，摸清旅游者需求，完善基础设施和公共服务，提供高品质人性化的服务体系。

3. 移动互联

携程发布的《2014 年春节黄金周景区门票预订报告》指出，春节门票在线预订量增长近 8 倍，来自手机 APP 的无线订单占比超过 50%，景区门票预订进入移动时代。因此，智慧旅游必须重视移动终端，打通游前、游中及游后全过程，实现线上及移动端查询、预订、支付、导览及评价各项功能。

4. 大数据

智慧旅游需要对外部交通、气象、游客位置、动机行为等信息进行全面整合，发挥云计算的集成和服务功能，实现数据信息的实时、动态、共享、交换，并及时做出反应；在更大更广范围内提升对各种海量信息进行数据挖掘并进行文本和语义分析的能力。

5. 部门协作

大数据的整合要求旅游城市打破地区间、部门间的行政壁垒，即需要改进现有旅游城市公共管理体制和工作机制，由经验管理向数据管理、由行政指令式的静态管理向游客交互式的动态管理、由事后补救向事先预防、由单一部门向跨部门协作等方向转变。

三、旅游城市资源与环境管理

（一）资源管理：产业、资源、信息

旅游城市资源是旅游城市内所赋存的一切与旅游活动相关的自然资源与社会资源的总称，主要包括旅游资源、旅游设施与服务资源、旅游环境资源以及其他资源等。旅游城市的发展涉及旅游城市所拥有的所有资源与要素，管理复杂多样，需要旅游城市的资源管理整合所有资源、优化整体，实现公共管理的整体效益。旅游城市的资源管理包括对城市内旅游产业资源、旅游资源以及信息资源的管理。

1. 旅游产业资源管理

狭义的旅游产业资源指直接参与城市旅游业的五大组成部门，以及与它们相关联的生产部门，包括旅行社、饭店宾馆、公园景点线路、交通运输企业、娱乐业产业资源等。广义的目的地旅游产业资源指凡与旅游城市的旅游业有一定关联的产业资源都可以称为旅游产业资源。产业资源管理包括优化管理、融合管理与联动管理三个环节。

（1）旅游产业资源优化管理：通过各个旅游生产要素的优化组合实现产业结构的合理化与产业结构的高度化。根本目标是保证旅游产业的发展速度和规模既符合客观经济规律要求，又与国民经济发展的要求相适应，实现旅游业的持续快速发展。

（2）旅游产业资源融合管理：不同产业之间或构成旅游业的不同行业之间相互渗透、相互交叉，突破原有的产业或行业边界，最终融为一体并逐步形成新产业的动态发展过程。融合管理就是旨在促进旅游产业与其他新产业、新技术的融合。

（3）旅游产业资源联动管理：联动管理是指旅游城市对旅游业与相关产业广泛开展联合经营的发展过程的管理。

2. 旅游资源管理

旅游城市的旅游资源是指存在于旅游城市范围之内的所有旅游资源的总

称。旅游资源管理就是使旅游城市的旅游资源综合一体化的过程，在整合过程中使旅游资源从无序状态发展到有序状态，使旅游资源更加完整、更加和谐、更具开发价值。将旅游城市作为一个相对独立的整体，根据区域内旅游资源、交通条件、地理位置，按照旅游经济活动的特点和规律，全面安排旅游资源的开发，使资源优势互补、共赢发展。

3. 信息资源管理

旅游信息资源是指与旅游城市相关的文件资料、影音资料、图形图表、各种数据等信息的总称。旅游业是信息密集型产业，作为一个开放性、综合性的系统，信息是生存和运转的基础。同时，旅游信息也是旅游业经营管理的重要手段，并能够拓展旅游业市场化、国际化的功能。因此，信息资源管理十分必要。

信息资源管理主要是通过构建旅游城市信息系统，实现旅游数据的收集、存储、加工、传递、提供以及维护更新的功能，起到完善金融服务，建立旅游者反馈信息系统，整合网络和传统资源优势以及加快旅游信息化人才培养的作用。

（二）利益相关者参与环境管理

旅游城市的发展很大程度上依托于其自然环境。良好的环境不仅是旅游可持续发展的基础，也是重要的旅游吸引物，需要得到城市的重视。然而，旅游发展带来经济增长的同时往往会带来环境污染和生态破坏。因此，旅游城市迫切需要协调好旅游和环境的关系，在旅游迅速发展的同时也保持高品质的生态环境。

环境管理主要关注人类社会与环境的互动及对其施加的影响，而非对环境本身的管理，其目的是确保生态环境得到保护，惠及人类后代，并维持生态系统的完整性。环境管理的范围广泛，将所有生物以及栖息地构成的整体视为保护对象，即所有的生物物理环境（无论生物和非生物）。此外，环境管理的范围还涉及人类的生存环境，如社会、文化、经济环境。环境管理涉及范围如此广泛，因此利益相关者都应参与其中，包括公共部门、私营部门以及公民团体。公共部门包括广义政府部门和所有的公共机构，负责管理自然资源、实施环境保护立法；私营部门包括私营公司和非盈利机构，其作用主要在于保证自然资源的再生与修复，如采矿、木材以及渔业公司应控制其生产计划，以维持环境资源的可持续发展；公民团体由公民自愿组织起来，就资源管理计划，特别是土地管理计划的实施行使自己的合法权利，保证人的社会生产、经营行为。

Tang（2015）分析了旅游与环境间的耦合关系，提出旅游和环境两个系统协调发展的管理模式。旅游系统由发展规模与经济利益构成，发展规模反映旅游产业的整体状况，经济利益反映旅游产业的收入及地位。环境系统由生态质量、环境保护与资源消耗构成，生态质量反映地区自然资源的质量，资源消耗反映地区对能源和资源的使用效率，环境保护反映对环境污染的投资与管理（图4-3）。

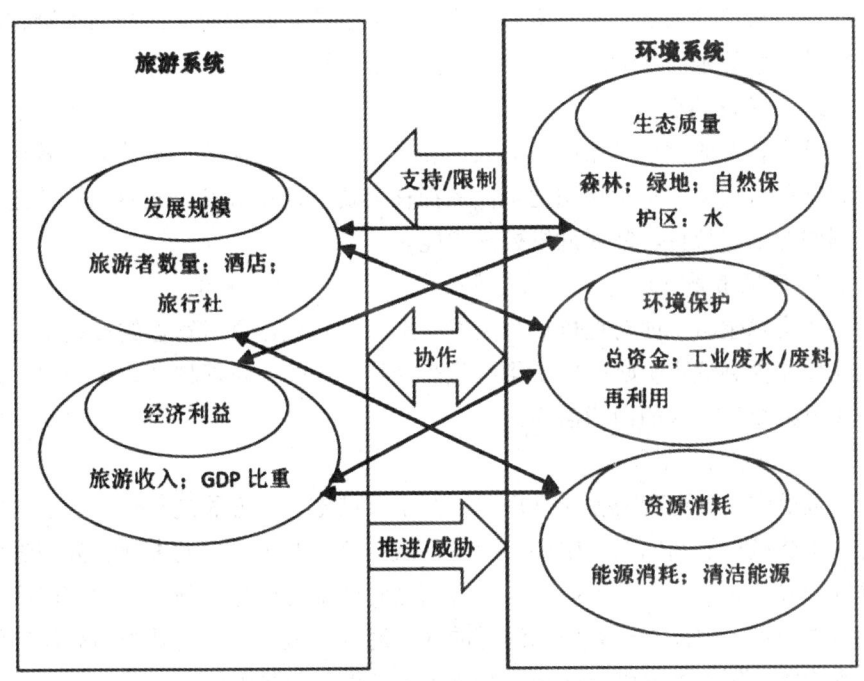

图4-3　旅游与环境的耦合关系

（资料来源：Tang [2015]）

可以看出，环境可以支持或限制旅游发展，旅游发展可以推进或威胁环境状况，政府需要关注旅游系统与环境系统间的协作关系，在旅游增长的同时保护环境。

四、危机管理：旅游城市新挑战

城市是危机频发地区，因其人口密度大、经济较为发达，一旦发生危机将产生难以估量的后果，并对旅游造成毁灭性的影响，所以危机管理也成为旅游城市管理者面临的最为严峻的问题。

（一）危机管理概述

旅游危机管理是针对旅游业危机的发生而进行的预测、处理以及对危机发生后旅游业和旅游区企业经营的恢复和形象重塑的全过程管理。其目的是保持或恢复正常的旅游秩序，保障旅游者的正常旅游活动和利益，促进旅游目的地和谐健康发展。其包括以下五个方面。

1. 危机预警管理

危机预警管理的主要任务是将许多分散的信息组织起来，全面检测、跟踪事件发生的迹象和动态，并向风险防范部门提供决策的信息基础。

2. 危机教育管理

危机教育的对象是旅游从业人员和广大旅游者。从业人员的危机教育包括树立危机意识，正确认识危机；承担社会责任，积极参与旅游危机救援；加强职业培训教育，掌握危机处理技能。

3. 危机市场管理

危机发生后，面对危机对景区发展造成的损失，危机管理的战略中心是全面修复受到危机影响的旅游景区供需结构；同时，重新树立景区形象，逐步恢复公众对景区的消费信心。

4. 危机沟通管理

危机中的沟通和交流非常重要，其主要措施，一方面是对外部的公关宣传，组建统一的新闻发布中心，及时将旅游危机发生的来龙去脉、处理进展等向外界的游客与公众说明；另一方面是对内部的信息管理，相关部门成立临时办公室，建立起一条信息沟通的绿色通道，最大限度地减少信息沟通的烦琐步骤，便于开展联合行动，及时组织救援及修复工作。

5. 危机救援管理

面对危机的难以预知性与涉及面广泛，旅游危机救援管理应采用联动救援的思路，集合优势力量实行合作救援，最大限度地实现资源配置的最优化。这包括成立救援指挥部，构建专业化的应急救援队伍，建立信息应急联动机制，等等。

（二）危机管理典型案例

1. 美国卡特琳娜飓风：天灾与人祸

（1）美国十大自然灾害之一

卡特琳娜飓风是 2005 年 8 月 23 日出现的一个五级飓风，在美国新奥尔良造成严重破坏,造成伤亡人数超过 1883 人,30000 所房屋被毁,经济损失高达 2000 亿美元,几近毁灭一个城市,已经成为美国历史上最严重的十大自然灾害之一。飓风给美国社会带来了深远的影响,77%的美国民众对政府产生信任危机,震惊悲痛之余,开始反思如此惨痛后果的原因。面对民众的质疑和批评,美国白宫和国会宣布对飓风应对情况展开调查,时任美国联邦紧急措施署(FEMA)署长麦克·布朗和时任新奥尔良市警察局长卡帕斯相继宣布辞职,数百名擅离职守的警察受到审判。

（2）飓风灾难展现危机管理不足

在飓风袭击前,新奥尔良的市区人口超过 79 万人,是美国重要的经济大都市,旅游业兴盛。2005 年飓风袭击后,居民纷纷撤离城市,如今该市人口只有 37 万人,是美国继底特律之后,第二个市区人口出现大规模下降的城市。事实上,卡特琳娜飓风为新奥尔良带来的伤害不仅来自直接的飓风袭击,其后的洪水泛滥、城市失控等问题更是加剧了对城市的破坏。作为自然灾害事件的飓风袭击不可避免,但是洪水泛滥、城市失控等问题却能够通过危机管理加以应对。

①危机预防:基础设施防护水平不足。首先,为了铺设石油管道,新奥尔良周围的湿地被大量破坏,使其面临飓风的袭击时不堪一击。其次,海堤、堤坝、防水壁、防洪堤、电网、通信等防灾基础设施不足,40 年前新奥尔良已经遭受过类似的飓风淹城,并为此建设防洪堤,但是由于资金断续,直至卡特琳娜飓风袭来之时还未建成,无法发挥防洪功能。最后,基础设施的防灾水平不足,通信设施在飓风袭击后已然瘫痪,城市发挥避难设施的 Superdome 体育会展中心是避难所,未储存足够的燃料、食物和其他供给品,无法满足城市的巨大应急需求。

②危机预警:预防不力,未引起民众重视。飓风来临的 48 小时内,有关专家就已发出预报,政府虽做出预警,敦促市民疏散,但并未下达强制疏散命令,未引起市民重视,疏散效果不佳。

③危机处理:决策迟疑,救灾迟缓。美国在飓风危机处理中所展现出的救援不力饱受诟病,直接给联邦政府带来信任危机,过半民众对布什政府的危机处理不满。首先,缺乏详尽周到的危机应急预案,联邦政府虽有飓风灾害防护预案,但是并未覆盖到如此高量级的飓风,同时为飓风所可能带来的次生灾难应对不足,如市政府虽有安排将市民送往避难所应对飓风,但未对后来的洪水做出应对;救援效率低下,市政府、州政府及联邦政府未形成统

一应对体系，分割救援；救援方式上，机械地将妇女、男人和小孩分开救援，割裂了家庭，直接导致后期联系家人的困难。

④危机后恢复：灾后安置不力，城市局面失控。近两百多名警察在飓风袭击时失踪，灾后数百名警察擅离职守，城市出现抢劫和无法无天行为；灾后重建工作缺乏资金，联邦政府、州政府和市政府互相扯皮，联邦紧急措施署FEMA停止支付住宿费用，但大多数灾民还没有分到简易房子，导致众多灾民流离失所。

（3）危机管理的反思与展望

①灾后应对措施：美国联邦政府通过对卡特琳娜飓风的调查与反思后，实施了六大灾后应对措施。第一，政府承担重建大部分费用，包括路桥、学校和供水系统的重要基础设施；第二，所有高层参与评估政府的灾难反应，完善相对应的救灾系统；第三，建立失业工人账户，提供灾民经济援助，用于培训、教育和子女看护支出；第四，出台法案，将多余的联邦财产以抽奖形式移交低收入市民；第五，转移灾民，补偿接纳州承担的医疗和看护费用；第六，拨款补贴地方政府为受灾学生提供教育。

②危机管理缺陷与英国经验：缺乏高效垂直的危机管理领导体系是卡特琳娜飓风事件的关键缺陷。任何危机处理都需要组织良好，拥有调配救灾能力的领导机制。体制上，美国是"小政府、大社会"，未形成垂直的救灾体系，导致有关部门未能交换重要信息，搞不清职责区分，落实响应能力不足。比较而言，英国应急防灾机制由中央和地方共建，各个部门根据工作职责制定了不同的职责分工体系，一旦发生灾害，调动所有应急机制，陆海空提供急救和支援。

③危机管理统一领导体系：危机管理需要强化领导权威，构成强有力的指挥协调中枢；设置直属市长的综合性危机管理机构，辅助市长进行危机的全面管理；并形成各方代表组成的应急委员会，进行决策和沟通协调。

受卡特琳娜飓风的反面启发，波士顿设计师Kevin Schopfer率领团队共同设计了崭新的浮动城市，名为"新奥尔良生态聚居地"，停靠在密西西比河岸边，采用坚实的三角形设计可以减小恶劣天气影响，并配有防飓风的面板来承受剧烈的风暴，以预防类似灾难发生。针对新奥尔良的丰富水资源极易带来洪水和风暴潮，地表由软土、黏土构成，难以建造集中结构等情况，浮动城市都可以有效缓冲。此外，整个建筑社区配有教育系统、商业、零售、旅馆、赌场、车位和公共设施，能够容纳40000居民，已被视为新时代城市危机管理与发展的一大方向。

2. 北京 7·21 特大暴雨："重地上与轻地下"

（1）危机检验城市

危机管理是检验一个城市现代化程度的重要标准，防患于未然是城市危机管理的根本之道。2012 年 7 月 21 日，北京及其周边地区遭遇 61 年来最强暴雨及洪涝灾害，造成北京地区 79 人死亡，房屋倒塌 10660 间，160.2 万人受灾，经济损失 116.4 亿元。暴雨洪涝对北京市基础设施造成重大影响，全市积水道路 63 条，路面塌方 31 处，5 条地铁线路 12 个站口因漏雨封闭，地铁机场线停运，25 条高压线路永久性故障，铁路线路临时停运 8 条；对市民生活造成了重大影响，全市转移市民 56933 人，发生 2 起泥石流灾害。本案例暴露出北京这所超大型现代化城市在危机管理存在的诸多问题。

（2）危机成因及管理问题

①热岛效应与极端天气：全球气候变化背景下，极端天气显著增加，各大城市频繁面临雨灾、洪灾侵扰。同时，北京城市面积过大，高楼林立，热岛效应明显，过热气流上升，加剧暴雨产生是 7·21 暴雨的直接原因。

②城市建设结构失衡：极端天气虽是暴雨产生的直接原因，快速的地面建设，相应排水系统明显滞后，则是洪涝灾害产生的症结。北京的发展一直"重地上，轻地下"，排水等地下设施的发展相对滞后，远达不到地面与地下建设投资持平的标准。城市的快速发展使得地下空间不断被占据，难以满足供排水系统升级，地下建设还分属市政、排水、环保、电力、通信等不同部门，没有统一协调的机构统一规划、建设，难以明确责任，整合力量，改建排水管网。

③路面建设防灾减灾不足：城市内建造了大量的建筑和道路、广场等硬质地面，减少了渗水地面和植被，北京超过 80%的路面被混凝土、沥青等不透水材料覆盖，致使地下渗水能力大幅减弱，河道缩窄行洪断面减小，进排水速度不成比例，暴雨之后极易形成涝灾。

④预警机制与反应机制不足：北京预案体系较为健全，有《北京市突发事件总体应急预案》以及专门的《北京市防汛应急预案》，虽较为全面，但具体操作上对城市现有应急能力与脆弱性分析不足，权责界定不清。此外，危机管理机构呈分散状态，在分灾种、分部门、分地区管理机制下，各部门出现矛盾后，无法产生协调作用，互相干扰。7·21 事件中，面对突发的汛情，市政、水利、气象、公安、房管等部门协调不足，气象部门虽预报准确，但

是没能成为防灾警报。

⑤危机管理意识不足，普及性差：市政部门的危机管理意识薄弱，未重视对下水道等危机预防设施的建设。暴雨预警的准确性和及时性是普遍难题，重点在于预警的普及性，需要在短时间内将预警信息通过各种通信手段传播出去。案例中，北京市房山区最危险区域的几户村民未接到任何灾情讯息、转移通知等信息，说明了危机预警系统在普及性和实用性上的不足。

(3) 完善城市危机管理对策

①加强应急工作顶层设计：超大型城市面临系统性风险，政府必须加强整个超大型城市的公共安全规划和应急管理准备工作，重点加强风险分析和评估工作，以此作为整个应急准备工作的前提和基础。

②森林城市与生态城市观：森林植被对暴雨侵蚀有良好的减灾和调控作用，对于确保经济社会安全、宜居环境保护具有重要意义，体现在：第一，森林的林冠截留延滞并降低了降雨对地面的侵蚀强度，减少了水土流失、泥石流等灾害发生的可能性；第二，林地土壤发挥了重要的生态调控作用，具有良好的水源涵养和绿色水库调蓄功能；第三，森林植被的径流调节消减了雨量和雨强，显著减轻了暴雨灾害的危害性。因此，必须大力植树造林，推进森林城市建设。同时遵循人与生态和谐相处的自然规律，尊重本地的地形地貌、本土生态，保持城市的化解灾难、抵御灾难和自我排解能力。

③市政硬件设施建设：7·21 的教训表明，迫切需要提升城市防范灾害能力，根据区域的地理条件，人口密度及建筑物分布，设定不同的防汛建设标准，加强城市地下管道的建设和配套管理，完善城市内涝防御应急体系。第一，先考虑地下，后完善地上，打好下水道基础；第二，建设标准超前，为以后的发展和负荷增长留出空间；第三，下水道建设和管理统一，水、电、气、信等全市干道地下建设由一家单位负责、管理。

④城市危机管理联动机制：对城市的各种相关资源进行整合，明确政府各危机管理主体的职责权限，在危机管理过程中介入的方式和程度，经常组织各个危机管理部门负责人员进行交流，以提高城市危机管理的效率。同时，构建政府与市民、民间组织之间的联动机制，建立非政府组织及市民参与的危机管理社会网络，动员全体市民参与危机管理。

第四节 旅游城市优质服务

推广社会公认的规范化服务可以保证旅游城市的基本服务水平;创建体现城市精神的差异化服务可以增强旅游城市的地方吸引力;定制符合游客偏好的个性化服务可以提高旅游城市的游客满意度。规范化、差异化与个性化的优质旅游服务是旅游城市可持续发展的保证。
——世界旅游城市联合会(World Tourism Cities Federation)

一、定义、目标、理念

(一)定义

旅游城市服务是指旅游城市为满足旅游者从选择、抵达、旅游,以及游后全过程的所需要的各种服务。它包括:城市交通、城市秩序、城市环境、城市信息等旅游公共服务,以及饮食、住宿、游览、购物、娱乐等旅游要素服务。

(二)目标

服务是旅游城市软实力。优质的旅游城市服务有助于塑造个性鲜明的城市形象,提高旅游者的满意程度,实现旅游城市的可持续发展。

(三)理念

旅游城市优质旅游服务的三项基本原则是社会普遍公认、城市地方特有与满足个性需求。

二、城市公共服务

(一)城市交通

一个优秀的旅游城市应该有鲜明的城市个性与包容的城市精神。其应为旅游者提供方便舒适的城市交通、安全稳定的城市秩序、友善绿色的城市环境与智能便捷的城市信息。

1. 航空机场服务

(1)高效的交通通达和无缝的中转对接:机场航班数量和支线航空合理布局,确保全方位地理覆盖;整合各类公共交通方式,实现地铁、轻轨、电车、轮船、巴士、出租车、自行车等一体化管理；登机手续一体化，行李托运与海关检查等程序简化；实现海陆空联运，建设零距离换乘客运枢纽。

（2）精准的航班时效性：努力保障航班准时准点，力避起飞和到达延误；保证航班频率，提供应急备选航班；及时播报航班延误原因、预计延误时间、中转衔接航班等信息，合理安置航班延误的乘客。

（3）严密的航空安全保障：合理配备安保人员数量，保证巡逻频次；运用先进检测系统，开通绿色通道；配置反恐防爆设施；普及机场安全知识。

（4）高效畅通的航空信息传达：内部标识系统完善、信息实时更新，提供多语言服务；提供多种信息获取渠道，发放机场服务指南手册和配备自助服务终端。

（5）完善便利的设施与舒适整洁的环境：确保机场环境清洁明亮、候机区和休息室宽敞舒适；配备外汇兑换点、行李推车、租赁设备、手机和电脑充电等便利设施；尽可能做到无线网络的全覆盖；选择性地提供购物场所、多功能电影院、地方特色餐厅、小型球场等休闲设施。

2. 公共交通服务

（1）全方位的城市公交服务时空覆盖度：公共交通的城市空间覆盖广泛，深入城市各个区域；线路通达、换乘方便；运行频率和营运时间合理。

（2）舒适的搭乘体验和个性化的交通方式：确保公共交通承载力充足和班次准点准时；搭乘环境舒适、行车速度适宜、驾驶员技术优良；依据城市特色，提供多样化的绿色公共交通，如自行车、人力车、畜力车等。

（3）一体化的公交管理：建设城市大型交通枢纽，实现轨道交通与地面交通一体化，票制一体化；鼓励发展城市交通、购物、住宿、餐饮、娱乐一卡通服务。

（4）完善的城市公交标识系统与信息服务：站牌高度合理、标识清晰；车辆到站时间、票价、换乘等公共交通信息准确无误；提供搭乘指南、交通地图和多语种的语音报站服务。

3. 出租车服务

（1）方便快捷的打车服务：出租车数量充足；叫车服务平台多渠道；车辆类型多样；城市车流畅通。

（2）安全的行车保证：行车过程与乘客上下车的安全保证；出租车标志灯与安全防护装置完好配备，出租车司机遵守交通守则。

（3）良好的车况车貌：车况良好、牌证齐全；车身外观体现城市文化特色；车内卫生条件良好；附属设施与车辆档次类型相匹配；提供智能查询设施和无线网络。

（4）优秀的司机服务：倡导出租车司机用语文明、着装规范、服务主动、风趣幽默；鼓励提供城市导览服务；主动提醒游客下车时带好行李物品；严禁拒载、强加购物点等行为。

（5）合理规范的收费：辅助游客选择合理的线路，按照最优路线行驶，不绕道；先问路后计价，按表收费；主动为游客提供发票。

4. 租车服务

（1）便捷的租车服务：租车手续和流程简化；车况良好、性能安全；车辆保险配备齐全；租车网点布局合理，实现异地还车；提供多种类型的车辆和租车渠道；满足游客夜间突发、应急用车需求；提供多样化增值服务，如送车上门、GPS 等。

（2）规范的管理：租车费用合理，收费明细公开；应急处理机制健全，意外事故处理快速；售后服务完善；严格租车公司的资格审查；惩处乱收费、欺诈旅游者行为。

（二）城市秩序

1. 完善旅游安全法规与制度

建立健全的旅游安全相关政策法规与管理条例；联合执法，严格执法；根据游客淡旺季变化，调整执法人员配置；根据城市特点选择性建立骑警、女警、旅游警察等体现城市独特魅力的安全保障队伍。

2. 健全旅游安全预警和应急机制

建立旅游安全预警系统，提供准确旅游发展信息；建立大区域联合、多部门协调、海陆空一体的应急机制，及时提供相应的救援服务措施；做好善后处理工作；宣传旅游安全生产，健全旅游安全教育培训制度，强化旅游从业者和旅游者的安全意识。

3. 保障城市治安、生态与公共卫生安全

加强治安防控，妥善处理各类不稳定因素；建设完善的警务体系，做好治安宣传，严密防控恐怖活动；发动基层群众力量，维护城市治安稳定。建立自然灾害风险监测系统，及时评估风险；完善自然灾害应急预案和政策，健全公共救援体系。实时向公众发布目的地旅游安全预警信息，提供不良旅游行为劝诫服务；提供公共卫生安全防范措施，提供卫生安全指导。

4. 旅游投诉体系

提升游客满意度，完善旅游投诉和质监工作；健全投诉举报网络，多渠道受理旅游投诉；规范旅游投诉举报处理，明确受理范围、投诉条件、处理流程和投诉途径；研究改进投诉处理方式，缩短投诉受理时限，增强投诉调节协议的效力。

（三）城市环境

1. 热情好客的当地居民

当地居民举止文明、热情好客；熟悉当地情况，热心帮助游客；掌握文化差异，遵从文化禁忌。

2. 独具特色的待客方式

推广当地独特的问候语言、见面礼仪；传承保护地方特色的待客方式；与时俱进，不断充实、完善与发展待客方式的文化内涵。

3. 深入人心的生态保护意识

树立生态友好理念；完善动植物保护政策，健全法规制度；开设绿色论坛，强化生态保护宣传，普及全民保护意识；培育绿色环保典型，建立绿色行为规范，积极参加绿色服务认证。

4. 广泛普及的节能减排技术

扶持开发利用太阳能、风能、潮汐能等可再生能源；健全城市自行车租赁网络等绿色交通系统；鼓励食品地产地销；积极开发节能减排技术，完善节能减排技术服务体系，提高资源循环利用率；实现餐厨垃圾的减量化、资源化、无害化处理。

（四）城市信息

1. 引导智慧旅游公共服务

政府明确智慧旅游城市建设目标与愿景，规划与引导旅游信息服务建设；健全旅游电子政务系统，及时发布与处理相关信息及政务；鼓励在机场、车站、广场、商场等公共场所提供免费无线网络等信息联通服务；鼓励、引导当地旅游企业、相关服务厂商及传媒企业参与智能旅游城市建设，完善旅游信息服务体系；建设全流程、一站式旅游信息公共服务体系，保障游客与外部世界的灵活联通。

2. 完善智慧旅游平台

积极创新现代旅游信息化技术，实现旅游产业全链条智慧化管理。依托移动智能终端满足日渐兴盛的差异化市场需求，个性化定制旅游产品；基于云计算打破地区间、部门间的行政壁垒，实时动态共享和交换数据信息；整合大数据无缝对接旅游城市服务供应信息与游客需求信息；发展电子交易平台，创新支付方式，实现旅游交易便捷化。

3. 鼓励游客智慧消费

鼓励游客广泛应用智慧旅游技术获取旅游信息，规划旅游线路，采购旅游服务；培养智慧化的消费习惯，先预订后旅游，不扎堆，不跟风；主动参与旅游服务评价，及时分享旅游服务消费体验，积极为智慧旅游城市建设建言献策。

三、旅游要素服务

一个优秀的世界旅游城市应为旅游者在饮食、住宿、交通、游览、购物、娱乐等旅游要素方面提供优质服务。

（一）饮食服务

1. 食品符合卫生安全标准

食材来源安全，食品符合卫生安全标准；食品的生产设备和环境卫生、安全；食品卫生安全监管制度健全。

2. 食品种类多样，地方特色鲜明

饮食选择多样化，能满足不同饮食习惯游客的饮食需求；食材、烹调方式、菜品具有地方或民族特色；建设有地方特色或民族特色风味的餐饮街区。

3. 丰富食品信息获取方式

食品宣传推广方式多样，能借助传统与现代媒体，综合运用导游讲解、博客、美食地图、宣传手册、社交网络等方式展示当地饮食；食品信息沟通、饮食体验服务评价平台畅通，能方便游客与商户之间的信息交流。

4. 食品价格合理

明码标价；价格监管制度健全，保障游客权益。

5. 打造独特餐饮体验

挖掘地方自然文化资源，开发地方特色鲜明的餐饮产品；就餐环境、餐厅主题类别丰富、形式多样，能为游客营造感官与情感双重体验；有丰富的游客参与活动。

（二）住宿服务

1. 类型与档次符合目标市场要求

酒店类型应与目标市场需求相匹配，积极发展主题酒店、精品酒店、经济型酒店、家庭旅馆等住宿类型；酒店价格水平与目标市场消费水平相匹配。

2. 建筑风格突出地方特色

酒店建筑风格体现城市地方特色，鼓励建筑材料本地化；酒店建筑与当地自然环境、风土民情相融合；酒店外观与市容市貌相协调。

3. 服务体现地方特色，满足个性化需求

结合酒店所在城市的地域人文特色，提供地域特色服务；根据不同国家、宗教、年龄、性别、身体状况、消费偏好，提供个性化服务；健全游客档案，掌握游客需求偏好，做好游客期望管理；重视游客评论，提供定制化的服务信息，带动目标人群参与；适度授权员工，及时补救服务疏失。

4. 设施服务绿色环保

合理规划酒店环境、建筑与流程，实行酒店绿色设计；积极采用节能设备设施，使用可再生能源，实现酒店绿色服务；宣传环保理念，引导游客绿色消费。

（三）**游览服务**

1. 独特的旅游吸引物

挖掘自然文化遗产资源，开发与活化非物质文化遗产，举办旅游节庆活动；旅游景点具有地方与民族特色；融合相关产业，建设新兴旅游吸引物；旅游吸引物突出城市地格，塑造独特的生活方式。

2. 完善的讲解系统

安全标识符合国际通用标准；旅游讲解系统有地方特色；旅游节点合理布局路标、信息指示牌、智能导览、残疾人导览系统；根据目标市场需求制作多种语言的旅游标识；旅游标识建设采用地方材质、地方工艺；定期检测更新路标、信息指示牌与旅游地图，确保标识准确与完整。

3. 热情周到的导游服务

建立完善的导游员培训与教育制度，导游员需具备较好的语言与服务接待能力；导游讲解内容规范，导游用语健康、文明；健全导游管理法规，保障导游合理权益；鼓励公众自愿参与导游服务工作，提倡公益导游。

4. 丰富的游客体验活动

活动项目独特、新颖，立足当地自然人文特色；注重游览过程的感知和体验，规划符合旅游者特征与需求的参与性旅游活动；游览活动主题鲜明，通过布局布景、建筑艺术、服装道具与文化语言塑造统一主题，为游客带来全方位的感受。

(四) 购物服务

1. 购物便利

旅游购物网点布局合理、交通便利、配套设施完备；大型购物中心和小型便利店布局科学；服务人员掌握主要客源国商品交易语言；支付方式与货币兑换便捷；拓展网上购物业务。

2. 物有所值

商品货真价实；商家能联合营销，开展旅游购物节、季节性促销活动；合理采用退税、免税、折扣等优惠政策；商品售后服务周到。

3. 种类丰富且特色鲜明

旅游商品种类多样；旅游商品具有鲜明的地方与民族特色；旅游商品不断更新和改进；旅游景区销售反映本区域特色的旅游纪念品，购物商场设立具有本地特色的旅游商品专柜；鼓励商品进行质量认证，包装旅游商品地方品牌。

4. 丰富的购物体验

购物环境良好；根据不同的购物类型及游客需求，设计相应的购物体验场景，增加旅游商品的附加值；能为游客提供优质的个性化服务。

(五) 娱乐服务

1. 主题鲜明的娱乐活动类型

娱乐活动类型多样化，能根据目标市场需求选择性地提供杂艺表演、体育竞技、实景演出、户外游乐、影视、戏剧等活动；娱乐活动与节事活动立足地方文化，独具地方与民族特色；娱乐活动类型新颖，将传统娱乐活动与各种现代技术相结合。

2. 丰富多彩的夜生活体验

夜间娱乐活动形式多样，并能合理利用城市空间；有固定娱乐场所定期定时举办夜间文艺演出与娱乐活动；夜间交通、饮食、购物等配套服务设施齐全；夜间休闲娱乐活动尊重当地文化传统，避免旅游者与当地社区的冲突。

3. 完善的配套设施与可靠的安全保障

娱乐场所周边的信息服务、饮食、住宿、交通、安全等配套设施齐全；对娱乐设施运营例行检查与监管，定期对服务人员以及游客进行安全教育与培训；文化娱乐活动安全、内容健康；公共场所以及娱乐场所的治安管理良好，能保障旅游者人身与财产安全。

第五节 国外旅游城市发展与管理经验借鉴

一、沙漠奇迹拉斯维加斯

从洛杉矶通往拉斯维加斯的公路两旁都是荒芜的沙漠和枯黄的野草，公路一眼望不到尽头。随着公路的延伸，一个与外面荒芜沙漠有着鲜明对比的现代化都市便映入眼帘，如梦如幻。拉斯维加斯便是这个沙漠中的奇迹，作为美国内华达州的最大城市，以赌博业为中心的庞大的旅游、购物、度假产业而著名，是世界知名的度假胜地之一，拥有"世界娱乐之都"和"结婚之都"的美称。

（一）旅游发展历程

1. 旅游发展的萌芽阶段（20世纪30年代至20世纪50年代）

20世纪30年代的经济大危机给美国带来了沉重的打击，此后联邦政府开始在危机之后干预城市事务，旅游业也从此进入了拉斯维加斯的城市发展日程。1928年，国会通过法案在当地修建"胡佛水坝"，成为当时的世界第一大坝。大坝的竣工不仅解决了城市的水电供应问题，也吸引了成千上万的游客参观，带动旅游业的发展。1931年，内华达州议会通过的"托宾法案"将赌博合法化，此举激活了拉斯维加斯市的博彩业发展，成为当地旅游业重要的娱乐板块。从1940年到第二次世界大战结束之前，拉斯维加斯成为重要的军事基地，城市人口与建设规模激增，成千上万的士兵及其家属光顾赌场，也带动了当地的旅游经济。

2. 旅游发展的繁荣阶段（20世纪50年代至20世纪70年代）

在这一阶段，博彩娱乐业和会展业作为旅游发展的两大支柱产业共同促进了拉斯维加斯市旅游的繁荣。大型赌场主聚集到当地，通过建设配套设施如高尔夫球场、游泳池、网球场等娱乐场所以及大型旅馆等住宿场所，促进博彩业发展。娱乐活动的丰富也使当地成为旅游胜地。同时，出于内部财政危机以及外部职责威胁，拉斯维加斯市通过大力发展会展业扩大旅游业的根基。随着机场、宾馆等配套设施的完善，会展业的规模发展也弥补了旅游业以博彩娱乐为主体的不足。

3. 旅游发展转型阶段（20 世纪 70 年代至今）

美国合法赌博业的扩展给拉斯维加斯带来了客源减少的直接影响。20 世纪 90 年代起，拉斯维加斯开始确立以建立适合全家旅行的旅游胜地为目的的发展路线，并通过增加新建酒店的儿童游客内容、建立购物中心等举措进行支持。同时，由于手续的便捷及成本的低廉，拉斯维加斯市也吸引了大量的外地游客前来登记结婚，成为当地庞大的消费群体。通过一系列致力于非博彩类旅游资源发展的举措，拉斯维加斯市的歌舞表演、购物美食以及周边自然景观等均成为旅游者的重要选择。2007 年，非博彩盈利达 110 亿美元，超过了博彩业盈利的 90 亿美元。一个多元化、全新的拉斯维加斯旅游业已呈现在世界面前。

（二）旅游产业构成

拉斯维加斯会展及观光局国际品牌战略副总裁 John Bischoff 表示："拉斯维加斯的目标不仅是休闲和商务游的目的地，更要成为世界娱乐之都。现在我们已经向这个目标前进了一大步。除了博彩业，拉斯维加斯还拥有各种丰富多彩的娱乐项目。"如今，每年来拉斯维加斯旅游的 3890 万旅客中，来购物和享受美食的占了大多数，专程来赌博的只占少数。

1. 景观景点

大峡谷玻璃桥（Skywalk）被誉为 21 世纪奇观，由美国华裔企业家 David Jin 构思建造而成，临空 4000 英尺（1219 米），悬挂在大峡谷边缘，以 720 度视角展示大地峡谷的迷人景色。

Springs Preserve 被称为"拉斯维加斯诞生地"。这是一个综合性的文化类景点，包括博物馆、画廊和儿童乐园。其中的 The Neon Museum 博物馆展出了从 20 世纪 40 年代至今的经典霓虹灯广告，展现了拉斯维加斯迷人的往事。

2. 文化演出

拉斯维加斯市汇集了世界顶尖的歌星与表演团队，精彩演出经常座无虚席。从国际知名的太阳马戏团到百老汇盛演不衰的"歌剧魅影"和备受欢迎的 Jubilee 歌舞秀，拉斯维加斯大道上的许多表演都是世界顶尖的。传奇明星雪儿在凯撒宫酒店的罗马大剧院长期表演。老牌女歌手 Bette Midler 也在拉斯维加斯推出了她的最新作品："Bette Midler The Showgirl Must Go On"。

3. 休闲娱乐

除了知名的博彩娱乐外，拉斯维加斯市也可提供其他丰富的娱乐配套服务。

拉斯维加斯市被世界高尔夫经理人协会（International Association of Golf Tour Operators）提名为全球顶尖高尔夫胜地。拉斯维加斯还为想要放松身心的游客提供 45 个奢华 Spa。位于拉斯维加斯丽兹•卡尔顿酒店（Ritz-Carlton）内的 Spa，曾由权威旅游杂志《Condé Nast Traveler》评为美国最佳 Spa 第七名。

4. 餐饮

拉斯维加斯市拥有"美食之都"的称号，吸引了世界各地的顶级名厨汇集于此，拥有世界最多的国际顶级餐馆和高级调酒师。2007 年，拉斯维加斯成为美国第四个荣获"米其林指南"推荐的城市。2009 年版的"米其林指南"将最高的三星荣誉颁给了米高梅酒店（MGM Grand Hotel）的 Joel Robuchon 餐厅。拉斯维加斯还有三家餐馆获得两星推荐：分别是 Wynn 酒店的 Alex 餐厅，凯撒宫酒店（Caesars Palace）的 Guy Savoy 餐厅和 Bellagio 的毕加索（Picasso）餐厅，另有其他 13 家餐馆获得一星推荐。

5. 酒店住宿

在非博彩类酒店的发展方面，拉斯维加斯市也为游客提供了多样的选择。如 The Trump 国际酒店，拥有 1232 间客房和 50 间顶层套房，还有豪华 Spa、休闲沙龙、健身中心、餐厅、私人泳池，以及室内会议空间和会议中心，为每一位贵宾提供专属服务。

6. 旅游购物

拉斯维加斯市已成为旅游者的购物天堂。拉斯维加斯为每个喜爱购物的游客提供了绝佳的购物乐趣，既有奢华的顶级名牌，也有价廉物美的超值精品。游览拉斯维加斯大道，能够发现各种各样的纪念品商店和高级时装精品店。

二、拉斯维加斯的营销推广

（一）广告营销

商会在拉斯维加斯的广告宣传中起到了重要的作用。首先是成立 Live wire fund 基金，每个商会成员捐献年毛收入的 1%～5%，筹集的资金用于拉斯维加斯的宣传。其次是与专业的广告宣传机构合作来宣传拉斯维加斯市，将宣传品、报道和广告发往洛杉矶地区，并在知名报刊上刊登广告，鼓励人们观光，并在高速公路的交汇点处树立广告牌，对城市进行宣传。

（二）形象营销

随着城市的发展，拉斯维加斯的主题也不断更新发展。早期，拉斯维加斯市的主题为"蛮荒的西部";随着1947年西格尔创建弗拉明戈酒店,将蒙特卡洛赌场的迷幻气氛和加勒比地区的异国情调融为一体,确立了拉斯维加斯市多样性的旅游形象;1947年,为改变赌场的负面形象,拉斯维加斯启用了"阳光下的乐趣"来描绘城市;1948年,拉斯维加斯市用"家乡人"、风景奇观、温和气候以及著名影星等多样化形象把该市描绘为一个整洁优美的旅游胜地。

(三)节事营销

拉斯维加斯节庆活动类型多样、形式丰富,涉及领域有:文化庆典、文艺娱乐事件、商贸及会展、体育赛事、教育科学事件、休闲事件等,知名节事活动已经覆盖全年的各个月份当中(见表4-2)。节事的蓬勃发展源自城市的总体产业布局,拉斯维加斯将节事作为当地重要的驱动性产业进行发展,包括设立专门机构负责节庆产业的发展,培育世界级节庆活动,强化品牌宣传和营销,科学规划和建立配套设施等工作。拉斯维加斯通过市场化运作、开放式经营,高效地运作节事活动,并发展了诸多专业的组织与管理人才队伍。

表4-2 拉斯维加斯节庆活动一览

时间	内容
一月	消费电器展 International Consumer Electronics Show 超级杯周末 Super Bowl Weekend
二月	男士服装协会展 Men's Apparel Guild of CA 总统节周末 President's Day Weekend
三月	纳斯卡杯 Nextel Cup 电影博览会 ShoWest
四月	全国广播工作者协会会议 National Association of Broadcasters
五月	墨西哥节日 Cinco de Mayo 纪念节周末 Memorial Day Weekend
六月	拉斯维加斯首映电影节 CineVegas
七月	美国国庆节 National Day
八月	男士服装协会展 Men's Apparel Guild of CA
九月	美国劳动节周末 US Labor Day weekend
十月	万圣节 Halloween
十一月	感恩节 Thanksgiving Day
十二月	Billboard 音乐奖 Billboard Music Awards

三、拉斯维加斯的旅游公共服务模式

（一）政府扶持，基础设施建设先行

拉斯维加斯地处美国西部，气候干燥，山地居多，交通不便。特定的历史和地理条件决定了拉斯维加斯难以走传统的农业先行而后工业化和城市化的道路。拉斯维加斯市采取直接超越农业的发展阶段，工业与旅游业并行的发展道路。政府在此阶段主要扮演着产业发展的引导者以及公共服务产品的提供者角色。通过铁路、公路的建设，方便东部的资本、劳动力、生产生活资料乃至旅游者进入拉斯维加斯市。通过建设胡佛水坝，为城市供水供电的同时也成为当地的旅游吸引物。

（二）政策引导，旅游娱乐要素激活

拉斯维加斯的博彩娱乐业是当地旅游的先行要素，并在相当长的时间处于主导地位。通过博彩业的率先发展在旅游竞争中占据有利位置是拉斯维加斯市旅游发展的成功经验。博彩娱乐业的兴旺发达有赖于政府率先将博彩业合法化的举措。同时，拉斯维加斯市作为婚礼之城，吸引了大量的游客来此登记结婚也是源于当地对结婚程序的简化以及对成本的降低。

（三）多主体参与

拉斯维加斯的城市发展中离不开各个主体的努力和参与。如商会和公众共同商讨对策，对拉斯维加斯市的工业、农业、商业和旅游业的发展潜力进行调查，并将旅游业确定为当地的主导产业；商会成立 Live wire fund 基金会，为发展旅游业筹集资金，用于城市宣传工作。

（四）治理旅游发展中的城市问题

在发展过程中，拉斯维加斯也面临着交通拥挤、环境污染、经济衰退、社会骚乱以及失业、贫困等一系列城市问题。面对环境问题，为减少核试验场等带来的空气污染问题，拉斯维加斯市在距离 145 公里的亚卡山上建造一个永久性的核废料填埋场；面对交通拥挤问题，交通部门在 1998 年投资 1000 万美元架宽 15 号高速铁路，并得到了当地企业的投资。从 1998 年开始到 2003 年，内华达每年配给 1 亿 9000 万进行高速公路建设，总投资达 11 亿。除了陆路，1997 年，机场投资 11 亿修缮跑道和建设新的终点站，拉斯维加斯市说服联邦航空局和美国游客服务机构开通更多的国际直飞航班。

第五章 旅游目的地营销管理

第一节 旅游目的地营销概论

一、旅游目的地营销研究起源

20世纪的70年代，为了树立纽约为美国重要的旅游目的地的形象，"大苹果"作为纽约的旅游标识应运而生。"我爱纽约"（I LOVE NY）这个营销口号风靡全球。国外对旅游目的地营销的研究也在这一时期开始，但对旅游目的地营销真正加以重视并进行大量研究，还是从20世纪90年代开始，这在很大程度上与全球旅游业的快速发展有关。随着旅游业的深入发展，市场竞争日益激烈，市场营销已成为大多数目的地的一项战略任务，直接影响着目的地旅游业的竞争力，对目的地营销进行研究的价值与意义日益凸显，因此，越来越多的研究关注于此，研究的深度和广度也不断得到扩展。就研究内容而言，从最初的目的地形象研究向其他视角扩展，开始关注目的地营销组织、信息技术在目的地营销中的应用等；从单纯地关注消费者心目中的目的地形象向其整个建立过程转变，逐渐关注目的地定位、目的地品牌等目的地形象形成的前期工作；就研究方法而言，描述性的定性分析越来越少，较多地进行实证研究，运用大量的定量分析方法，如因子分析、结构方程模型、聚类分析等，大大推进了旅游目的地营销的研究进程（高静，2012）。国内对目的地营销的研究始于20世纪80年代末，最早是对目的地形象的关注，真正以"目的地营销"为主题的研究主要兴起于2000年以后，这在很大程度上与我国旅游业的发展进程有关。纵观目前的研究可以看出，学者们的研究兴趣与我国目的地营销实践发展紧密相联系，对影视旅游、节事营销、目的地营销系统、旅游博客营销等主题的探讨都体现了对国内目的地营销过程中新兴事物的关注。

二、旅游目的地营销概念

旅游目的地是旅游产品和服务的聚合体，它为旅游者提供完整的旅游经历，不仅是一个地理区域，而且是一个可以被旅游者主观感受的概念，并且不同的旅游者由于旅游时间长短、文化背景、旅游的目的、受教育水平及以往经历的不同而有不同的目的地感受（Dimitrios Buhalis, 2000）。从目的地本身的含义及游客的旅游经历角度来考虑，目的地才是研究旅游营销的最佳落脚点，因为目的地是涵盖了整个旅游业的空间区域，游客的旅游体验是基于目的地整体而不是单个旅游企业的产品或服务，从目的地角度进行旅游营销既考虑到了游客的心理感受，又在很大程度上符合旅游与旅游业的复杂性质（Richard Gorge, 2001）。

关于旅游目的地营销的含义，不同的学者有不同的看法，大体上有狭义和广义两种观点。理查德·戈赫（Gorge, 2001）认为市场营销在旅游和旅游业中的应用主要是在两个层面上：第一个层面是企业层面，第二个层面是目的地层面。旅游企业市场营销是从微观层面上进行的旅游营销，它主要发生在旅游企业及其目标市场之间。而目的地营销是将目的地作为一个有机整体而进行的营销，对旅游目的地进行营销是为了满足目的地利益群体的需要。英国学者布哈里斯（Buhalis, 2002）指出："作为整体的目的地市场营销与该地单个旅游供应商所进行的市场营销之间有很大的不同。"他认为，旅游者在目的地消费的是一种综合性旅游产品，而大部分的旅游产品及服务提供者都是一些独立的、有许多优缺点的小型或中型企业，旅游者消费的旅游产品是由许许多多这样的服务者提供的，旅游者对这些服务的综合印象就形成了他们对旅游目的地的看法，即目的地形象，所以目的地营销与单个旅游企业的营销存在很大差异。从理查德·戈赫和布哈里斯的分析中我们可以看出，他们认为旅游目的地营销与旅游企业营销之间是有区别的，是旅游与旅游业市场营销在不同层面上的两种不同表现，目的地营销是专门针对目的地所做的营销活动，不包括目的地旅游企业单独进行的市场营销活动，这是一种狭义的目的地营销概念。

与之相对应的是广义的目的地营销概念。英国著名旅游学者 V. 密德尔敦（Middleton, 2001）在他的《旅游营销学》一书中认为："目的地营销具有两个层面。第一个层面所关注的是整个目的地及其旅游产品，这是国家旅游组织的工作重点；第二个层面涵盖的是促销单个产品的商业企业的营销活动。"可以看出,他所说的第一个层面正是理查德·戈赫和布哈里斯所指的目的地营销,即狭义的目的地营销概念;他对于目的地营销的第二个层面的理解是一种广义的理解。

国内关于旅游目的地营销概念的定义,最早要追溯到发表于《旅游科学》1998年第4期的文章《旅游营销的新观念:旅游目的地营销》,可以说是国内最早以"旅游目的地营销"这一概念为命题的文章。文中虽然没有明确对旅游目的地营销概念进行界定,但其对于旅游目的地营销观念的理解在很大程度上说明了旅游目的地营销的实质,即旅游目的地营销是将旅游目的地作为一个整体所进行的营销活动。这也是此后学者们理解旅游目的地营销概念的基本立足点。在此理念指导下,学者们根据各自的理解对这一概念进行了界定。其中比较有代表性的是,保继刚等人(1996)认为:"一定地理空间上的旅游资源同旅游专用设施、旅游基础设施以及相关的其他条件有机的结合起来,就成为旅游者停留和活动的目的地,即旅游目的地。"魏小安(2002)认为:"能够使旅游者产生旅游动机,并追求旅游动机实现的各类空间要素的总和就是旅游目的地。"吴必虎(2001)认为:"旅游目的地营销从市场角度看,除了第一市场营销、第二市场营销和机会市场营销外,还应包括建立目的地产品与这些市场的关联系统,保持并增加目的地所占市场份额。"王磊等人(1999)从内容的角度切入,认为:"旅游目的地营销就是要提高旅游目的地的价值和形象,使潜在旅游者充分意识到该地区与众不同的优势;开发有吸引力的旅游产品,宣传促销整个地区的产品和服务,刺激来访者的消费行为,提高其在该地区的消费额。"舒伯阳(2006)认为:"旅游目的地营销作为目的地全面吸引游客注意力的工程,其基本理念是从产品营销向综合形象营销跨越,营销运作机制从分散的个别营销向整合营销传播提升。"

综合国内与国外学者的意见,本书将旅游目的地营销概括成:向旅游者提供旅游目的地相关信息,突出旅游地的形象并打造景区吸引物;向潜在群体和目标群体进行营销从而吸引其注意力,诱发其对旅游目的地的向往,进而产生旅游消费的活动。

三、旅游目的地营销相关理论与模型

(一)旅游者旅游动机理论

旅游动机是指激励旅游者外出旅游的原因。旅游动机既是旅游者整个旅游活动的出发点,对旅游者选择旅游目的地具有重要的意义,旅游动机贯穿整个旅游活动的全过程,并且影响着旅游者未来的旅游活动。

随着人们生活需要的多样化和复杂化,旅游动机变得多种多样。很多学者都对具体的旅游动机做了很多研究,但由于他们选取的方法不同,研究的角度不同,所以研究结果也不一致。

美国学者罗伯特·麦金托什和沙西肯特·格普特在他们合编的《旅游的原理、体制和哲学》一书中将所有人的旅游动机分为四类:

第一类是身体健康的动机,这个动机的特点是以身体的活动来消除紧张和不安,包括休息、运动、游戏、治疗等动机;

第二类是文化动机,这类动机表达了一种求知的欲望,包括了解和欣赏异地文化、艺术、风格、语言和宗教等动机;

第三类是交际动机,这类动机表现为对熟悉的东西的一种反感和厌倦,出于一种逃避现实和免除压力的欲望,包括在异地结识新的朋友,探亲访友,摆脱日常工作、家庭事务等动机;

第四类是地位与声望的动机,这类动机表现为在旅游活动交往中搞好人际关系,满足旅游者的自尊,包括考察、交流、会议以及满足个人兴趣所进行的研究等。

日本学者田中喜一在 1950 年由日本旅游事业研究会出版的《旅游事业论》中将人的旅游动机也归为四类:

第一类为心情的动机,这类动机的需要或心理主要包括思乡心、交友心和信仰心等;

第二类为身体的动机,这类动机的需要或心理主要包括治疗需要、保养需要和运动需要等;

第三类为精神的动机,这类动机的需要或心理主要包括知识需要、见闻需要和欢乐需要等;

第四类为经济的动机,这类动机的需要或心理主要包括购物的目的和商业目的等。

加勒比旅游组织的 Tom Buncle(2010)将旅游动机总结为:①获得满足感,包括在逃避中获得满足,在发现未知中获得满足感,在旅途的真实中获得满足感,在体验中获得满足感和个人成就感;②个人期望,这项和旅游者的人口状况、家庭情况以及价格都相关;③炫耀与购物,炫耀消费、最优惠的购物驱使、购买象征社会地位的旅游产品、展示自己的财富以及炫耀"看我到过哪里"的旅游经验。

Tom Buncle（2013）还总结了旅游者未来旅游动机趋势，包括：一是现实问题，如压力等对旅游者旅游造成影响；二是逃避，旅游者希望改变生活节奏，获得情感补给，在旅游中重燃激情，"关掉"与原有社会关系的联系，到无人打扰的地方"失踪"一段时间，获得个人的空间，选择"苦行"重新感受安宁与朴素的生活，感受自己做抉择的能力，重新感受自己的地位；三是获得与自己、伴侣、家人、祖父母等人的重新联系；四是享受安全的"危险"带来的刺激，如参加极限运动、探险等；五是感受"真实"，获得本土化、"非入侵"的真实体验。

旅游目的地营销应以了解旅游者旅游动机及趋势为前提，根据旅游动机特点及趋势变化制定旅游目的地营销策略。

（二）旅游目的地营销模型

目的地营销理念是指导目的地营销的基本思想，它的发展经历了一个从传统的营销理念向现代可持续目的地营销理念转变的漫长过程。传统的目的地营销将旅游看成同其他商品一样，营销集中在增加游客量上，其目的主要是为了增加利润。Buhalis（2000）总结了三种基于这种理念的目的地营销模型。

1. Porter 模型

Poter（1980）提出了三个主要的营销战略，即最小化成本、产品或服务差异化和通过细分市场达到成本领先或产品差异化。波特的营销模型是一个很好的模型，已经被各行各业广泛使用，它为决策者们对自己的产品定位提供了清晰的指导，可以帮助他们实现利润最大化，提高竞争力。但它也有一些缺点，此模型并非专门针对旅游，尤其是未能解决目的地资源的稀缺问题。因为许多旅游资源一旦破坏就不能再生，所以目的地营销战略应该能够保证限制资源的利用从而不至于威胁到目的地的长远发展。

2. Gilbert 模型

Gilbert（1984）提出了目的地营销的另一个模型，他认为目的地按营销地位可以划分为特权区和商品区，特权区目的地具有独特的产品性质，商品区目的地对价格和经济变化非常敏感。目的地要想提高其形象，增加顾客忠诚度和扩大经济收益，就必须力争成为特权区，拥有自己的独特产品，从而获得唯一的旅游产品利益，并在国际市场上占有一席之地，吸引消费水平高且忠诚的旅游者。此模型虽对目的地进行了种类划分有利于目的地选择其资源与设施规划和管理的方向，但它没有意识到大多数的旅游目的地是介于这两者之间的，并且也没有考虑到目的地的生命周期问题。

3. Poon 模型

Poon（1989）在考察旅游产业发展进程的基础上提出了自己的目的地营销模型，这个模型建立在旅游企业持久创新和不断变化的灵活性、专门化基础之上，他预见到了信息技术对决策制定和消费者行为的影响。在这个模型中产业创新是至关重要的，新技术的利用为旅游定制提供了机会，使得旅游企业能够根据市场需求来生产专门的产品。此模型的缺点主要是它很难在目的地层面实施。

随着旅游目的地营销实践的发展，人们逐渐认识到环境在旅游购买决策中的重要作用（Middleton & Becherel, 1999），社会和环境的需求日益被接受，成为有效营销的基本组成部分，可持续发展越来越得到关注。目的地营销理念开始向可持续的方向发展，出现了一些可持续旅游目的地营销的模型，比较重要的有两个：一个是社会营销模型，另一个是环境可持续旅游业市场竞争模型。金波 2002 年在他的博士论文《旅游目的地可持续性研究》中总结了这两种模型。①社会营销模型。此模型是世界旅游组织在总结南太平洋旅游规划实践的基础上提出来的（King, Mcvey & Simmons, 2000）。该模型重新审视了传统营销观念，要求在满足游客期望的前提下，承认当地居民在旅游发展中的重要地位，同时，还认为目的地营销与社会文化之间具有强烈的相互作用，即营销必须考虑社会文化的承载力。总之，社会营销模型兼顾了旅游者需要的满足、目的地经济收益和目的地社会效益。②环境可持续旅游市场竞争模型。此模型是一种集中于同目的地有关的环境可持续性因素的竞争性模型（Hassan, 2000）。该模型认为目的地的可持续发展取决于目的地对市场需求和竞争挑战反应功能的好坏。它确认了四个影响市场竞争性的因素：相对优势、需求定位、产业结构和环境承诺。这两个模型均在某些方面克服了传统营销模型的不足，社会营销模型强调了当地居民的利益，环境可持续旅游市场竞争模型强调了环境利益。

纵观上述各种目的地营销模型，无论是传统的目的地营销模型还是可持续目的地营销模型，都反映了人们对目的地营销实践在特定时期内的认识，这种认识随着实践的发展而不断地向前发展，相信未来还会有一些新的、更适合的目的地营销理念出现。

四、旅游目的地营销组织

一个旅游目的地要想增加知名度直至形成品牌，离不开对自身的营销和推广。随着竞争的激烈，越来越多的旅游目的地都设置了旅游目的地管理机构（Destination Management Organization，DMO），并设有与政府旅游管理机构合为一体的或相对独立运作的旅游目的地营销组织（Destination marketing organization），这些机构对于充分发挥主体作用起到了积极的影响。

（一）旅游目的地营销组织概念

旅游目的地营销组织是推行旅游目的地营销行为的主体机构，有狭义和广义之分。狭义的旅游目的地营销组织是指主要负责对旅游目的地进行形象策划推广和整体产品与服务促销的机构；广义的旅游目的地营销组织除了包括研究规划、产品开发、营销促销等核心职责，也同时包含了旅游目的地管理组织的相关职责，例如计划与控制（包括营销调研、营销计划、营销组合设计、产品开发、营销活动、制定预算、评估和控制等）；执行与实施（包括组织新闻发布会，撰写后续报道稿、进行网络促销等）；协调和合作（包括与目的地旅游活动运营商进行协调，确保旅游活动和项目流程符合之前的设计原则，在质量、价格等方面能够满足游客的心理预期，与社区进行经验交流和反馈等）。一般而言，旅游目的地营销被认为是旅游目的地管理的对外职能。

在中国，各级政府旅游局承担了相关职能，在此，统一简称为"DMO"。

同一般市场营销活动一样，"谁来营销"，即目的地营销组织问题，是目的地营销需要解决的一个重要问题。高效的目的地营销组织为目的地营销的顺利实施提供了组织保障。然而，与一般产品不同的是，目的地旅游产品由公共部门（目的地政府）及私营部门（旅游企业）共同提供，在一定程度上具有"公共物品"的性质，由此决定了政府旅游管理部门对目的地营销负有责任。以国家级旅游目的地为例，几乎所有的国家都在不同程度上参与旅游营销。除公共部门外，目的地营销还涉及旅游企业等其他一系列利益相关者，他们共同为旅游者提供完整的旅游产品，目的地利益相关者之间的复杂关系及相互依赖性为目的地协作营销提供了基础（Palmer et al.，1995），而公私部门间组建的营销联盟则是协作型目的地营销组织的主要体现。

（二）目的地营销联盟组建的原因

Palmer等人（1995）认为以下三点原因使得目的地营销联盟的组建成为必要：单个利益相关者资源有限，其促销行为不能对潜在游客产生较大的影响；市场机制不能使所有的利益相关者支持目的地集体营销并分享其成果；在营销规划过程中，利益相关者可能通过认识彼此的相互依赖关系更有效地达成自己的目标。Wang等人（2006）则从经济、社会、环境这三个维度分析了目的地营销联盟的组建，认为危机、竞争、组织支持与技术支持是其形成的四个前提条件；而从目的地利益相关者参与联盟的动机来看，主要包括五个方面，即战略相关动机、交易成本相关动机、学习相关动机、竞争力集聚和社区责任。Chen等人（2005）的研究也有类似的结果，他们认为"促销渠道多样化，降低成本""加强市场地位，增强形象"和"提高企业绩效"是旅游业内企业组建联盟的主要动机。

尽管协作对于目的地营销而言是必要的，但协作的程度却是不同的，存在两个极端：一种是联盟成员之间有界定清晰的目标与关系，另一种则没有正式规定的目标与关系，协作仅代表成员之间的潜在理解。Palmer（1998）认为可以从覆盖范围、组织形式、运作模式及参与动机这四个方面来区分协作的程度，并将目的地营销联盟分为成熟与不成熟两种类型，每种类型在上述四个方面都有不同表现。这种划分更多地考虑到了目的地营销联盟所处社会、经济、政治环境的影响。

（三）旅游目的地营销组织职能

旅游目的地营销组织的重要职能之一是信息职能，一方面收集当地的、区域的或国内的旅游产品信息并在全世界范围内传播；同时，也为当地的旅游企业提供信息，让旅游企业了解当前旅游业发展趋势、旅游市场形势和国内外竞争情况。面向旅游者，旅游目的地营销组织也有提供信息咨询的职责——旅游者希望有一个公正可信的机构为他们提供客观的旅游产品信息，以及一些有用的建议。

莱斯·拉姆斯顿（1997，2004）认为目的地市场营销的职能是：①开发符合各类市场要求的旅游产品；②为促销目标提取特殊诉求；③管理需求；④监督旅游开发带来的社会的、经济的和环境的影响。克里斯·库珀等（1998，2004）的观点是：目的地市场营销的重点仅限于促销策略，以此来改善目的地的形象或是使潜在及现实的旅游者产生更多的正面"精神理念"。"目的地需要着重突出那些能够对不同旅游者产生吸引力的产品属性，并且确保促销活动能够传递有吸引力的信息。目的地还需创造差异性的特征或'品牌'，以建立目的地区域定位的基础，使目的地具有与竞争对手不同的个性和差异。"他们将目的地营销的核心内容总结为旅游目的地形象的塑造与宣传、目的地市场定位和目的地竞争战略。

综上所述，除了莱斯拉姆斯顿提出开发旅游产品，其他的观点都集中在刺激需求、应对竞争、持续发展和信息传递等方面。其中，树立品牌、提高知名度和美誉度是目的地营销活动任务；引起消费者的注意，并最终使消费者满意，提高重游率是目的地营销的根本目标；市场细分与选择、定位、竞争分析和信息传播等是目的地营销活动的具体内容。旅游目的地形象是目的地营销的核心概念，目的地的营销活动应该围绕形象的分析与建设进行（李宏，2007）。

第二节　旅游目的地品牌营销

一、旅游目的地品牌概论

（一）旅游目的地品牌概念

"品牌"的概念在一般市场营销学中已经进行了非常深入的探讨。通过对经典的品牌化文献进行回顾，可以发现，David Aaker（2012）及其同事的文章为品牌化这一概念提供了理论上和实践上的最好的洞察，Aaker对品牌化的定义也被认为是最为广泛接受的定义。但是，由于在目的地的领域的品牌化问题的研究才刚刚开始，所以对于目的地品牌化概念的研究还不成熟，每一位研究者或者从各自的研究领域出发对目的地品牌进行概念界定，或者直接借用品牌的概念，在研究领域缺少一致性，这一方面有助于扩展研究的视野，但是在概念上的混乱容易导致思维混乱，交流障碍，不利于学术的思考和提升，同时也不利于指导目的地品牌化的实际运作和管理（盖玉妍等，2009）。目前，研究者们对目的地品牌化主要有以下定义（见表5-1）。

表5-1　目的地品牌化相关学者定义

作者	观点
尼克森和莫西 （Nickerson & Moisey，1999）	目的地品牌化是旅游者所持有的目的地形象以及旅游者与目的地形象之间的关系
蔡利平（Cai，2002）	目的地品牌化就是通过正面形象打造认知和区别一个目的地的一致品牌要素的选择和战略组合
卡普兰道和沃格特 （Kaplanidou & Vogt，2007）	目的地品牌化就是把一个地方所有特征属性合并在一个概念下，表达一个独特的目的地身份和个性，区别于竞争者

续表

作者	观点
汉金森 (Hankinson, 2004)	目的地品牌是一种关系,这种关系为目的地形象和消费者自我形象的匹配,品牌和消费者匹配,消费者需求和品牌象征价值与功能属性的匹配
布莱恩、列维和李奇 (Blain, Levy & Ritchie, 2005)	目的地品牌化是一系列市场营销活动,具体有四个方面的主要目标:①支持创造,旨在识别并使目的地品牌化的名称、符号、标识、文字或者图形标志等;②一致地传达与目的地独特相连的、值得记忆的旅游体验的期望;③巩固和强化旅游者与目的地之间的情感联系;④降低旅游者的搜寻成本和感知风险
布、布赛和巴洛格鲁 (Boo, Busser & Baloglu, 2009)	目的地品牌是目的地区别于竞争者的差异性特征的集合

从上述学者观点中可以看出,目的地品牌定义的灵感来自一般市场营销学,因为品牌化的概念可以成功地延伸到有形和无形因素上。另外,目的地品牌的定义的增加不仅仅表明学术上的争鸣和需要,更是品牌化的原则和管理在应用中的需要。

(二) 旅游目的地品牌化的意义

旅游目的地品牌定义揭示了旅游者把目的地看作是一个整体产品,他们通过情感和认知过程来判断目的地特征(Boo, 2006)。因此,品牌化在目的地选择决策过程中显得至关重要,品牌成为目的地营销的关键部分(Morgan et al., 2002)。尤其是,Morgan等人(2002)指出目的地品牌化是"当代目的地营销者的最有利的营销武器,因为品牌化增加了生产力、差异性和竞争力"。学者们和目的地营销管理的实践者已经认识到品牌化对目的地的巨大益处。J. Clarke(2000)归纳了旅游业品牌化的六个好处:①由于旅游业的高参与性,品牌化减少了选择;②品牌化减少了不确定性的影响;③品牌化传达了时间的一致性;④品牌化减少了度假决策的风险因素;⑤品牌化促进了精确的市场细分;⑥品牌化有助于使大家聚焦于生产者的努力所带来的整体效果,促使旅游目的地的利益相关者朝一个共同的结果努力。Tom Buncle(2010)总结旅游目的地品牌化的六个益处:一是树立品牌的个性化;二是突出品牌的独特性;三是让旅游目的地难以忘怀;四是让旅游目的地在竞争者中具有竞争力,脱颖而出;五是建立游客的忠诚度;六是让旅游目的地具有优先定价权。同样的，Ooi（2004）提出了目的地品牌化的四个功能：第一个功能是形成旅游目的地的公共感知；第二个功能是把目的地包装成可选择性的和有美感的；第三个功能是使旅游目的地在全球的旅游市场竞争中站住脚；第四个功能是形成旅游体验。

Juergen Gnoth（2002）把旅游目的地品牌的作用划分为功能上的（Functional）、象征性的（Symbolic）和体验上的（Experiential）三种类别。Nigel Morgan 等人（2002）认为品牌具有个性，能够强化产品的效用、满意度和质量，因而对旅游者而言，所有成功的目的地品牌都具有社会、情感和身份识别的价值。从体验功能来说，目的地品牌可以引导旅游者兴趣并塑造旅游体验。旅游目的地品牌可以从形象和吸引物两方面统领目的地产品（Ooi，2004）。品牌促销活动可以在旅游者访问之前形成一个定式，这一定式会塑造最终的旅游体验。研究表明旅游者对目的地会有自己不同的理解，这个过程会丰富他们的旅游体验。先入为主的观念与访问前形成的印象不仅会成为旅游者认识目的地的基础，而且还会为他们访问时旅游产品消费体验的强化奠定基础。品牌从根本上为旅游者体验的形成编织了一个故事，有助于旅游者对目的地形成与品牌内涵一致的、有价值的认知，从而获取"品牌体验"。

（三）旅游目的地品牌化的挑战及成功的关键因素

虽然品牌化对于目的地市场营销的作用已经得到广泛的认可，实体产品与服务产品的品牌化原则上是通用的，品牌必须反映公司创造的产品的功能和情感价值以及消费者的感知产品价值的方式（Boo，2006），然而，由于旅游目的地的独特性，旅游目的地品牌化面临着一些特殊的挑战（Cherna tony et al.，1999）。目的地品牌化的困难主要来自旅游者、目的地以及外部环境这三个方面。目的地品牌化的挑战来自旅游者决策过程的复杂性，比如目的地购买的内在不确定性及高消费性，以及旅游者不能提前检验。因此，旅游者决策过程具有更大的风险和昂贵的信息搜寻成本且依赖于旅游者的心理过程：潜在的决定必须满足他们的需要（Cai，2002）。从目的地角度来看，目的地品牌营销是困难的，因为目的地是一系列不同要素的组合体，包括食宿设施、旅游吸引物、交通、艺术、娱乐项目和自然环境（Crouch & Ritchie，2000）。正如 Buhalis（2000）所述，在目的地品牌的包含下，目的地提供了一个旅游产品和服务的混合物。同样的，Murphy、Pritchard 和 Smith（2000）指出，把个体产品和体验归纳为对一个旅游目的地的总体的体验的话，那么目的地就提供了这么一个混合物。然而，目的地营销人员对旅游目的地组成要素和作为目的地营销利益相关者的各种各样的机构和公司几乎无法控制（Morgan et al.，2002），更重要的是目的地营销组织经常缺乏足够的财政支持（Hall，1999）。另外，目的地营销组织还会面临变化无常的外部环境。尽管所有产品品牌都受外部环境的影响，但旅游业更容易受到政局不稳、经济衰退、恐怖主义和环境灾难的影响（Morgan et al.，2004）。

Pike（2004）对旅游目的地品牌化的复杂性进行了系统论述，他认为这种局面至少存在六个方面的原因：①与一般产品和服务相比，旅游目的地具有多种属性（涵盖了众多不同的旅游资源、设施和旅游活动）；②旅游目的地目标市场的不同群体所追求的利益的异质性；③旅游目的地品牌化决策过程中涉及的政策性因素大大降低了理论的适用性；④必须打破目的地社会所持意见与品牌理论之间的平衡，因为任何自上而下的目的地品牌实施活动都可能失败；⑤作为品牌资产模型的一个重要组成部分，品牌忠诚度可以通过重游率来衡量，但旅游目的地营销组织却无法直接获得游客资料；⑥旅游目的地营销组织在实施品牌战略时经常面临经费短缺问题。

针对旅游目的地品牌化的复杂性和挑战性，Buhalis（2000）提出了目的地品牌化的四个原则：①目的地利益相关者合作而非竞争；②品牌要与目的地价值一致，并支持目的地价值，保留物质和文化承载力；③品牌战略定位于清晰的目标市场；④支持目的地发展的前景（愿景）。一些学者认为成为品牌赢家的目的地确实也有一些共同的特征。这些特征包括：在深入研究利益相关者、消费者和竞争者而形成洞察力基础上，把表达品牌个性的一切因素按一定原则细心地表达出来。一旦发现品牌个性，营销者必须有勇气保留品牌的精髓。可以对品牌构成体的价值进行提炼，但品牌个性必须保持一致，然后不断地丰富和发展原有的品牌个性，以此为基础增强吸引力和拓宽市场。

Hankinson（2004）提出了基于品牌网络的概念性框架，指出地方品牌主要有四种主要的功能。①交流者的作用：品牌代表了一种商标的拥有关系，是品牌进行差异化的手段；②品牌作为感知实体：可以唤起消费者的感觉、理智和情感；③价值增强作用：引申出品牌资产的概念；④品牌是一种关系：品牌拥有个性，促使形成了与消费者之间的关系。汉金森（Hankinson，2004）的地方品牌的综合模型把地方作为"相关的品牌网"。地方品牌由一个核心品牌和四类品牌关系组成（消费者关系、主要业务关系、基础设施关系和媒体关系），它增强了品牌的真实性和品牌体验。

二、旅游目的地品牌营销的研究内容

（一）目的地品牌定位

Lee 等学者（2006）认为，品牌化是目的地营销的一个战略目标，而品牌定位则是完成这一战略目标的前奏步骤。旅游目的地品牌定位非常重要，被认为是目的地营销的精髓。受众不同，品牌所处生命周期阶段不同，基于不同的定位策略，旅游者对同一目的地旅游产品的理解也会有差异（Morgan et al., 2002）。

Kotler 等人（1996）提出定位的三个步骤：一是找出一组潜在的定位竞争优势；二是选择正确的竞争优势；三是对精心挑选的目标市场进行有效沟通，传播所选定的定位信息。所有成功的品牌都有一个界定明确的核心个性特征和目标（Crockett & Wood, 2004）。品牌定位中无论选择目的地的何种特质作为其定位的竞争优势，它都应该具有动态变化的属性。发现目的地的某种特质并使它不但现在而且未来都能与消费者建立某种独特情感联系，并以此为基础来建立和定位品牌才是至关重要的。

（二）目的地品牌个性

在品牌和旅游者之间建立情感联系是目的地创造品牌差异的关键，品牌建设活动要集中于传达目的地的精神与灵魂。目的地品牌成功的关键是品牌个性与目标市场相互作用的程度。所有的旅游目的地品牌都内涵复杂而丰富，事实上，最强势的品牌是那些个性最丰富的品牌。目的地品牌建设就是不断地发展内涵丰富、彼此联系的品牌个性，在这里"发展"是个关键词，成功的品牌决不会停滞不前，而是要动态地对顾客的变化做出反应，品牌的核心价值保持不变，但品牌个性要动态变化（Morgan et al., 2002）。

因为品牌具有个性，能够强化产品的效用、满意度和质量，因而对顾客而言，所有的成功品牌都有社会、情感和身份识别的价值。当顾客选择产品，包括目的地产品时，他们其实是在发表生活方式的宣言，因为他们购买产品也就选择了产品的情感联系。旅游者有自己的"品牌衣橱"（Brand Wardrobes）供自己从中选择，品牌选择反映并强化立场、观点和群体归属，实际上"消费者选择品牌的外衣穿上，部分是基于他们所做，更多的则是籍此表达自己的情感、个性和身份"（Cherna tony, 1993）。假定这种品牌与旅游者的关系存在，那么营销人员则应更加关注通过情感因素而不是显性利益来区分品牌，因此，Lurry（1998）指出："我们对品牌的认知——信念与情感是最重要的。"

（三）目的地品牌形象

一般市场营销学中的消费形象的概念已经延伸到目的地市场营销领域。Blain 等人（2005）建议目的地形象应该包含在目的地品牌化的定义中。蔡利平（Cai, 2002）认为品牌形象建设是目的地品牌化模型中的一个重要组成部分。在旅游目的地营销中，目的地品牌形象也被期望发挥一个重要的作用，尤其是在那些除非实际体验，否则很难区分有形和无形属性的地方。蔡利平把目的地品牌形象定义为"旅游者记忆中存有的联系所反映的对一个地方的感知"。他指出构建品牌形象就是识别最显著的联系，增强他们和品牌间的联系。Leisen（2001）指出游客在旅行之前对他们体验的想象是目的地形象的一部分。Echtner 和 Ritchie（1993）把形象属性划分为功能属性和符号属性。Morgan 等人（2002）增加了一个整体意象。Hankinson（2004）分类了商务旅游的目的地品牌形象属性的八个群集：自然环境、经济活力、商务旅游设施、可达性、社会设施、美誉度、人口特征和目的地规模。

（四）目的地品牌资产

就目的地品牌管理来说，品牌的不同作用已经在概念上得到阐述。然而，旅游目的地品牌管理的一些特殊方面，比如对目的地品牌影响的判定方面的研究仍然匮乏。测度品牌的效力是旅游目的地长期有效管理的关键（Blain et al., 2005）。在一般市场营销学领域，品牌资产的概念已经用来测度消费者对品牌的整体评估。尤其是，基于消费者的品牌资产的测度已经被认为是品牌化的一个重要的，具有挑战性的方面。Keller（2003）指出："品牌资产是一个多维概念，他的复杂性需要用到许多不同类型的测度方法。多种测度增强了营销研究的诊断力。"尽管在研究者中并没有一个一致的测度技术，但是基于消费者观点的品牌资产测度已经被应用于目的地层次。就旅游目的地品牌资产测度来说，研究指出，与消费品和其他类型的服务相比，目的地更加多维化。目前，大部分研究主要是案例研究且停留在探索层面，较少进行目的地品牌效度的实证测度。然而，有一些研究注意到了目的地品牌化测度的重要性，并进行了有益的探索。Konecnik 和 Gartner（2007）和 Boo 等人（2009）等对基于旅游者的目的地品牌资产模型进行了开创性的探索性工作，是目前目的地品牌资产模型实证研究中最重要的两篇文章，他们不仅创造性地提出了基于旅游者的目的地品牌资产模型，而且发展了目的地品牌资产的测度量表。Konecnik 和 Gartner 运用一般市场营销学中传统的经典维度，即品牌认知、品牌形象、感知质量和品牌忠诚来测度目的地品牌资产，并发现品牌形象是目的地品牌资产中最重要的维度,并对其他维度有显著的影响。Boo 在上述四个维度的基础上增加了感知价值的维度,并通过实证研究,提出了包含目的地品牌体验维度的品牌资产模型。Morgan 等在 2002 年提出了旅游目的地品牌资产金字塔层次(图 5-1),即什么是品牌(要素和特征),品牌的作用(定位、情感和自我表达利益),品牌包含的意义以及品牌最重要的资产。应根据目的地品牌所处的不同阶段制定不同营销策略:市场调查、分析和战略推荐,品牌识别发展、品牌传播与介绍,品牌实施,品牌检测、评估与回顾。

(五)旅游目的地品牌建设

旅游目的地品牌营销活动可以在目的地的自身优势与潜在游客的感知之间架起一座桥梁。认识到品牌建设是目的地与游客双向作用的过程后,Weinreich(1999)提出目的地营销人员必须考虑品牌从产生、发展、成熟、衰落到消亡(当然时间界限是有弹性的,可以几周,也可以是几个世纪)整个过程的 S 形曲线,而不是从传统的产品或品牌生命周期的角度考虑。目的地的管理者应把它看成是品牌与游客关系的几个阶段,而不是把它看成不同阶段游客接待量的 S 形变化,它揭示不同阶段品牌沟通要求的差异。Nigel Morgan 和 Annette Pritchard(2004)进一步提出了目的地品牌流行度曲线的概念,认为旅游目的地品牌流行度由时髦、著名、熟悉、疲劳、更新等五个阶段组成。

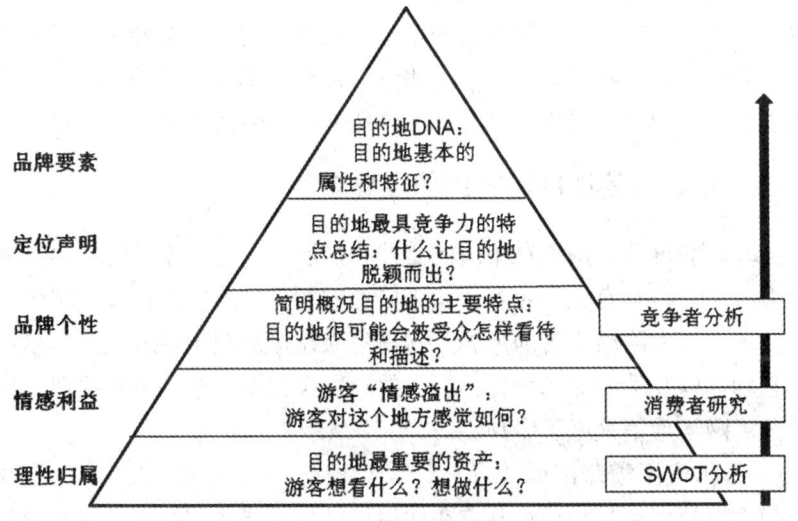

图 5-1　目的地品牌资产金字塔

Graham Brown 等学者（2004）注意到了旅游目的地品牌营销中事件的作用，并强调要重视品牌形象创建中媒体关系的地位以及焦点事件产生的品牌营销机遇，认为特殊事件会叠加旅游目的地的形象从而强化或改变旅游目的地品牌。Xing Xiaoyan 和 Laurence Chalip（2006）针对举办体育赛事对目的地品牌化的影响进行了实证研究。

第三节 旅游目的地网络营销

一、旅游目的地网络营销概论

旅游目的地的网络营销是指以旅游目的地市场营销为根本目的，以网络信息技术为基础的一种营销活动。其主要涉及旅游目的地、市场营销、网络信息技术三个因素。其中，网络信息技术为整个旅游目的地网络营销系统提供支撑基础，通过信息技术手段实现旅游目的地营销活动各环节的电子化和信息化。网络营销出现之前，大部分旅游目的地的营销活动都是单向的，即首先通过各种调查和调研来了解旅游者的需求，然后依靠各种媒体和广告宣传，促进旅游者对目的地的接受。大多数情形下这两个过程是完全分离的。而互联网满足了旅游者与旅游目的地之前的双向沟通，构建了信息交流的桥梁，一方面使得旅游目的地在了解旅游者需求的基础上对旅游产品进行营销成为现实，另一方面提高了旅游者的消费理性，表达了自身的消费需求。

二、旅游目的地网络营销的主要手段

互联网的价值和影响在不断的延伸和扩展，它已经不单纯只是一种新的媒体形态，更是具有无限包容性和延展性的新型集聚社区。而网络营销也不仅仅是最初作为网络广告的形式，它是建立在信息技术手段上的，以信息共享为基础，以互动和对话为传播形态的一种实践操作中的营销手段。旅游目的地开展网络营销采用了多种手段。

（一）搜索引擎营销

搜索引擎营销是指通过具有在线检索信息功能的网络工具进行网站推广营销，采用新型的付费排名推广等方式，为营销主体带来大量点击量。搜索

引擎营销在网络营销领域已经成为应用最广泛、发展最快的一种手段。搜索引擎营销涉及搜索引擎、分类目录等多种方式，但其基本原则都是营销主体付费换取搜索结果页面上的显示位置或优先排名。

与传统媒体广告最大的不同点是，用户在互联网上通过搜索引擎告诉广告主和代理商："这是我想要的，你们有这个产品吗？"搜索引擎营销不是在说服用户，而是用户主动寻找相关的信息和服务。搜索引擎营销极大地改变了传统交易的模式。"推销"的界线变得模糊，因为搜索引擎在恰当的时候、恰当的位置，尽力把最贴近你想要的产品和信息提供给你。

搜索引擎营销通常有付费排名、付费收录以及最近新增加的上下文广告三种方式。搜索引擎营销正在逐渐取代传统的广告形式，其主要原因有三点：其一在于互联网的普及和搜索引擎使用的普遍性，任何产品在传统媒体销售的范围都比不上网络搜索引擎的范围；其二归因于搜索引擎营销比传统的媒体广告更具有针对性，能达到精准营销的效果；其三，搜索引擎营销的作用立时可见，具有即时性。在互联网时代，用户不再单纯地满足于被动接受信息，而会根据个人需求主动查找信息。而用搜索引擎借助关键词或检索条件是最常用最方便的一种方式。这就是搜索引擎营销发展迅速的原因。

我国在搜索引擎营销领域的发展与互联网发达的美国相比还有很大差距，但是发展潜力巨大。美国整个网络营销市场中，搜索引擎市场占最大的比重，达到42%。2013年，中国搜索引擎运营商市场规模达到372.3亿元。中国互联网络信息中心（CNNIC）发布的《第33次中国互联网络发展状况统计报告》显示，截至2013年12月，我国搜索引擎用户规模达4.90亿，与2012年底相比增长3856万人，增长率为8.5%，使用率为79.3%。旅游目的地营销网站推广主要分析Alexa网站统计信息、网站的PR值、搜索引擎收录量等参数。旅游目的地营销网站的访问量越大，网站的价值也就越大。著名市场调查研究机构Forrester Research的研究显示吸引网民访问网站的最有效方法是以搜索引擎营销为代表的网络推广手段，因此旅游目的地开展搜索引擎营销的重点就是如何让网民通过搜索引擎找到旅游目的地营销网站。

（二）许可邮件营销

许可邮件营销是邮件营销的一种，是指营销主体得到用户许可后，向目标客户发送带有相关信息的电子邮件。许可邮件往往是由收件人主动加入邮件列表（Mail list）而收到的，一般是以新闻资讯为主的新闻邮件（Newsletter），附带有广告内容。邮件营销分为许可邮件营销和未许可邮件营销。未许可邮件营销是指未经过收信人的许可,绝大部分被看待成垃圾邮件被有关部门制止。许可邮件营销一直是效果最好的网络营销手段,甚至超越搜索引擎广告。许可邮件营销具有高效低廉等优势,被广泛应用。许可邮件营销的成功需要注意以下因素:首先,前提是要有"许可",否则会令人生厌;其次,邮件的设计要新颖,有趣味性、可读性、知识性,能够尽量满足读者的阅读愿望,并且要符合网民的阅读习惯;再次,许可邮件的发送还要依赖准确、有效的邮件地址;最后,许可邮件营销不应刻意隐匿或伪造电子邮件信封信息,发送的含商业广告内容的电子邮件,应标题前部注明"广告"字样,并且一旦收信人不再需要附加信息服务,那么应当能够迅速、简便地终止该电子邮件的发送。未来纯粹的商业性邮件广告将越来越少,许可邮件营销将以整合"信息附加型"的邮件为主。许可邮件营销更大的作用不是销售产品,而是客户关系管理和服务。

(三)网络社区营销

目前很多旅游目的地开展的网络营销无非是各种形式的广告,没有认识到网络不仅仅是一个媒体,更是一个平台,提供了整合、互动、参与功能。网络社区营销的核心是"让用户参与",注重网民间的交流互动,在情感交流中形成口碑效应,从而体现出品牌的核心价值。网络社区的内容正在更加集成,图片、文字、声音甚至视频都会融合在网络社区中。国内的 Heyspace 把视频应用与 SNS 社区全方位、立体化的感官刺激相结合,在网络营销方面已经得到了很好的创新,创立了视频社区的营销概念。

网络社区营销能够在以下几方面体现价值:由于网络社区能够在熟人之间进行传播,用户之间更倾向于深度浏览和频繁互动,运用其进行旅游目的地营销传播,信息的实用性和易获取性使得旅游者愿意接受和促使网络社区内的信息传播,降低了其获取信息的成本;网络社区的共通性特点使得旅游目的地企业能利用网络社区获取用户数据,有效地锁定目标群体,便于有效地进行数据库营销,提高用户定制水平。网络社区各用户之间容易产生信任和口碑,更扩展了其影响力,对广告传播公信力的导入有利,便于营销主体培养忠实用户群。

艾瑞咨询集团发布《2010~2011 年中国社交网络市场研究报告》,其统计数据显示,2011 年中国社交网络市场规模已经达到 43.8 亿,社交网络用户规模为 3.7 亿人,预计 2014 年社交网络用户规模将会达到 5.1 亿。社交媒体最典型的特征体现在内容来源方面,即用户生产内容(UGC),用户的特质将会直接影响网站的风格和品位。高学历用户往往构成了社交媒体中的领袖用户或中坚用户，他们之间的互动交流产生的话题及引发的分享，代表了白领这一群体的关注点与品位。而较低学历用户往往热衷于各类贴图和分享，对话题的探讨及互动上较弱。①

国外一些精明的旅游营销方已经将热门的网络社区网站，如Facebook，YouTube，Twitter，MySpace等，作为重要的网络营销计划的选择。国外旅游组织在网络社区营销方面有很多值得借鉴的地方。其中最成功的网络社区营销是昆士兰旅游局在YouTube和Facebook网站上招聘"护岛人"工作的广告，该工作号称"世界上最好的工作"，招聘广告在1月份推出后，YouTube视频网站和Facebook社交网站对此极为关注，应聘人的视频短片、竞选活动进程等信息在这些网站上广为流传，大大提高了"护岛人"招聘活动的影响力和关注度，共有来自全球200多个国家和地区的近3.5万名应聘者竞争这一工作。据昆士兰旅游局统计，目前这一宣传活动已经带来了大约1.1亿澳元的收入。

目前，在我国，社交媒体营销最常见的有以下三种方式。

1. 博客营销

博客营销就是通过博客网站或博客论坛，开展网络营销，通过博客分享创意、提供信息，通过作者个人的知识、兴趣和生活体验等的传播达到营销信息传递的目的（郭莎莎等，2008）。博客营销发源于美国，一些意见领袖的博客往往能够领导潮流。目前，国内已经有许多旅游目的地企业纷纷开展了博客营销。博客营销的常见方式有以下几种：直接在博客上做广告，即在设计的时候就要考虑如何让博客成为广告对话的一部分；通过公关公司等组织写博客日记，从而影响主流媒体的报道；在博客上发表专业文章，以某个旅游产品为文章的主角，一方面和公众沟通，另一方面建立权威感；通过检测博客网站，时刻关注时下民众最关注的话题和当下谈论最多的人物事件，为潜在的公关危机做好准备。

怒江州是云南西北边境的一个少数民族自治区，位于青藏高原的南缘，高山深谷，经济非常落后，过去几乎与世隔绝。景区每年举办网络摄影大赛、网络博客大赛等，吸引了很多知名旅行者、行业名人、驴友，他们在博客中详实地保存了摄影作品、自助旅游攻略、地图等，这些丰富的信息源源不断地吸引更多的潜在游客关注。

---

① 艾瑞咨询集团. 2010~2011年中国社交网络市场研究报告[EB/OL]. http://www.iresearch.com.cn/Report/1658.html.

2009 年，南非驻华使馆邀请了中国的演员兼导演徐静蕾，知名博主 Keso、东东枪和徐铁人等访问南非，而作为回报，被邀请者连续一周发了十多篇介绍南非的文章，并配有精心拍摄的图片。这些博客名人本来就拥有几百万忠实的读者，再加上各网站的转载，使南非的旅游目的地形象在网民中做了一次迅速的扩散，很多网友都有了"我想去南非"的想法。这可以说是非常成功的博客营销的实践案例。

2. 微博

微博是微型博客（Microblog）的简称。根据维基百科的定义，微博是一种允许用户及时更新简短文本（通常少于 140 字）并可以公开发布的微型博客形式。随着发展，这些讯息可以被很多方式传送，包括短信、即时讯息软件、电子邮件或网页。微博营销是新兴起的一种网络营销方式，随着微博的火热而兴起。微博营销以微博作为营销平台，每个听众（粉丝）都是潜在营销对象，企业可以利用更新自己的微博向网友传播企业、产品的信息，树立良好的企业形象和产品形象。

截至 2013 年 12 月，我国微博用户规模为 2.81 亿，虽然在 2013 年全年，我国网民的微博使用人数呈下降趋势，但是，微博营销对于旅游目的地来说依然具有重要的地位，因为微博和旅游目的地营销在受众基础、体验共性和信息需求这三个方面有契合点。首先，微博用户在年龄、地域上与旅游客源相重合。其次，微博与旅游有体验共性。旅游需要体验传播，而体验传播离不开网络这个环境。随着网络技术门槛的降低，网民以文字、图片、视频、音频等各种形式传递信息，通过标签、分类等方式创造虚拟社群环境，以"趣缘"为基础建立好友关联，具有高度的互动性和透明性。微博用户获取旅游目的地信息主要有两种方式：一种是关注某旅游机构、企业或旅游者，通过微博内容、评论转发、活动互动等方式获得旅游信息；另一种是加入旅游相关的微群，微群内的成员共享旅游体验。旅游者在购买旅游产品和服务前习惯于上网查看相关评论，在微博互动中获取旅游行为和旅游体验、心理偏好、观光度假决策、分销渠道选择、目的地选择等更加"真实"的旅游信息，影响旅游者的消费选择和消费倾向。旅游是一种体验过程，旅游产品的购买是一种体验的购买。最后，微博能够满足旅游者的信息需求。微博形式精简，操作便捷，功能强大，特别适合在移动客户端使用与旅游"在路上"的状态不谋而合。此外，微博信息生成群体庞大，传播速度快，可以在第一时间告诉大家最新动态，时效性强，抢鲜度高，能够满足旅游者对目的地信息的需求。对于旅游目的地来说，其官方微博更具有权威性、真实性和有效性，更容易吸引旅游者关注。尤其是随着微博的传播效益逐步显现，微博已经成为推广旅游的利器。越来越多的旅游目的地开始重视微博营销的作用，通过应用微博这一社会化媒体营销平台提升自身的影响力和竞争力。因此，微博营销得到了旅游目的地的高度重视，并成为其网络营销的重要渠道之一。

3. 微信、朋友圈营销

微信（Wechat）是腾讯公司于2011年1月21日推出的一个为智能终端提供即时通信服务的免费应用程序，微信支持跨通信运营商、跨操作系统平台通过网络快速发送免费（需消耗少量网络流量）语音短信、视频、图片和文字，同时，也可以使用通过共享流媒体内容的资料和基于位置的社交插件"摇一摇""漂流瓶""朋友圈""公众平台""语音记事本"等服务插件。微信提供公众平台、朋友圈、消息推送等功能，用户可以通过"摇一摇""搜索号码""附近的人"、扫二维码方式添加好友和关注公众平台，同时用户可以通过微信将内容分享给好友以及将用户看到的精彩内容分享到微信朋友圈。截至2013年11月注册用户量已经突破6亿，是亚洲地区最大用户群体的移动即时通信软件。

微信营销是网络经济时代企业营销模式的一种，是伴随着微信的火热而兴起的一种网络营销方式。微信不存在距离的限制，用户注册微信后，可与周围同样注册的"朋友"形成一种联系，订阅自己所需的信息，商家通过提供用户需要的信息，推广自己的产品，从而实现点对点的营销。

微信营销是一种以互联网为基本手段的市场营销方式，是企业整体营销战略的一个组成部分，微信营销是营销模式的创新，是伴随着微信的产生而随之产生的一种网络营销方式。微博营销只需要写140字，配个图，或者加个链接便可完成的简单操作，而微信营销需要内容承载网站，展示你要发布的内容，供粉丝深度阅读，以此借承载网站，来收集用户信息。因此微信营销得到了很多企业的重视，并对企业的经营管理产生重大的影响。微信营销具有传播范围广、无时间地域限制、速度快、无版面约束、形象生动、内容详尽、多媒体传送、双向交流、反馈迅速等特点。通过微信营销这种手段，中小企业也能向全球展示自己，平等地、全天候地获取来自世界各地的信息，这就为中小企业发展创造了一个良好的空间，它有利于降低营销成本，提高企业营销效率，增强营销效果。微信营销最突出的特点就是快速传送实时语音消息，并配上文本或者图片，广告效果更为突出。

微信作为一种新兴的网络交流平台，其中蕴含着许多关于服务旅游行业的契机。且微信以超低廉的运营成本，也为旅游目的地的营销带来了新的思路，开辟了一片新的天地。微信通过及时地提供相关的旅游信息服务和分享旅游体验，来增加"用户的黏性"。同时微信营销拥有巨大潜在的商机在旅游业中，因为旅游者的移动性；旅游者通过微信可以随时随地获取自己所需的相关信息，可以不间断地分享自己的旅游体验，并和网友进行互动。

现在外国的许多旅游局、国内的部分省区市旅游局和景区已经开始采用这种网络营销新模式，通过发布景区图片，介绍旅游线路，提供出行攻略，推荐特色美食等不同方面对旅游目的地进行介绍。由此可见，未来将会有更多的旅游机构开通微信来进行网络营销。因此可以定义，旅游微信营销是指以微信作为营销平台，每一个关注者都会成为潜在的营销对象，各个地方的旅游政府部门及旅游企业可以通过注册一个微信号，然后不断更新自己的微信来向网友传播一些旅游信息，介绍旅游路线，提供出行攻略，推介地方美食，推广旅游目的地等，要树立良好的旅游企业形象、旅游目的地形象以及产品形象，以此来达到营销的目的。

（四）OTA 渠道营销

OTA（Online Travel Agent）是指在线旅行社，是旅游电子商务行业的专业词语。2014 年全球市值排名前十的 OTA 如表 5-2 所示，国内的 OTA 代表为携程网、去哪儿网、途牛旅游网、马蜂窝、乐途旅游网、欣欣旅游网、艺龙网和同程网等。OTA 的出现将原来传统的旅行社销售模式放到网络平台上，更广泛地传递线路信息，互动式的交流更方便客人的咨询和订购。

表 5-2　全球市值排名前十的 OTA

排名	OTA	商业模式	市值
1	Priceline	1998 年创立，总部位于美国康涅狄格州，向全球用户提供酒店、机票、租车、旅游打包产品等在线预订服务；Priceline 所创立的"Name Your Own Price"模式（客户反向定价）自创立以来一直是其竞争优势	651.80 亿美元
2	TripAdvisor	2000 年创立，总部位于美国马萨诸塞州，TripAdvisor 免费向用户提供大部分旅游内容，围绕内容，用户建立社区，鼓励用户分享、创造内容，逐步形成以内容和用户为核心的旅游社区，主要收入靠商业广告；在全世界 39 个国家开有网点，中国网站叫到到网	141.50 亿美元

续表

排名	OTA	商业模式	市值
3	Expedia	1996年创办,总部在美国华盛顿州。Expedia是一家在线旅游产品预订服务商,它自己并不提供旅游产品,主要靠"代理＋批发商"模式来销售旅游产品供应商的产品并获取佣金;Expedia旗下拥有多个品牌,多元化发展	104.75亿美元
4	携程旅行网	1999年创办,总部在中国上海,是中国最大的在线旅游公司。携程共有四大产品线:机票、酒店、旅游度假、商旅;但从模式上来看,携程又分为OTA(在线旅游)和传统旅游	83.97亿美元
5	HomeAway	2005年创立,总部位于美国得克萨斯州,HomeAway的运营模式是通过在互联网上建立平台,旅游地业主可以通过此平台把自己的不动产发布到网上供游客临时租赁,HomeAway则通过收取房源信息发布费及相应增值服务获得收入;截至2013年底,HomeAway在全球190个国家拥有超过89万个假日租赁房源,被称为"民宿一哥"	38.5亿美元
6	去哪儿	2005年创立,总部设在中国北京,作为中国第一个旅游搜索引擎,去哪儿为旅游者提供国内外机票、酒店、度假和签证服务的深度搜索,帮助中国旅游者做出更好的旅行选择;为了提升用户体验,截留用户,去哪儿引入了TTS系统,让用户能够在去哪儿的网站内完成下单和支付的环节	35.84亿美元
7	Kayak	2004年创立,总部在美国,Kayak是一家典型的技术驱动型公司,不仅拥有强大的在线搜索技术,而且在旅游搜索、比价的用户界面方面拥有着诸多的创新	15.70亿美元
8	Orbitz	2001年成立,总部位于美国伊利诺伊州,包括机票、酒店、租车、游轮、度假套餐等旅游产品的搜索预订、旅游产品预订及行程规划等;2014年发布了一系列数据可视化工具,目的是试水大数据	9.69亿美元
9	MakeMyTrip	2000年创立,位于印度古尔冈,印度的"携程";MakeMyTrip提供的产品包括机票、酒店、包裹、火车票、汽车票、汽车租赁和旅游配套服务,如旅游保险、签证办理等	9.50亿美元
10	TravelZoo	1998年创立,总部在美国纽约,是一家旅游信息服务商,业务核心是每周从全球数以千计的旅行社、旅游产品提供商、酒店及航空公司推出的最新优惠中,精心挑选最值得的旅游产品向订户推荐,并向订户发送top20精选限时旅游情报,还涉足团购业务	3.53亿美元

注:数据截至2014年7月29日16:00。

渠道商是目的地营销中最主要的销售力量，OTA作为渠道商的代表，不仅拥有种类丰富的产品同时还具有营销属性。OTA是最接近终端客户的渠道，也是最重要的渠道之一，随着OTA的发展，未来在目的地营销中体现的价值会越来越大。2014年山东省旅游局首开旅游局与OTA合作的先河，率先和"携程"等几家OTA合作开办"好客山东旅游旗舰馆"，期待通过目的地产品聚合，拉动目的地产品的关联消费。此次合作，开辟了旅游目的地政府机构与OTA合作的先河，也是我国OTA正式走向目的地营销领域的开端。

三、旅游目的地网络营销的趋势

（一）大数据营销

1. 大数据技术

大数据技术（Big data），或称巨量资料，指的是所涉及的资料量规模巨大到无法通过目前主流软件工具，在合理时间内达到撷取、管理、处理，并整理成为帮助企业经营决策的资讯。在维克托·迈尔·舍恩伯格及肯尼斯·库克耶编写的《大数据时代》中大数据指不用随机分析法（抽样调查）这样的捷径，而采用所有数据进行分析处理。大数据的"4V"特点是：大量（Volume）、高速（Velocity）、多样（Variety）、价值（Value）。大数据这个术语最早期的引用可追溯到apache org的开源项目Nutch。当时，大数据用来描述为更新网络搜索索引需要同时进行批量处理或分析的大量数据集。随着Google Mapreduce和Google File System（GFS）的发布，大数据不再仅用来描述大量的数据，还涵盖了处理数据的速度。大数据是数据分析的前沿技术。简言之，从各种各样类型的数据中，快速获得有价值信息的能力，就是大数据技术。

2. 大数据技术价值与应用

谷歌搜索、Facebook的帖子和微博消息使得人们的行为和情绪的细节化测量成为可能。挖掘用户的行为习惯和喜好，凌乱纷繁的数据背后找到更符合用户兴趣和习惯的产品和服务，并对产品和服务进行针对性地调整和优化，这就是大数据的价值。大数据也日益显现出对各个行业的推进力。如：洛杉矶警察局和加利福尼亚大学合作利用大数据预测犯罪的发生；"谷歌流感趋势"（Google Flu Trends）利用搜索关键词预测禽流感的散布；统计学家内特·西尔弗（Nate Silver）利用大数据预测2012美国选举结果；麻省理工学院利用手机定位数据和交通数据建立城市规划；梅西百货根据需求和库存的情况，对多达 7300 万种货品进行实时调价。

虽然大数据在国内还处于初级阶段，但是商业价值已经显现出来。首先，手中握有数据的公司站在金矿上，基于数据交易即可产生很好的效益；其次，基于数据挖掘会有很多商业模式诞生，定位角度不同，或侧重数据分析。比如帮企业做内部数据挖掘，或侧重优化，帮企业更精准找到用户，降低营销成本，提高企业销售率，增加利润。

3. 大数据营销

大数据营销是基于多平台的大量数据，依托大数据技术的基础上，应用于互联网广告行业的营销方式。大数据营销衍生于互联网行业，又作用于互联网行业。依托多平台的大数据采集，以及大数据技术的分析与预测能力，能够使广告更加精准有效，给品牌企业带来更高的投资回报率。大数据营销的核心在于让网络广告在合适的时间，通过合适的载体，以合适的方式，投给合适的人。

大数据营销是指通过互联网采集大量的行为数据，首先帮助广告主找出目标受众，以此对广告投放的内容、时间、形式等进行预判与调配，并最终完成广告投放的营销过程。

概要述之，大数据营销具有以下特点。

（1）多平台化数据采集：大数据的数据来源通常是多样化的，多平台化的数据采集能使对网民行为的刻画更加全面且准确。多平台采集可包含互联网、移动互联网、广电网、智能电视，以及未来还有户外智能屏等数据。

（2）强调时效性：在网络时代，网民的消费行为和购买方式极易在短的时间内发生变化。在网民需求点最高时及时进行营销非常重要。全球领先的大数据营销企业 AdTime 对此提出了时间营销策略，它可通过技术手段充分了解网民的需求，并及时响应每一个网民当前的需求，让他在决定购买的"黄金时间"内及时接收到商品广告。

（3）个性化营销：在网络时代，广告主的营销理念已从"媒体导向"向"受众导向"转变。以往的营销活动须以媒体为导向，选择知名度高、浏览量大的媒体进行投放。如今，广告主完全以受众为导向进行广告营销，因为大数据技术可让他们知晓目标受众身处何方，关注着什么位置的什么屏幕。大数据技术可以做到当不同用户关注同一媒体的相同界面时，广告内容有所不同，大数据营销实现了对网民的个性化营销。

（4）性价比高：和传统广告"一半的广告费被浪费掉"相比，大数据营销在最大限度上,让广告主的投放做到有的放矢,并可根据实时性的效果反馈,及时对投放策略进行调整。

(5)关联性:大数据营销的一个重要特点在于网民关注的广告与广告之间的关联性,由于大数据在采集过程中可快速得知目标受众关注的内容,以及可知晓网民身在何处,这些有价信息可让广告的投放过程产生前所未有的关联性。即网民所看到的上一条广告可与下一条广告进行深度互动。

4. 旅游大数据营销

"大数据"对旅游行业的影响不仅仅存在于某个企业或某个领域,而是全方位的,是整个行业管理决策模式的转变。随着大数据的应用热潮,国内旅游行业也开始重视大数据的应用。旅游企业、旅游研究机构、旅游管理部门,已有不少人已经开始关注、研究和应用大数据。

就旅游行业来讲,如果一个企业能够在大数据的应用方面先行一步,那么在未来的竞争中就能占得先机。有了大数据,可以准确预知客流趋向,进而采取相应的措施疏导客流;有了大数据,可以知道游客喜欢什么样的产品,进而开发建设适销对路的产品;有了大数据,还可以知道游客需要什么样的公共服务,进而改进旅游公共服务。

OTA代表企业携程网就是最先尝试利用大数据为营销出力的企业,在其品牌转型的过程中,面对"如何做携程的受众分析和限定,如何选择合适的品牌形象代言人"这些问题,都是大数据分析起到了至关重要的作用,通过数据分析,携程将宣传点选定为年轻化和无线端,凭借"说走就走"的品牌宣传点,将携程品牌从之前的商务旅行提供者成功转型为更为年轻的休闲旅行领军者。广告宣传片一露面,便引发了热烈的反响,据携程2014年三季度财报显示,携程APP下载激活量1.5亿,环比增长50%,主动下载量3.5亿,环比增长75%,净收入同比增长38%。"说走就走"一度成为热词,登上搜索热榜。

除在线旅游企业之外,旅游行政主管部门也是运用大数据的积极尝试者。山东省旅游局信息中心主任闫向军说:"该中心已经跟百度合作,通过百度的数据准确地反映山东旅游的客源市场在哪里,哪些产品是消费者关注的。"这就为精准营销提供了重要的数据支撑。

(二)粉丝经济

粉丝经济泛指架构在粉丝和被关注者关系之上的经营性创收行为。被关注者多为明星、偶像和行业名人等。《粉丝力量大》的作者张蔷将粉丝经济定义为:"粉丝经济以情绪资本为核心,以粉丝社区为营销手段增值情绪资本。粉丝经济以消费者为主角,由消费者主导营销手段,从消费者的情感出发,企业借力使力,达到为品牌与偶像增值情绪资本的目的。""粉丝经济"的概念最早产生于"六间房秀场",其草根歌手在实时演艺过程中积累了大量忠实粉丝,粉丝通常会通过购买鲜花等虚拟礼物来表达对主播的喜爱,在节日和歌手生日等特定时期礼物的消费尤为活跃。

粉丝经济在中国企业案例中最成功的就是"小米"。小米手机的创始人雷军被冠以"中国乔布斯"称号,是仅用两年就修完大学全部课程的高材生,而且也是著名的天使投资人:从新媒体雷锋网,到金山 UCweb,再到电商凡客,雷军累积了自己在业界的声誉和影响力。对雷军身上光环的迷恋,造就了头一批"米粉",一群技术和创业爱好者。这些人不仅是他的消费者,还是他的义务宣传员,乐于忍受极低薪酬的半义务雇员。正是这样一批粉丝,成为小米手机的起点。而后,"高性价比"的口碑和宣传让小米手机滚雪球般迅速"膨胀"起来。"和米粉,做朋友",是小米的口号。为此,小米成立了由 400 名自有员工组成的呼叫中心,专门负责在小米社区、微博以及对于米粉来电的互动和反馈,并以此和米粉建立直接联系,加深米粉对于小米的体验。米粉的狂热,从以下可见一斑:2012 年 4 月 6 日,小米成立两周年,上千米粉从各地赶到北京疯狂在一起,小米手机董事长兼 CEO 雷军在台上一呼百应。现场公开发售,10 万台小米手机,仅用了 6 分 5 秒就全部被抢购一空。

在旅游业发展中,"粉丝经济"同样也是营销中显而易见的一个趋势,如找明星代言旅游企业,将明星的粉丝转化为旅游企业的粉丝。如杨澜代言洛阳牡丹节,邓超代言携程旅游 APP,林志颖和 Kim 代言途牛旅游网等,都是利用明星本身的人气和关注,创造的粉丝经济。除了利用传统的歌星、影星等娱乐圈名人效应,在去中心化、碎片化的互联网背景下,旅游业的很多粉丝来自老顾客。旅游业产品和服务做得好,以用户重复高频的使用就可以成为平台;而核心用户、老用户也是旅游业生存的基石。只有把用户发展成粉丝,才真正拥有话语权。一句话,没有粉丝的品牌不是品牌。用户关注产品和产品满足的物理需求,粉丝关注产品品牌和品牌带来的精神追求。用户会为更好的产品体验(产品功能、价格、便利等)转移使用,粉丝会为品牌衰败一起落泪,融入身体的一部分,梦想的一部分。粉丝经济下的旅游产品和服务一定不能是冰冷、程序式的产品,而是丰富情感和具备感觉的产品。

第四节 旅游目的地整合营销

一、旅游整合营销概述

(一) 整合营销理论

整合营销传播理论兴起于20世纪80年代的美国,是随着商品经济发展和信息环境变化而产生的一种新的营销传播观念。1989年全美广告业协会将其定义为:"一个营销传播计划概念,要求充分认识用来制定综合计划时所使用的各种带来附加值的传播手段,并将其结合,提供具有良好清晰度、连贯性的信息,使传播影响力最大化。"

整合营销的核心思想体现在:①"4C"理念,在消费者为中心的市场环境中,充分重视消费者的需要和欲望(Consumer wants and needs),了解期望成本(Costs),促进消费者便利(Convience),重视与消费者的双向沟通(Communication);②需求产生产品,首先研究消费者,分析购买需求,进行促销说服;③重视消费者感知,获取消费者的感知反馈,对信息进行针对性加工和传播。

(二) 旅游整合营销

旅游目的地竞争白热化,单一的营销策略已很难奏效,整合营销正逐渐进入旅游领域(Pelsmacker,2004),即通过一套完整的营销传播计划,协调各类旅游目的地意象信息来源,根据营销传媒特征和潜在旅游者信息偏好,通过各类媒介有针对性地投放旅游目的地意象信息,借助媒介与内容的双重整合,实现旅游目的地意象营销传播效率最大化。

旅游整合营销的主体可以大到国家、地区,小到单个企业内部。作为旅游公共管理所要研究的整合营销,主要指以目的地为核心的区域旅游整合营销,是在产品同质化、市场饱和化、竞争激烈化的背景下,以市场为调节方式、以价值为联系方式、以联动为行为方式,统一营销策略、集聚营销力量、协调营销手段、提升营销效果,以较低的成本形成强大的宣传攻势和促销高潮,谋求旅游目的地内整个旅游价值链营销效果最大化的一种新的营销理念和营销模式。通过整合营销,既可以保证提供产品或服务的各个环节的质量,树立品牌形象，又可以更有效地动员各种相关资源，形成整体优势和更大的市场冲击力。

依据整合营销的"4C"核心，目的地旅游整合营销应以打造理想旅游目的地为核心，从旅游者角度出发，围绕"4C"整合相关资源，提升综合竞争力，实现营销效果最大化和成本最小化。其主要内容包括以旅游者为中心整合产品、以成本为中心整合价格、以便利性为中心整合销售渠道和以整体形象为中心整合促销工具。

二、旅游整合营销理论应用

传统的旅游营销主要包括广告、销售促进、公共关系和人员推销等，主要目的仅仅在于销售，在新的市场格局和信息环境下已难以适行。营销传播的目的不再停留在单独的销售上，而是促成品牌与旅游者之间的情感关联的同时保持和旅游者关联的传播手段。随着传播渠道和形式多样化和复杂化，整合营销理论的应用更加重要。

（一）基于旅游者需求的营销数据库

旅游整合营销以旅游者需求为中心，获取旅游者需求就需要目的地营销组织收集任何可以反映旅游者需求的数据资料，通常包括人口统计资料、旅游客流量、旅游者以往的旅游记录、态度信息、停留时间、消费能力等资料。营销数据库作为整合营销之始，能够帮助营销者发现旅游需求，设计针对消费者类型和需求的目的地信息，以适合的方式传递目的地产品、服务和形象等信息。大数据为代表的信息技术快速发展及应用，正使旅游目的地建立包含所有旅游者需求信息的营销全数据库成为可能。

（二）选择目标市场，分析需求利益

通过营销数据库，对旅游市场进行细分，确定具有开发潜力的客源市场，预测市场规模。对每个目标市场的旅游者和潜在旅游者进行需求利益分析，包括旅游动机、出游力、消费时间、方式等信息，以此确定目的地形象定位，为整合营销传播活动的实施提供目标和方向，确定何时、何地与旅游者接触，以及具体的沟通传播方式。

（三）旅游目的地形象整合

准确到位是目的地整合营销传播的理念。旅游目的地应充分利用有效的传播资源，达到最大化传播效益，因此，应维持一致性策略，避免分散的无关的目的地信息，并注重与旅游者互动。目的地整合营销以旅游者需求感知

为导向。目的地竞争优势来源于旅游者的感知价值而非旅游者满意，而旅游感知具有整体性，不会特别区分目的地的内部不同区域和吸引物。因此，旅游目的地的整体形象打造，既要凸显精华，又要整体提升质量，以对旅游者保持持续吸引力。

（四）营销传播工具选择组合

除了广告、直销、公关以外，举办旅游目的地主题活动、节庆活动、推介目的地大型活动和网络营销都是整合营销传播的有力手段。根据不同类型旅游者接受信息的途径，以及他们对目的地的既定感觉，衡量各个传播工具的传播成本和效果，找出有效的传播组合。

（五）销售渠道整合

能否便利地购买到产品是营销成败的保障。整合销售管道，将散乱的单个产品信息和分销管道整合为一个完整而清晰的产品销售体系，从而降低代理商组合产品的成本、旅游者搜寻产品和购买产品的成本。如建立区域性预订销售网点、组建区域性旅游集散中心、编制旅游服务指南、相互代理销售。

第五节　中国特色的旅游目的地营销

旅游目的地营销手段林林总总，既有大堡礁这样运用现代网络大获成功的案例，也有像江西省宜春市以"一座叫春的城市"为口号引发全国争议的怪招；既有宁海与江阴的"中国旅游日"之争，也有徽州改黄山、崖县改三亚等改地名的热潮；蜀南竹海借势《卧虎藏龙》之举，也有张家界的"飞机穿越天门山"；大型实景演出成为了一种时尚，有经久不衰的《印象·刘三姐》、丽江《印象·丽江》，平平淡淡的杭州《印象·西湖》以及奄奄一息的《印象·海南岛》；如此等等。在目的地营销实践中，中国走出了一条具有自身特色的营销之路。

一、改名

近年来，我国旅游目的地掀起了改名热潮：徽州改黄山，蒲圻改赤壁，崖县改三亚，中甸改香格里拉，大庸改为张家界，思茅改普洱，崇安改武夷山，南坪改九寨沟，灌县改都江堰等。湖北简称准备由"鄂"改为"楚"。有人因宿迁的骆马湖（谐音落马湖）不吉利，就建议改名为马上湖。诸如此类，不一而足。各个旅游目的地通过将其原有的名称改为大众周知的名字后，极大地增加了地区的知名度，起到明显的营销效果，正被越来越多的目的地所考虑。然而，在改名一举达到预期轰动的效果之时，由于其替代了原有历史遗传下来的地名，也引起了不少争议。笔者整理了近年来各个旅游目的地改名情况与随之而来的一些争议，详见表5-3。

表5-3 旅游目的地改名情况表

新地名	原名	改名时间	改名原因	争议
黄山	徽州	1987	黄山列入世界遗产地	造成徽文化的缺失
三亚	崖县	1987	依据当地黎族的发音	阻断了崖县的历史，不能凸显天涯海角的特点
都江堰	灌县	1988	都江堰列入世界遗产地	都江堰虽被凸现，但是青城山被忽视
武夷山	崇安	1988	武夷山列入世界遗产地	作为福建省重要文化的崇安文化被忽视
张家界	大庸	1994	张家界列入世界遗产地	大庸作为传统交通节点的作用被忽视
赤壁	蒲圻	1998	赤壁之战的广大知名度	赤壁之战的真实地点仍不清楚，千年古镇蒲圻的历史被隔断
井冈山	宁冈	2000	井冈山为全国著名的景点	宁冈作为红色摇篮的历史被阻隔
香格里拉	中甸	2001	香格里拉是《消失的地平线》中描述的天堂和极乐世界	香格里拉的神秘性消失
普洱	思茅	2007	普洱茶作为思茅市的特产，闻名亚洲	普洱原本覆盖思茅、版纳等三个地方，思茅单独命名为普洱引起其他两地的不满

二、争人

旅游目的地的历史文化资源是重要的旅游吸引物，其中的知名历史人物更是为游客称道。因此，各个旅游目的地争相与历史上的各个传奇英雄扯上关系，以此增加看点。然而，历史名人有限而旅游目的地众多，旅游目的地之间往往少不了一番争抢。

如诸葛亮故里所在之地便涉及河南南阳、湖北襄樊和山东临沂这三地，其争夺已持续数百年之久，至今未有定论。然而虽未达成一致，却并不妨碍三地借诸葛亮之名发展旅游，南阳将"卧龙岗·智慧之岗"作为城市名片，大力培育文化旅游产业；襄樊打造了以隆中为龙头的三国文化旅游区；临沂重点建设"诸葛亮文化旅游区"。三地围绕诸葛故居的争夺促进了当地的旅游发展。

在名人争夺愈演愈烈之时，部分旅游目的地另辟蹊径，将目光投到了更远的地方、更多的"名人"。湖南新晃、贵州赫章、贵州水城等地对"夜郎"进行争夺，山东省阳谷县、临清县和安徽的黄山市甚至开始竞争作为西门庆故里。

三、触电

20世纪后半期以来，电影、电视逐渐成为主导媒体。如今，任何一部影片似乎都能在我国电影市场取得过亿的票房。借助一部好的电视或电影剧本在旅游目的地拍摄，将风光通过电影或电视展现出来，能够有效扩大受众面，并借助影视打造人们的旅游商品。

旅游目的地借助电影取得了卓越的营销成就。《卧虎藏龙》带火了蜀南竹海，张家界借《阿凡达》改南天一柱为哈利路亚山。在《非诚勿扰1》炒红了西溪湿地、北海道后，北京、海南分别借助《非诚勿扰2》大炒一把。张艺谋的《山楂树之恋》，造就了一批山楂迷，炒红了宜昌远安县，甚至准备易名为山楂县。《七剑》与天山，《英雄》与九寨沟，《无极》与横店、元谋、香格里拉，都是国内旅游目的地的"触电"实践。

旅游目的地进行电影营销可分为三个阶段：一是拍摄前旅游目的地与电影制作商开展拍摄合作；二是拍摄中和上映后，目的地与电影进行联合宣传；三是精心设计影视旅游产品内容。只有这样，旅游目的地才能借助影视产生良好的放大效应。

四、山寨

2008年以来，山寨产品和山寨文化以强劲的姿态展现在世人面前，并延伸到生活的方方面面。山寨现象风靡一时，具有仿照化、快速化以及平民化的特征，不仅涉及产品，而且向文化领域蔓延，其催生的营销思维与方式也为中国旅游目的地所借鉴。

大黄鸭（Rubber Duck）由荷兰艺术家霍夫曼（Hofman）以经典浴盆黄鸭仔为造型创作，从荷兰阿姆斯特丹出发，造访了全球多个国家及地区。大黄鸭所到之处都受到了很大的关注，也为当地的旅游及零售业带来了极大的商业价值。大黄鸭在中国走红之后，包括杭州、佛山、芜湖、无锡、重庆、天津、西安、东莞、泉州、上海、南京、武汉、苏州等城市都对其进行了"山寨"。

山寨营销往往与重大事件相结合，可快速提高知名度和美誉度。核心是互联网，借助互联网传递效率高、方式渠道多样及信息传递双向性的平台优势，具有市场反应速度快、传播范围广、山寨成本低的优点。

五、节事

节庆营销以其巨大的形象传播聚焦效应、经济收益蜂聚效应、关联产业带动效应而普遍受到旅游目的地及企业的重视，它逐渐成为旅游目的地塑造、宣传地区独特品牌形象的重要手段。

张家界在旅游营销中常采用节事营销的手段。1999年12月8日至11日举办"穿越天门，奔向21世纪"的世界特技飞行大奖赛，由世界特技飞行大师驾机穿越天门洞，在全球引发了轰动效应，收看现场直播的观众达到8亿之多；2007年年底，邀请法国"蜘蛛人"阿兰·罗伯特成功攀岩"天门洞"百米绝壁；2011年9月24日，10名翼装飞行高手穿越天门洞；2012年，举办首届红牛翼装飞行世锦赛等活动。一系列节庆、赛事活动的举办逐步提升了张家界的国内外知名度。此外，三亚的美女形象源自其多次连续举办的世界小姐总决赛，亚布力也通过冰雪世界活动树立起冰雪之都的目的地名片。

成功的节事营销对旅游目的地的宣传推介、品牌塑造、产品创新、企业协作等方面的提升大有裨益。在具体操作上，要求有明确、科学的主题定位，符合目的地旅游形象；避免雷同，通过体现地域特色的创新营销活动塑造旅游目的地的独特形象；深度挖掘节庆活动的长期效益，统筹规划，实施节事营销的长期战略，关注前期节庆营销效果的评估反馈和后续营销跟进强化；改变政府包办节事营销的思路，引入企业主体，市场运作，提高营销经济效率。

六、文创

2004年3月，中国著名导演张艺谋和编剧梅帅元领衔执导的中国第一部大型山水实景演出《印象·刘三姐》在广西桂林阳朔首次公映，大获成功，一举开启了旅游目的地山水、文化相结合的全新发展模式。

大型实景演出将旅游目的地丰富的文化与自然资源转化为旅游产品，首先深入挖掘当地的文化资源，然后通过合适的载体和富有创意的方式表现出来。以《刘三姐》为例，演出蕴含了刘三姐歌谣、广西民俗和桂西北各族的音乐和舞蹈，并通过实景舞台、原生态的民族表演，以写意的艺术方式加以呈现，提升了阳朔的经济效益，促进了社区的文化认同。

旅游目的地运用文化创意的方式进行营销，即运用文化资源，通过文化理念的设计来提升产品及服务的附加值，满足和创造旅游者对特定文化的需求。文化创意营销迎合了旅游者日益增加的文化需求，可提高目的地的文化产业竞争力，发掘树立文化品牌。

七、网络

传统的目的地营销主要是选择在各种传统媒体上投放广告，包括电视、报纸、旅游展、户外等媒体，其优势是覆盖面广，弱点是精准性差、品牌宣传和产品促销割裂、广告效果可测量性差。随着网络媒体平台的多样化以及广告技术手段的不断升级，旅游目的地纷纷走向网络营销，不仅仅局限于展示广告和点击广告，并融合了品牌形象展示、目的地信息查询、旅游计划、旅游产品预订等过程，使营销更接"地气"。

2010年9月，九寨沟策划"九寨沟惊现绝世小萝莉"，被各个网站隆重推荐，仅3天时间，在"猫扑"上的帖子的点击率就已经超过了25万，回复2000多条，在旅游预订网站优哉旅游网的旅游线路订单量和电话量上升15%。2010年1月1日至12月31日，景区共接待游客1700297人次，比上年增加19.29%，实现门票收入3.1亿元，比上年增加41.31%；2013年6月，以武隆为题材的"2012中国版"微电影借好莱坞大片《2012》全球热映的潮流在网络中窜红，以末世情结为卖点，将武隆县的所有旅游景观全景展示，迅速在土豆、优酷等各大主流视频网站中被疯狂点击，并在大众网络社区、热门微博和贴吧，实现了传播辐射90.3万微博人群、88.2万视频网民、219.2万网络社区人群，总共累积覆盖超过430万人群；乌镇旅游部门建设官方旅游网站，在淘宝上开设网购旅游线路及景区住宿和民宿旅游产品，投放刘若英主演的旅游宣传片，并联合博客联盟免费资助博客作者免费旅游，实现2007年210万次的搜索量，实现了网络平台销售从宣传片介绍到产品服务购买的一条龙营销。

在网络营销火热开展之时，旅游目的地网络营销在从传统渠道向网络营销转型中还存在网络媒体传统化和网络营销活动化的误区，即前者未考虑网络的特点，没有充分挖掘网络的互动性和即时性，后者则认为网络营销就是做活动、做宣传。事实上，旅游目的地网络营销是目的地旅游信息在加工、再创作、再创新、再结合、再组织的持续过程，需要专业执行团队的互相配合与启发，发挥最大效用。

第六章 专题研究

专题一 生态旅游旅游目的地建设

一、生态旅游发展背景

生物多样性是生态旅游发展的基础。19世纪80年代，在全球气候变暖、绿色经济逐渐兴起的背景下，"生态旅游"的概念由加拿大学者Claude Moulin提出。

（一）生物多样性

生物多样性是指"所有来源的活的生物体中的变异性，这些来源包括陆地、海洋和其他水生生态系统及其所构成的生态综合体；这包括物种内、物种之间和生态系统的多样性"。生物多样性是地球生命的基础，在维持气候，保护水源、土壤和维护正常的生态学过程中具有至关重要的意义。

为维护生物多样性，联合国、世界自然保护联盟（IUCN）等国际组织进行了一系列生物多样性宣传推广活动。1992年，里约热内卢召开的"地球峰会"上订立了《生物多样性公约》，共191个缔约国参加。《生物多样性公约》成为一项保护地球生物资源的国际性公约。

联合国大会宣布2010年为生物多样性国际年，以提高全世界对生物多样性重要性的认识，强化公众对保护生物多样性的重要性和生物多样性潜在威胁的认识，增进对政府和社会为保护生物多样性的工作成就的了解，并鼓励个人、组织和政府立即采取措施，防止生物多样性丧失。之后，又确定2011年为"国际森林年"，旨在唤起人们的意识，促进在森林管理、保护和开发方面开展全球性的活动，推进造林绿化和森林的可持续发展，并充分发挥森林在促进经济社会可持续发展中的重要作用。

世界自然保护联盟制订了FCP森林保护计划，旨在影响、鼓励和扶持社会在世界范围内保存森林和树林主导景观的生物多样性,并确保森林资源的使用是公平、生态可持续的。以社区为基础的森林经营(Community-Based Forest Management,CBFM)是一种森林社区直接参与林业活动决策、实施和监测的森林资源管理模式。

(二) 全球气候变暖

尽管近年来全球气候变暖问题已备受争议,但减少温室气体排放,降低大气污染的重要性是毋庸置疑的。旅游目的地和旅游客源地的气候和天气的变化会对游客的满意度和他们的旅游决定产生显著的影响。

《联合国气候变化框架公约》(United Nations Framework Convention on Climate Change,简称《框架公约》)是1992年5月9日联合国政府间谈判委员会就气候变化问题达成的公约,于1992年6月4日在巴西里约热内卢举行的联合国环发大会(地球首脑会议)上通过。《联合国气候变化框架公约》是世界上第一个为全面控制二氧化碳等温室气体排放,以应对全球气候变暖给人类经济和社会带来不利影响而订立的国际公约,也是国际社会在对付全球气候变化问题上进行国际合作的一个基本框架。

(三) 绿色经济兴起

当前,人类面临着空前的生态危机,其表现几乎遍及所有方面:陆地生态系统服务每年损失500亿欧元;按照目前趋势世界商业渔业50年内将崩溃;35%的地球表面用于农业与灌溉农业,而为满足增长的需要,到2030年将高达80%;加勒比地区珊瑚礁的破坏导致旅游收入下降20%,约每年3亿美元;数百种处方药合成成分的药用植物种类濒临灭绝;对有机农业、认证食品与木材产品需求的新"绿色市场"增长比平均快3倍,2010年达600亿美元。全球保护区每年产生的价值在44000亿到52000亿美元,气候变化的成本与风险相当于每年全球GDP的20%,而采取行动限制它的成本仅为1%。

在这样的背景下,绿色经济兴起可谓应运而生。绿色经济是一种旨在提高人类福祉,使最广大人群充分享有经济发展成果,同时又能显著减少人类活动对环境不良影响的经济模式。"绿色经济"这一概念,最早出现在20世纪80年代末。环境经济学家认为,经济发展必须是自然环境和人类自身可以承受的,不会因盲目追求生产增长而造成社会分裂和生态危机,也不会因为自然资源耗竭而使经济无法持续发展。绿色经济的本质是以生态、经济协调发展为核心的可持续发展经济,是以维护人类生存环境,合理保护资源、能源以及有利于人体健康为特征的经济发展模式。在这种可持续发展理念的主导下，生态旅游的概念逐渐成形。

二、生态旅游的理论与方法

国际生态旅游协会对生态旅游的定义为：生态旅游是为了解旅游地环境、文化与自然历史知识等而有目的地在自然区域所进行的旅游活动，这种旅游活动的开展旨在保护原有的自然生态环境，同时创造更多经济发展机会，使当地居民受益。

（一）生态旅游发展层次

生态旅游的发展，最根本的是在观念层次上的转变，其次是需要制度层次上的保障，而最终则要落实到技术层次上来实现这种发展模式。

1. 观念层次

"培养人们对环境和文化的理解"是生态旅游的内在目标。生态旅游不仅是一种有别于大众旅游和其他旅游形式的旅游产品，更是一种理念和一种道德约束。将生态旅游思想推广到旅游业的各个方面，对资源保护和旅游业的发展具有重要的意义。而提升和推广生态旅游的关键在于教育。作为一种有目的地的培养人的活动，教育可以系统地向被教育者传递在知识、技能、态度、价值观等方面的影响。通过生态旅游知识的教育，人们会逐渐深化对生态的认知，逐渐培养维护生态、维护人类生存与发展环境的自觉性，更好地促进可持续发展。

2. 制度层次

（1）生态旅游法规政策

目前，我国已制定的一些与旅游密切相关的环境保护法律法规：《环境保护法》《森林法》《文物保护法》《野生动植物保护法》等。但是，我国尚未有一部专门的生态旅游法来规范和保障生态旅游相关事宜。2013年我国最新颁布的《中华人民共和国旅游法》对旅游业的各利益相关者都做出了要求，如要求旅游者"在旅游活动中应当爱护旅游资源，保护生态环境"，在旅游规划方面强调"旅游发展规划应当包括旅游资源保护和利用的要求和措施"，在旅游经营中要求"有必要的环境保护措施和生态保护措施"以及"景区接待旅游者不得超过景区主管部门核定的最大承载量"等。

（2）企业道德准则

如加拿大旅游企业不仅为企业员工制定了道德准则，还向游客宣传负责任的旅游理念，包括：

- 承诺通过我们热情而细心的员工为我们的顾客提供一流的服务及优质的经历；
- 在我们的顾客、员工、股东及社区中倡导欣赏、尊重我们的自然及文化遗产的风气；
- 尊重我们社区的价值观及愿望，在提供服务与设施时尽量促进社区的认同感、自豪感及美感，提高社区居民的生活质量；
- 致力于使旅游发展能与社区经济目标实现，及我们的自然文化遗产保护与改善相协调；
- 有效地使用所有的自然资源，减少浪费，致力于消灭各种形式的污染或把污染降到最低限度；
- 与我们的同行及其他行业协作，以实现可持续发展及提高全加拿大人生活质量的目标；
- 支持旅游者更深入地了解与欣赏大自然及其他国家居民的需求，同国内和国际旅游组织一起通过旅游建设我们更美好的世界；
- 享受丰富多样的自然与文化遗产，也帮助我们保护它们；
- 通过高效利用资源（包括能源与水）来支持我们所做的资源保护的努力；
- 体验我们人民的友善及社区的好客精神，用你们的实际行动，尊重我们的传统、习惯与地方法规来保护我们的这些属性；
- 避免那些危害野生动物、植物或任何潜在危害我们的环境的行为；
- 选择旅游产品时体现社会、文化与环境保护意识。

（3）生态旅游者十条准则

这十条准则是：

- 参观有保护价值的目的地，做好计划，参与保护项目；
- 轻装旅游，减少携带物品，这些可能成为旅游目的地的垃圾；
- 旅游前尽可能了解目的地的自然、人民以及他们的文化与环境诉求；
- 雇用当地声誉好的愿意保护自己的导游，旨在追随地方准则；
- 挑选自然友善的住宿；
- 尽可能使用火车或巴士等交通方式以减少旅游交通碳排放；
- 选择当地蔬菜，尽量不食用濒危物种；
- 不购买濒危物种的纪念品，不引进外侵物种；
- 野生动物观赏是难以忘却的体验，但为了他们和你的安全，尽可能

不要打搅野生动物;
- 保持目的地新朋友的关系,成为地方保护组织的成员。

3. 技术层次

(1) 旅游环境承载力

旅游环境承载力,是指旅游目的地生态系统在产生不可察觉的至少是能够恢复的生态变化之前的旅游数量。它是衡量旅游环境与旅游发展是否协调的重要依据,通过研究旅游环境承载力,能分析评价区域旅游开发潜力并掌握区域旅游业发展的优势和关键性限制因素,并能为区域旅游部门制定旅游业可持续发展战略提供理论支持和科学指导。

旅游环境承载力计算模型(指数法):

$$I = \sum_{j=1}^{n} W_i I_i$$

式中,I 为综合承载力,I_i 为单要素承载力,W_i 为相应要素的权重。如果承载率大于1,表明已超过区域承载力,要限制发展;如果承载率小于1,表明还未超过该地区的承载力,还有一定的发展空间。

(2) 旅游生态足迹

旅游生态足迹,是指在一定时空范围内,与旅游活动有关的各种资源消耗以及吸收其产生的废弃物所必需的生物生产性土地,即把旅游过程中旅游者消耗的各种资源和产生的各种废弃物吸收用被人容易感知的面积进行表述。生态足迹分析法从资源的供给和需求角度来分析旅游环境承载力,其计算结果直观明了,计算方法可操纵性强,具有区域可比性,可以较好地揭示自然资源和经济发展之间的关系。

旅游生态足迹计算方法:

$$EF = Nef = N\sum(aa_i) = N\sum\left[C_j / P_j\right]$$

式中:i 为消费商品和投入的类型;P_i 为 i 种消费商品的平均生产能力;C_i 为 i 种商品的人均消费量;aa_j 为人均 i 种交易商品折算的生物生产性土地面积;N 为人口数;ef 为人均生态足迹;EF 为总的生态足迹。

(3) 生态旅游认证与生态标识

生态旅游认证就是通过建立一系列相应的规范与标准体系对生态旅游进行评估,并对达到标准要求的生态旅游予以一定形式的承认(如授予生态标识),借此促进生态旅游经营者改善其服务环境,实现其做出的对自然和社会负责的承诺,从而促进生态旅游的可持续发展。

生态旅游认证的意义包括以下几个方面:生态旅游认证的实施有助于加强政府对生态旅游景区的指导与管理;生态旅游认证所要求达到的标准能够为生态旅游产品供应商提供生态旅游资源开发与经营管理的依据与指导规范;生态旅游认证所颁发的生态标识(Eco-labels)可以影响旅游者对其旅游相关活动的决策,使旅游者在选择旅游经营者、度假村、饭店和其他旅游服务提供者时做出正确的抉择,有助于引导生态旅游产品消费者购买真正"绿色"的旅游产品。

目前国外著名的生态旅游认证项目包括:绿色环球21(Global Green 21)、澳大利亚NEAP全国生态旅游认证项目、加拉帕戈斯群岛Smart voyager认证项目、欧洲"蓝旗"可持续旅游认证体系、危地马拉生态旅游与可持续旅游认证体系、哥斯达黎加的可持续旅游认证体系等。

绿色环球21是目前唯一的全球性旅行旅游业可持续发展的标志,绿色环球21一共有四个标准:绿色环球21企业标准,绿色环球21社区标准,绿色环球21国际生态旅游标准以及绿色环球21设计与建筑标准。绿色环球21实施国际生态旅游标准的目的是为了增强旅游企业/景区对环境和社会的责任感,以及让公众了解该企业/景区对环境与社会和谐发展的承诺。目前中国通过绿色环球21企业标准认证的有四川九寨沟国家级自然保护区、四川黄龙国家级风景区、四川三星堆遗址博物馆、四川蜀南竹海国家级风景区、浙江世界贸易中心大饭店、深圳圣延苑酒店以及九寨天堂国际会议度假中心等。

澳大利亚NEAP认证的主要特点包括:集中于自然区;解说(包括解说的可获得性、信息的准确性、解说规划、工作人员的意识和理解、工作人员的培训);环境可持续性(包括工作人员的责任、知识和意识,应急措施,环境规划和影响评估,排水,土壤和水质管理,建筑方法和材料,视觉影响,采光和照明,废水处理,噪声,空气质量,垃圾最小化处理,能源利用,建筑,对野生动物、海洋哺乳动物的影响最小,各种活动以及交通设施的影响最小化);使当地社区受益(包括和当地社区一起工作,对当地社区最小影响,社区参与);文化尊重;消费者满意;负责任的市场营销等。

(二)生态旅游的基本模式

在不同的社会经济条件和文化背景下,许多生态旅游目的地都探索出了行之有效的实践方法。尽管各种实践方法有所不同,但基本模式都包含以下三种。

1. 社区参与

生态旅游的最终目的除了要促进自然环境的保护外，也要使当地居民受益，因此，社区参与对于生态旅游的发展也至关重要。

挪威奥斯陆全球生态旅游研讨会提出了一系列社区参与生态旅游的建议，包括：①透过更坚强的多元化伙伴关系来培育当地社区参与企划及决策的意识，并让企业负责人持续经营管理观光事业；②通过聘雇政策、本地供应链、建议企业成立、支持并使用当地提供的服务设施等手段，确保让当地人获得更多利益；③整合手工艺及原住民文化及物质遗产，鼓励发展创新旅游产品及公平交易；④加强保护区管理单位对生态旅游的认识；⑤创新生态旅游的发展机制，寻求多样化的财务支持；⑥在旅游服务上聘用当地员工；⑦在旅游规划与设计上，融入当地原材料进行建造，营造与周围环境相协调的生态旅游设施。这七项举措不仅能够弘扬当地文化，更能将生态足迹最小化，以创新的环境科技来执行可持续发展战略。

2. 环境教育

将提高当地社区的旅游者的自然生态环境保护意识作为生态旅游的主要目标，将旅游与环境科普相结合，使公众亲近自然、了解自然、欣赏自然；在规划设计中使旅游设施与活动对环境的负面影响最小并有助于自然保护，强调各种旅游项目有利于防止可能导致的环境问题的出现。

3. 生态环境补偿

通过发展生态旅游，将部分旅游收入返还，用于旅游区的生态恢复或保护；旅游经营单位通过缴纳一定的环境消耗补偿费，解决环境保护经费不足的问题。这一发展模式在西方已经得到很好的实施。

三、国外生态旅游案例分析

（一）班夫国家公园（Banff National Park）

班夫国家公园位于落基山脉北段，是加拿大第一个国家公园。公园共占地6641平方公里，有冰雪覆盖的茫茫群山、1000多条冰川，以及树林茂密的宽广山谷和淡水河流以及驼鹿、熊、珍稀鸟类等各种野生生物，是获评联合国教科文组织世界遗产保护区（UNESCO world heritage site）的一个罕见的受保护原野。班夫国家公园是生态保护的优秀案例。

1. 功能分区

班夫国家公园内分为绝对保护区、杜绝人类干扰的荒野区、自然风景观光区、娱乐区、旅游城镇区。其中绝对荒野区占整个保护区面积达到93%，绝对保护区为4%，自然风景观光区、娱乐区、旅游城镇区面积仅占3%。

2. 交通设施与自然和谐

班夫镇（Town of Banff）是加拿大首个在公共交通路线上使用混合动力车的城镇，它的公交路线将其附近许多必看景点及如诗如画的景区连接在一起。

3. 绿色能源与建筑

班夫国家公园在明尼湾卡胡新设的太阳能设施，不仅完全依靠太阳产生的能量，进行供暖、照明以及热水，从而将环境考虑融入建筑设计之中，而且游客还能在其墙壁上欣赏到生态艺术作品。

4. 企业和居民的生态意识

班夫和路易丝湖的旅馆、旅游公司和居民完全依靠旅游业为生，因此每个人都希望保护这里未被破坏的环境。企业越来越多地使用绿色能源，采用领先的废物管理和循环利用技术，并且竭力让游客了解维护健康生态系统的重要性。

5. 志愿者计划

班夫国家公园推行了志愿者计划，旨在给经常来此旅游的本地游客和当地居民提供回报公园的机会，如路线维护、研究，拾垃圾以及一些特殊活动。

（二）Matava Resort, Fiji 玛塔瓦—斐济高级生态探险度假酒店（UNWTO, 2014）

"致力于负责任的旅游是玛塔瓦酒店环保政策背后的驱动力。对我们来说，生态旅游绝不是一个抽象的概念，而是指导我们每一个决定的整体原则，从'小旅游团体会留下更少的生态足迹'理念，到承包商和供应商的选择。"

——Stuart Gow，玛塔瓦度假村主任

1. 商业模式

玛塔瓦度假村是毗邻斐济大星盘礁和坎达武岛的一个生态探险度假村。度假村拥有传统斐济小屋——布雷斯（Bures），并提供全方位的冒险和文化活动。客人可以潜水，或者参加PADI潜水专业人士开设的课程。此外，游客还可以参加一系列户外活动，如大型钓鱼比赛、浮潜、帆船、海上皮划艇、徒步旅行，以及原生态文化和乡村探险等。不铺设道路、利用太阳能发电，以及尽可能降低生态碳足迹是玛塔瓦度假村做出的生态旅游实践。

2. 生态旅游实践

玛塔瓦度假村采取了一系列生态旅游措施，以最大限度地减少其对环境

的影响，促进和支持当地社区的生态保护：
- 采用太阳能照明和太阳能热水；
- 建造了一个大型有机菜园，以减少蔬菜进口与运输相关的碳排放量，此外，度假村为当地村民提供蔬菜种子，然后购买他们种植的水果和蔬菜，以增加社区居民收益；
- 垃圾分类，餐余食品用作饲料，其他废弃物运到有机农场堆肥；
- 度假村附近土地保持未开垦的状态，使得本土野生花卉和蕨类植物得以生长；
- 部分度假村海滩保留天然的红树林海岸线，防止海水侵蚀，并为幼鱼提供庇护；
- 不使用杀虫剂或除草剂，不种植外来植物物种，度假村内种植的植物均原产于坎达武岛或本地；
- 度假村的建筑均使用为建造而专门种植的本地松树和硬木树，并采用传统茅屋的建造方式，不使用当地野生阔叶树木材；
- 废水在废水池经过处理用于浇灌花卉和植物。

玛塔瓦度假村与坎达武岛的邻村一起设立了从玛塔瓦海岸线延伸至Waya岛的海洋保护区。该区域禁止以任何形式捕捞、采集贝壳和珊瑚观赏。玛塔瓦度假村还帮助Nacomoto村建立了自己的保护区限制旅游人数，每位到此潜水的游客产生的收益都用于Nacomoto村的建设，这是一个双赢的方式：游客能够产生美妙的潜水体验；村民得到了收入；海洋生物得以在保护区内繁衍。当度假村客人退房时，他们可以为海洋保护区自愿捐款，用来支持当地社区开展海洋保护行动。

3. 有效的可持续管理
（1）永续经营

玛塔瓦度假村编写了《负责任旅游和环境政策指导手册》，用以指导包括选择承包商和供应商在内的一系列管理决策行为，并将该手册发布在网站[①]上，以便使游客和工作人员都能够了解到。玛塔瓦度假村设立了玛塔瓦基金会，游客可以通过捐款来帮助社区发展和生态保护工作。该度假村的员工全部来自当地社区，并将其收益尽可能用于支持当地社区发展。此外，玛塔瓦度假村将一位董事作为负责任的旅游协调员，来监测生态旅游项目的执行。

---

① Matava's Responsible Tourism Code of Conduct and Environmental Policy: http://www.matava.com/the-resort/environmental-policy/178.

(2) 员工培训

工作人员每月都会拿到有关污染和废物管理月度研究成果报告。通过持续的教育和数据更新,工作人员可以确保他们的行为能够有效促进环境保护。

4. 环境保护

- 尽量减少使用有害建筑材料;
- 度假村采用天然植物来驱虫,在客房里使用定制蚊帐使游客避免蚊虫叮咬。

(三) **探索新西兰**(Explore NZ, New Zealand)[①]

"探索新西兰"是一家本地经营的,充满活力、不断进取的公司,为游客提供一系列在奥克兰和岛屿湾的海洋、陆地和岛屿旅游活动。

1. 商业模式

探索新西兰是一个以远足业务为主的旅游公司,主要经营范围在奥克兰和岛屿湾。探索新西兰的经营项目主要有:新西兰—美洲杯帆船体验;奥克兰鲸和海豚观赏;帆船和游轮晚宴;与海豚共舞;帆船、越野,以及欧提希湾度假村等。

2. 生态旅游实践

探索新西兰意识到要为游客提供非凡的体验,其产品必须与自然环境息息相关,促进环境的可持续发展,并在宣传和客户/员工参与中脱颖而出。因此,探索新西兰采用一系列新技术以显著降低产品对生态环境的影响,并注重展示自身的负责任企业形象。2009 年 9 月 11 日,探索新西兰与 Environ Fuels 签署了新西兰第一份商业险大规模生物燃油协议[②]。

作为野生动物和风景名胜探险旅游的领先企业,"探索新西兰"屡获殊荣,其业务特别强调环境保护,如使用生物柴油技术降低旅游业对环境的影响。最近它在岛屿湾实施了一项生态修复项目,使其成为新西兰领先的生态旅游目的地。

3. 有效的可持续管理

(1) 严格遵守法律和法规

探索新西兰的目标不仅仅是符合法律规定标准,而且要做到低于最低排放和污染标准。

---

① Website: www.Explore NZ.co.nz.
② http://carbongreen.co.nz/EECA_Case_study.pdf.

(2) 员工培训

员工全部参加急救培训，并定期参加讲习班和研讨会。

(3) 精准营销

探索新西兰保证其宣传材料准确地描述他们的服务，例如鲸和海豚巡航的宣传中总是指出在"条件允许"的情况下才能观赏到，并告知潜在游客鲸和海豚在巡航中能够被观赏到的频率。

(4) 为有特殊需要的游客提供方便

探索新西兰已在其所有的设施中安装了轮椅通道，非机械式轮椅也能够被运送到大多数船只上。

4. 最大限度提高社会和经济效益

(1) 尽可能购买本地产品

尽可能购买当地食品、啤酒和葡萄酒，以及本地制造的帆和其他航行设备。

(2) 为当地企业提供发展机会

探索新西兰与许多当地小型企业合作，涉及小型旅游供应商、码头企业和餐饮零售业。

5. 文化遗产

企业融合当地文化元素，同时尊重当地社区的知识产权。在旅游运作过程中，探索新西兰只使用经过准许的故事和当地历史，如果游客想进一步了解，他们需要参加毛利人导游的讲解。毛利人导游均来自当地社区，其收入可以完全由自己保留。

6. 环境保护

"探索新西兰"进行了一系列节约资源的举措，包括：

- 绝缘热水缸位于厨房插座上方，用水是热水不需要流经很长的管道而散失热量；
- 冬天将饮料冷却器关掉以节约能源；
- 打印纸重复使用，或者双面打印；
- 在所有浴室放置免洗洗手液，以节约用水及减少纸巾使用；
- 所有厕所都有双重冲水选择；
- 只在洗衣机满载时才进行洗衣，洗涤过程中只使用冷水；
- 一旦发现水龙头漏水就要尽快修理；
- 游艇等在出航时尽量挂帆以减少燃料消耗；
- 在冬季游客数量减少时使用小型船只或合并行程；

- 印刷用纸采用森林管理委员会（FSC）认证的纸张；
- 通过产品列表单向游客介绍旅游产品，减少产品宣传册的发放；
- 所有的塑料管道都安装开关；
- 在车不是很脏时用木桶盛水来洗车。

专题二 遗产旅游目的地建设

一、遗产旅游概念界定

"遗产"狭义上理解是从祖先流传下来的资产；广义上是指自人类有史以来的一切创造物。1982年《世界遗产宪章》将遗产划分为自然遗产、文化遗产以及非物质遗产。自然遗产指那些朴素、原始的自然风景地，如未砍伐的森林、没有筑坝的河流、没有开垦的荒山等；文化遗产包括历史遗迹、建筑物，国家或民族的思想、价值、信仰，重要历史事件的发生地，艺术（文学、音乐、舞蹈、雕塑等），传统节事活动以及典型生活场景等。

一般认为，遗产旅游是以文物、古迹等文化遗产和自然遗产资源为旅游吸引物，到遗产所在地去欣赏遗产景观，体验遗产文化氛围的一种特定形式的旅游活动，使旅游者获得一种文化上的体验。

二、遗产的真实性和完整性

真实性（Authenticity）和完整性（Integrity）是关于世界遗产的两个非常重要的概念。

（一）遗产真实性

真实性概念最早出现于《威尼斯宪章》（Venice Charter，1964），之后在欧洲社会逐渐得到广泛认可。真实性主要用于评价文化遗产。世界遗产领域内关于真实性较为详细的解释见于《奈良文件》（Nara Document，1994）。真实性包括：遗产的形式与设计，材料与实质，利用与作用，传统与技术，位置与环境，精神与感受。有关真实性翔实信息的获得和利用，需要充分地了解一项具体文化遗产独特的艺术、历史、社会和科学层面的价值。

值得一提的是，遗产是被人创造的，同样在过去的历史发展过程中被人不断的改变，很难确定哪一时刻的"原真"就是遗产真正的真实性。因此，遗产真实性的体现并不仅仅是某一个时间点、某一个时代断面上的真实性，而是要从遗产整个层叠累加的历史发展的角度进行分析，综合判断遗产的真正价值。

（二）遗产完整性

完整性一词来源于拉丁词语，表示尚未被人扰动过的原初状态（Intact and original condition）。它主要用于评价自然遗产，如原始森林或野生生物区等。完整性原则既保证了世界遗产的价值，同时也为遗产的保护划定了原则性范围。《行动指南》对自然遗产的完整性界定如下：

● 对于表现地球历史主要阶段的重要实证的景点，被描述的区域应该包括在其自然环境中全部或大多数相关要素；

● 对于陆地、淡水、海岸和海洋生态系统，以及动植物群落进化和演变中重大的持续生态和生物过程的重要实证的景点，被描述的区域应该有足够大的范围，并且包括必要的元素，以展示对于生态系统和生物多样性的长期保护发挥关键作用的过程；

● 对于有绝佳的自然现象或是具有特别的自然美和美学重要性的区域，应包括具有突出的美学价值，并且包括那些对于保持区域美学价值起着关键作用的相关地区；

● 对于最重要和最有意义的自然栖息地，景点应包括对动植物种类的生存不可缺少的环境因素。

完整性强调尽可能保持自身关键要素、面积、生态系统、环境条件、物种、保护制度的完整以及文化遗产与其所在环境的完整一体。任何在自然遗产内大兴土木、破坏地形地貌和自然生态，以及在文化遗产点周围私搭乱建、大搞娱乐工程、设立各类开发区的做法都是违反了完整性原则。

此外，完整性的内涵也在不断演化，邹统钎（2010）认为，遗产的完整性不仅包括自然完整，还包括文化完整和体验完整。

三、案例分析

（一）昆士兰湿热带地区遗产管理系统[①]

昆士兰湿热带地区[②]是澳大利亚19处世界遗产地之一，沿澳洲大陆东北部海岸绵延大约450公里，毗邻大堡礁，1988年被列入世界遗产名录。

---

① UNESCO: World Heritage: Sharing Best Practices, 2013.
② http://www.wettropics.gov.au/.

1. 冈瓦纳古陆的热带雨林

湿热带雨林由于其非凡的自然景观、久远的历史及独特的动植物资源而被公认为世界自然遗产。这个占地 894420 公顷的遗产地可以说是一个活的生态博物馆。虽然其面积仅为澳洲大陆的 0.12%，却哺育了超过 2800 个维管束植物物种（其中 700 多个是澳洲独有的），40%的澳大利亚鸟类，30%的澳洲哺乳动物物种，以及 60%的蝴蝶品种。当地土著人已在这一地区居住了上千年，创造了独具特色的土著文化，也是该遗产地的重要特色之一，最近已被列入澳大利亚国家遗产名录。

2. 管理机构

澳大利亚联邦政府和州政府之间密切合作共同推进该世界遗产的管理。两级政府建立了湿热带地区管理局，由两级政府共同领导，每年向昆士兰州议会独立报告。管理局委员会由两级政府分别提名的世界遗产保护专家组成，并担负着规划、沟通及协调的任务，其主要合作伙伴是地区和社区水资源管理机构、地方政府、土地管理者、昆士兰州和澳大利亚土地与环境管理机构，非政府组织（NGOs）和旅游企业。

3. 资源保护

在被收入世界遗产名录之前，该地区的热带雨林由于砍伐木材而遭受了严重破坏。被收入世界遗产名录后，木材砍伐得到了有效遏制，但病虫害和杂草侵袭、基础设施和气候变化仍对该区域自然资源造成一定的影响。

1993 年，昆士兰州通过了《湿热带地区世界遗产保护与管理法案》，以支持该地区的综合保护和管理。1998 年出台的湿热带规划进一步对该世界遗产的使用和发展规划做出了规定，建立了一个分区系统以控制可能超过规定范围的对世界遗产造成破坏的活动。这确保了诸如修建道路、输电线、管道铺设和住宅建筑等活动都能够受到管理局监管。该法案对违法行为的惩罚十分严厉。该类违法活动数量不多，因此它并不会经常被用到。

在这个监管框架背景下，管理局与基础设施建设机构密切合作，以研发出一系列创新方法来设计和实施必要的基础设施建设，尽量减少其对自然环境的影响。他们已经建立了供水、道路修建和电力供应方面的实施准则。

1999 年澳大利亚的《环境和生物多样性保护法》为其国内湿热带世界遗产（以及澳大利亚其他世界遗产）提供了法律支持。任何有可能显著影响其世界遗产价值的活动都需要经过该法规的评估和准许才能进行。之后的立法在州和联邦法律规定的防护和管理制度下对其进行了进一步补充。

4. 社区合作

当地社区参与是湿热带世界遗产地管理的中心原则之一。湿热带地区管理局的指导委员会成员大多来自当地社区，这确保了管理机构与社区的紧密而广泛的联系。

管理局还支持成立了社区咨询委员会（CCC），其成员由社区内不同利益相关者构成，包括当地土著居民代表。社区咨询委员会就社区关心的热点问题对管理局进行建议，其委员会主席能够以观察员身份出席管理局重要会议，以此保证信息的直线传播。

热带雨林的土著人被给予极高的优先权，以确保在管理自己世代居住的土地方面有直接发言权。

以上措施都有助于湿热带社区对于该遗产地的突出价值的认知，赋予社区参与制定决策的途径，有助于更好地保护该遗产地。对湿热带社区的社会调查显示，居民对于其世界遗产地位的支持水平非常之高。

5. 教育与科研

在学校教学中增加湿热带地区主题，将世界遗产保护的观念灌输给下一代是世界遗产保护的目标之一。湿热带地区管理局制定了一系列相关课程材料来辅助教师教学。雨林探索课程材料能够在网上或者以 DVD 的形式获取，是师生都非常喜爱和高效的教学资源。

湿热带地区管理局通过科学顾问委员会与科研机构保持着密切联系。委员会成员均为雨林研究方面的领军人物，以此确保管理局各个机构成员能够不断接触到该领域最新相关研究。该委员会还有助于帮助社区增加技能和了解知识。在科学顾问委员会的支持下，管理局已完成了湿热带研究战略规划，旨在指导研究工作，并促进知识转移。

6. 旅游发展

昆士兰湿热带遗产地，与毗邻的大堡礁共同组成了昆士兰北部的主要旅游景点。湿热带地区管理局与旅游业紧密合作，致力于为游客提供高质量的旅游体验，以此提高游客对该遗产地价值的认知，并尽可能降低旅游业对世界遗产带来的负面影响。

在基于自然资源保护的旅游发展战略下，管理局提出了旅游业发展框架。该发展框架是在旅游业和相关政府机构的讨论协商下制定的，为遗产旅游提供了一个可持续发展的愿景。

区域旅游产业也充分认识到自身可持续实践声誉的重要性。许多运营商通过国家环保认证机构——生态澳大利亚对自身业务进行认证。旨在提升导游行业的服务质量，管理局与昆士兰州旅游业理事会合作，专门开发了湿热带地区培训课程，并支持建设了导游知识网站，促进该遗产地相关知识的传播。

莫斯曼峡谷的实践是一个有助于土著人从世界遗产中获得经济收益的方式。莫斯曼峡谷是湿热带遗产地游客量最大的地区，每年超过 50 万游客到此游览。更改游览路径使得东部的 Kuku Yalanji 居民也能够通过为游客提供本地文化和环境知识讲解收取一定的费用。同时，新的游览路径规划有助于减轻游客管理压力。

7. 成功秘诀

昆士兰湿热带地区的管理系统自实施 20 多年来一直保持对澳大利亚政府和昆士兰州州政府的利益进行统一和协调。它促进了高标准的环境管理实践，同时对社区基础设施建设提供必要的支持，并极大促进了政府机构、社区和旅游产业间的伙伴关系。

（二）名人故乡旅游

名人故乡保留较多与名人相关的遗产，如何活化遗产，发挥名人效应的同时保护遗产、扩大名人的名气和价值，是名人故乡开发和管理的核心内容。莎翁故乡斯特拉特福德镇和莫扎特故乡萨尔茨堡在这方面的经验值得借鉴。

1. 莎翁故乡斯特拉特福德旅游

坐落在艾冯河畔的斯特拉特福德，在美丽而充满田园风光的沃里克郡乡间，文艺复兴时期伟大的戏剧家、诗人莎士比亚就诞生在此。该小镇人口仅 2 万，但游客每年达 150 万人次，可见"莎翁效应"魅力十足。斯特拉特福德的核心载体是剧场，而"莎士比亚研究中心""莎士比亚遗产监管会""莎士比亚书店""莎士比亚饭店""法尔斯塔夫古玩店""莎士比亚纪念品商店""皇家莎士比亚剧院""罗密欧与朱丽叶咖啡屋""哈姆雷特旅馆"等，还有那些纪念品商店里出售的带有莎士比亚头像和居住故居住房等图案的纪念品，都构成古镇文化旅游体验的道具，让人仍然感到莎士比亚仿佛还活着，镇上的本森斯餐厅被评为"英国 50 个喝下午茶最佳地点"之一。

（1）小镇旅游线路

10:00　莎翁出生地参观莎士比亚出生的都铎式建筑、游客中心和传统的英式花园，参观圣三一教堂及荷尔小园（莎士比亚女儿的故居）。

12:00　在斯特拉特福德的餐馆、茶馆或咖啡馆享用午餐。

13:30　莎士比亚体验——斯特拉特福德的最新景点。

15:30　Shottery 的安妮·哈瑟韦小屋，这个世界著名的茅草屋是莎士比亚的妻子安妮·哈瑟韦（Anne Hathaway）小时候居住的地方。看看哈瑟韦用过的床，欣赏美丽的乡舍花园或者温姆柯克的玛丽·亚登故居农场。游览莎士比亚母亲玛丽·亚登的故居，寻访这一农场房舍背后迷人的故事。

18:00　观赏戏剧之前，在斯特拉特福德一家精致的餐厅用餐。

19:30　观看皇家莎士比亚剧团的演出。

（2）莎士比亚诞辰纪念日

每年4月，斯特拉特福德便会举办盛大的活动，纪念莎士比亚诞辰。莎士比亚诞辰纪念日始于18世纪，已发展成为别具特色的国际盛会。

纪念活动通常在周末举行，生气勃勃的展览不计其数。纪念活动的高潮出现在星期六，成千上百人身穿戏服和传统服装，手举旗帜，列队穿过小镇，彩旗招展，热闹非凡。列队中包括世界各地的剧院及电视台代表、各国大使和最高专员、学院代表、本地权贵和孩子。

（3）各种社会活动

在周末，皇家莎士比亚剧团通常会举办各种老少皆宜的活动，包括与皇家莎士比亚剧团的导演和演员开研讨会，以及一系列座谈会、讨论会、展示和参观后台活动。

（4）"莎翁的世界"主题公园

世界上独一无二的"时光倒流400年"的主题公园内，几百名英国中世纪"居民"，有的在烤面包，有的在为马蹄做铁掌；原野上牛羊悠闲自在，茅舍中炊烟缕缕升起。莎士比亚时代的绞刑架、枷锁以及将泼妇浸在水中受刑的刑椅等道具，应有尽有。游客周围时而出现莎士比亚剧作中的各式人物，看得到园中"演员"在露天挖煤、养蜜蜂、酿苹果汁，甚至有人扮成农民，让游客重温当年莎翁情。

2. 莫扎特故乡萨尔茨堡

萨尔茨堡又译作萨尔斯堡，是奥地利共和国萨尔茨堡州的首府，是音乐天才莫扎特的出生地。莫扎特不到36年的短暂生命中超过一半的岁月是在萨尔茨堡度过的。萨尔茨堡老城在1996年被联合国教科文组织列入世界文化遗产的名单。这里还有充满中古特色的引人遐思的民居、莫扎特音乐学院、莫扎特广场和莫扎特纪念铜像等。阿尔卑斯山的秀丽风光与丰富多彩的建筑艺术浑然一体，使萨尔茨堡被冠为全世界最美丽的城市之一，被联合国列为世界人类文明保护区。萨尔茨堡每年有3000万游客，20亿欧元直接因莫扎特名称衍生的旅游收入。2006年共1000项活动纪念莫扎特诞辰250周年。

（1）萨尔茨堡艺术节

每年有4000多场文化活动在此举行，其中最重要的是萨尔茨堡艺术节，这个每年夏季为期六个星期的文化盛事，吸引了世界上最好的歌唱家，指挥家和乐团来到萨尔茨堡，将这个小城市变成世界的舞台。2004年的艺术节（7月24日至8月31日）在9个不同的演出地点上演180场演出，其中有44场歌剧，73场各类音乐会和64场话剧。

（2）莫扎特巧克力球

莫扎特巧克力球始创于萨尔茨堡当代文化意识形成初期。当时随着1842年莫扎特纪念铜像落成及其非宗教形式的庆典，保护莫扎特文化的意识开始产生。

（3）莫扎特音乐学院

莫扎特音乐学院萨尔茨堡国际基金会的主要任务之一是交流和传播莫扎特音乐遗产。特别值得一提的是一流的莫扎特图书馆和莫扎特档案库，里面有许多与其作品相关的无价的档案文件。莫扎特音乐学院（University Mozarteum，音乐和应用美术）欢迎来自世界各地的学生。在莫扎特学院后花园，莫扎特迷们可以发现一样特别的东西：被称为魔笛之屋的一座迷人的消暑小屋。这座据说是莫扎特创作《魔笛》时居住的小屋于1825年被运到萨尔茨堡，并永久的停驻在莫扎特音乐学院的后花园。

专题三 智慧旅游目的地建设

一、智慧旅游的概念

智慧旅游来源于"智慧地球"（Smarter Planet）及"智慧城市"（Smarter Cities）。2008年国际商用机器公司（International business machine corporation，IBM）首先提出了智慧地球概念，指出智慧地球的核心是以一种更智慧的方法通过利用新一代信息技术来改变政府、公司和人们相互交互的方式，以便提高交互的明确性、效率、灵活性和响应速度（钱大群，2010）。

智慧城市是智慧地球从理念到实际、落地城市的举措。智慧城市能够充分运用信息和通信技术手段感测、分析、整合城市运行核心系统的各项关键信息,从而对于包括民生、环保、公共安全、城市服务、工商业活动在内的各种需求做出智能的响应,为人类创造更美好的城市生活(IBM,2007)。严格来说,国外并无"智慧旅游"这一专业术语,但国外将信息技术应用于旅游业的研究由来已久,将信息技术应用于旅游业的研究和实践开展得比国内更早,如欧盟 2001 年的"创建用户友好的个性化移动旅游服务"项目、韩国旅游局的"移动旅游信息服务项目"及日本 NTT DoCoMo 公司的"i-mode"手机服务项目。

尽管我国许多地方已在尝试进行智慧旅游的建设,但相关的智慧旅游研究文献却较为少见,对"智慧旅游"的概念没有统一的、标准的、科学的定义,缺乏理论支撑。总结起来,基本上都是指云计算、物联网等新技术在旅游业中的应用。

二、智慧旅游在我国的发展

在建设智慧城市和发展现代旅游业的背景下,江苏省镇江市于 2010 年 8 月在全国率先提出了发展智慧旅游的概念,随后提出了中国智慧旅游服务中心总体建设方案,旨在实现旅游管理数字化、服务职能化和体验个性化。

从 2010 年始,南京、苏州、扬州、温州、北京纷纷宣布了建设"智慧旅游城市"的发展战略,有条件城市则率先开展了智慧旅游的建设,至今已经取得了一定成效,如上海市面向旅游者提供的基于智能手机终端的"智能导游",涵盖导游、导航、导览等服务;北京市采用基于二维码的物联网技术,向旅游者提供一种线上、线下融合的"景区电子门票"服务等。同时,智慧旅游也受到国内学界的关注,东南大学搭建了多学科交叉、科学研究与应用融合的智慧旅游实验平台。

2012 年 5 月,为进一步推动全国智慧旅游发展,国家旅游局确定了 18 个城市为国家智慧旅游试点城市。这 18 个城市包括北京市、武汉市、成都市、南京市、福州市、大连市、厦门市、苏州市、黄山市、温州市、烟台市、洛阳市、无锡市、常州市、南通市、扬州市、镇江市、武夷山市。

三、智慧旅游的核心技术

(一)互联网/移动互联网技术

互联网,即广域网、局域网及单机按照一定的通信协议组成的国际计算机网络。互联网与旅游的结合体现在以下几个方面：多语言网络广告、智能搜索引擎、数字地图、电子服务、虚拟旅游（Virtual tour）、客户关系管理和客户管理系统、播客（Podcasting）、网上娱乐、电子杂志、电子布告栏（BBS）等。

移动互联网，即互联网在移动状态下的应用。在互联网上提供移动功能的网络层方案，以此可以使移动节点用一个永久性的地址与互联网的任何主机通信，并且在切换网络时不中断正在进行的通信；用户可使用手机等便携式终端设备，通过移动网络在任何时间、任何地点浏览互联网站，获取即时通信、移动支付、电子邮件等数据和信息服务。移动互联网与智慧旅游结合，便产生了旅游移动互联网平台，其具体应用包括移动信息查询、信息定制服务、移动搜索、移动定位服务、移动支付服务等。

（二）物联网技术

物联网是智慧旅游的核心网络。物联网实现了物与物、人与物、人与人的互联。物联网是在计算机互联网的基础上，通过射频识别（RFID）、红外感应器、全球定位系统（GPS）、激光扫描等信息传感设备，按约定的协议，把物品与网络连接起来进行信息交换和通信，以实现智能化识别、定位、跟踪、监控和管理的一种网络。智慧旅游中的物联网可以理解为互联网旅游应用的扩展以及泛在网的旅游应用形式。物联网技术突破了互联网应用的"在线"局限，适应旅游者的移动以及非在线特征。泛在网是指无所不在的网络，即基于个人和社会的需求，利用现有的和新的网络技术，实现人与人、人与物、物与物之间无所不在的按需进行的信息获取、传递、存储、认知、决策及使用等的综合服务网络体系。基于物联网的旅游应用的"线上""线下"融合体现了泛在网"无所不在"的本质特征，而这种本质也是适应旅游者的动态与移动特征的。

（三）云计算技术

云计算的通用定义是利用互联网强大的互联性，将各种共享资源、软件和信息向公共服务一样按需提供给各种终端设备[①]。云计算的核心思想是将大量用网络连接的计算资源统一管理和调度，构成一个计算机资源池，向用户按需服务。计算机终端、移动终端等终端使用者不需了解技术细节或相关专业知识，只需关注自己需要什么样的资源以及如何通过网络来得到相应服务，其目的是解决互联网发展所带来的巨量数据存储与处理问题。从某种程度上

---

① 维基百科. Cloud computing. http://en.wikipedia.org/wiki/Cloud_computing.

讲，云计算技术在智慧旅游中体现的是旅游资源与社会资源的共享与充分利用以及一种资源优化的集约性智慧。

（四）人工智能技术

如果将物联网、云计算以及移动互联网技术看成智慧旅游的构架技术，那么人工智能就是智慧旅游的内核技术。人工智能（Artificial Intelligence, AI）研究如何应用计算机的软硬件来模拟人类某些智能行为的基本理论、方法和技术，涉及知识表示、自动推理和搜索方法、机器学习和知识获取、知识处理系统、自然语言理解、计算机视觉、智能机器人、自动程序设计等方面的研究内容。目前已经被广泛应用于机器人、决策系统、控制系统以及仿真系统中。人工智能是智慧旅游用来有效处理与使用数据、信息与知识，利用计算机推理技术进行决策支持并解决问题的关键技术。在旅游研究领域，人工智能更多地被用于旅游需求预测中；而人工智能在智慧旅游中的作用不仅在于此，还包含游憩质量评价、旅游服务质量评价、旅游突发事件预警、旅游影响感知研究等诸多领域。

四、案例分析

（一）数字九寨沟

我国四川省九寨沟风景名胜区集世界自然遗产、人与生物圈保护区和"绿色环球21"三项国际顶级桂冠于一身，利用信息科技搭建"保护、科研、开发"的综合应用与基础平台，打造出国内外一流的智慧旅游景区——"数字九寨沟"。

从功能结构上，数字九寨沟划分为基础层和应用层。基础层包括基础设施平台、数据中心、"3S"平台（GIS、GPS、RS）平台、安全平台。应用层包括自然资源保护数字化、运营管理智能化、产业平台网络化。数字九寨沟功能结构图如图6-1所示。

数字九寨沟的核心部分在于应用系统层的电子商务系统、门禁票务系统、GPS车辆调度系统、LED信息系统、办公自动化系统、多媒体展示系统、监督管理系统、智能监控系统等几大系统。

1. 九寨沟电子商务系统

实现门票、酒店、机票等相关旅游资源的网上销售，促进资源整合、专业分工和规模发展。以此为基础，创新景区资源保护与产业发展的良性互动机制，促进景区与产业的可持续发展。

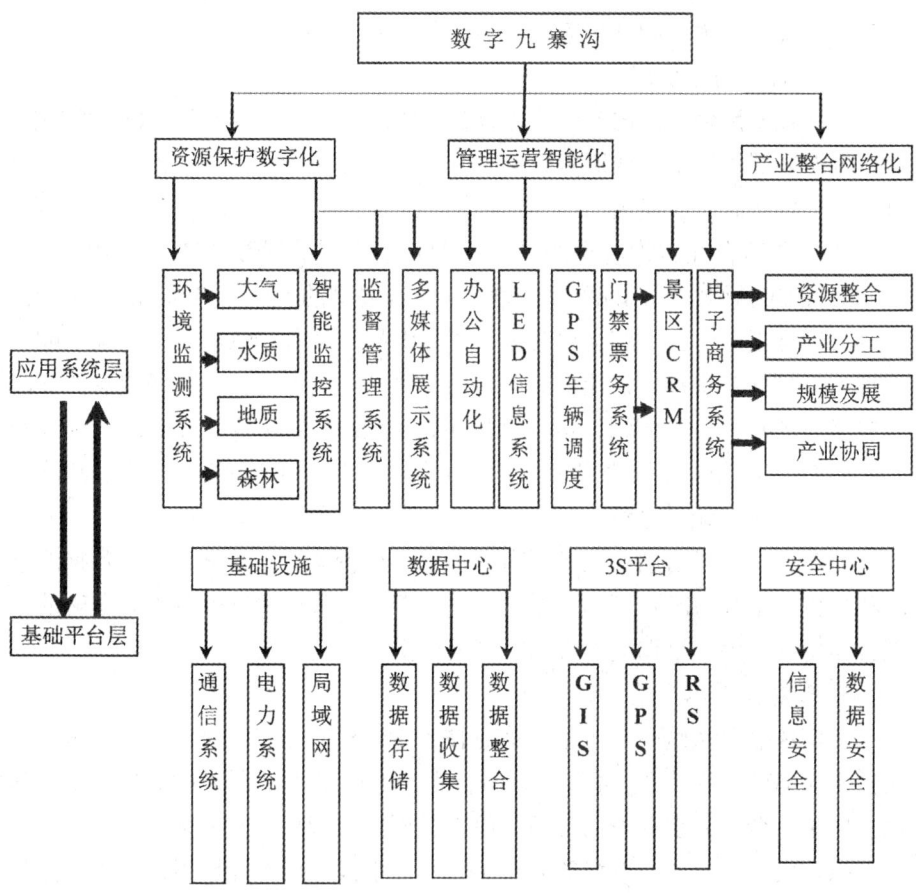

图 6-1 "数字九寨沟"总体功能框架图

该系统软件设计模式采用主流的三层体系结构。Java 的分布式应用，具有良好的跨平台性，选用 IBM 面向电子商务的 WebSphere 软件平台开发。B/S 结构，无需专有客户端。主机采用 IBM AS400 I 系统银行级服务器，安全稳定可靠。

2. 门禁票务系统

结合电子、磁记录、单片机、自动控制、精密机械加工及计算机网络等诸多高科技技术，与九寨沟电子商务配合实现计算机售票、验票、查询、汇总、统计、报表等门票控制管理功能，实施全方位的实时监控和管理。

由门禁票务系统衍生的景区 CRM 系统利用"可获利客户"的理论，最大限度地改善客户关系，通过景区对客源地区分布、每日客源预测分析、历年同期客源对比等,制订相应的营销计划。

3. 办公自动化系统

实现九寨沟管理局内部无纸化办公,提高办公效率,提升整体管理水平,从而为游客提供更优质的服务。同时具有远程办公能力,管理人员即使在外办公,也能即时了解景区动态。

技术上结合九寨沟管理局旅游行业特色及具体情况,充分利用 Lotus Domino 的丰富强大的功能和平台性能,结合先进的 Internet/Intranet 技术,针对办公管理工作中公文和会议繁多、请示汇报程序复杂等特点,力求功能全面细致,目标定位准确,操作简单易用,管理稳定方便,并强调信息的交流和共享。它可以在多种硬件环境的局域网(LAN)、内部网(Intranet)、互联网(Internet)上使用。最大限度地保证了九寨沟管理局对内部办公的投资利益。

4. GPS 车辆调度系统

能够通过卫星自动获取景区内指定目标车辆的相关数据,实现数据的整理和分析,结合 GIS 地理信息系统在大屏幕显示景区内 260 辆观光车辆的地理分布情况,为车辆调度等方面的管理提供即时决策依据。

5. 多媒体展示系统

多媒体展示系统是基于地理信息技术(GIS)、遥感技术(RS)、虚拟现实技术(VR)、多媒体技术和互联网技术(Web),基于最新的数据以及管理保护成果,全面表现九寨沟资源、保护、规划、管理以及未来展望等,并提供多媒体的、三维的、网络的人机实时交互手段,同时能够很好派生出满足九寨沟展示和管理需要的各种专题服务的系统。

6. 智能化监控系统

智能化监控系统主要是在各个重要景点、诺日朗餐厅、道路险要路段、防火高危区以及停车场等共 90 多个点位进行实时监控;并在诺日朗餐厅设立一个监控分中心,在沟口设立一个监控中心。沟口监控中心与诺日朗分控中心通过光纤以局域网方式相连。

智能化监控系统是集森林防火、植被保护、沟内治安交通监控、景点游客监控、沟口门禁监控、票务窗口监控等多功能于一体的监控系统。它同时支持应急管理,处理突发事件。

7. 监管信息系统(遥感监测)

利用卫星遥感影像对景区内的土地利用、建设工程、生态环境(含地形地貌、地质构造、植被覆盖、水体变化)和景区总体规划执行情况,特别是核心景区开发建设等情况进行动态监测,从而对九寨沟的生态环境保护和科学管理提供辅助决策依据。

8. LED 信息发布系统

广场和沟口彩色 LED 大屏是集游客提示、天气预报、景区动态、法规宣传、游客公告、旅游知识为一体的信息发布平台。

系统采用先进的数据传输技术,使用千兆网高速数据通信芯片,防静电,防雷击,支持无中继的远距离传输。支持自行编制显示程序,更可使用流行的各类优秀的图形、图像、动画、视频、现场直播及幻灯片制作软件,来编排制作播出节目。

(二)我国台湾岛内智慧观光 App[①]

一款新型的智慧观光工具——智慧观光 App 由岛内的"资讯工业策进会前瞻科技研究所"于 2013 年 8 月 13 日发布,是创新前瞻科技与丰富人文咨询的智慧结合,通过"智慧行事历"将精选旅游咨询进行无缝整合,全面支持游客行前、行中与行后旅游需求,通过精心设计的 eDM、社群粉丝、关键字优化等多元虚实行销方式,为游客开启智慧旅游创新体验的大门。

这款 App 可以说是为商务旅游的游客量身打造(观光游的游客也可以顺畅使用),颠覆了此前人们对于商务旅游的认知。汇整了宝岛台湾旅游精选资讯,游客可畅游于丰富的景点、行程、美食,并随时掌握动态的资讯热门程度;对于有兴趣的旅游资讯,都可以轻易地将其加入"最爱口袋名单"当中,快速存取与查看,让行程规划井然有序。结合完整的会展议程资讯,同时呈现各议程的热门程度,让选取议程上有更多参考资源。相应的"智慧观光网站"所提供的智慧行事历,可同时与 google 日历同步,可以一次满足商务与旅游双重需求,便于打造出专属的个人行程。对于行事历的行程空档安排,只要透过行事历驱动的智慧规划功能,即可在弹指之间安排行程,可以一次同时掌握与厂商相关的议程推进资讯;行事历与"我的最爱"整合界面,让游客可以轻松管理先前加入口袋名单的景点,并随时拖曳感兴趣的景点加入行事历中。游客也可以选择把行程规划的工作交给智慧行事历来帮忙,自己要做的只是勾选想要去的景点,并启动规划功能,系统即会自动对比行事历资讯,商家营业时间与建议停留时间等,找出最佳路径和行程空档,为游客打造完美的旅游行程。

---

① 本案例由作者根据 YouTube 网页资料整理。

行前资讯：包含动态的天气、汇率、时差等实用的行前资讯，协助游客事先进行旅游准备。旅游相关主管部门整合岛内 7500 多个 WiFi 热点，让游客随时随地享受免费无线 WiFi 服务。

随心规划：游客可以下载智慧观光行动应用程序，并将所有智慧观光网站上的资讯同步至手机中，将行前规划与行中体验无缝接轨。根据游客所处的位置，智慧观光 App 将动态显示临近的旅游景点及相关资讯，同时提供游客行事历时间的贴心提醒。对于商务游客繁忙的商务行程中临时多出的空档时间，只要点选行事历空档，智慧观光 App 将立即分析景点位置、距离、所需时间与游客的个人偏好，推出专属的旅游行程供游客选择。

智慧观光 App 结合即时定位技术，适时提醒游客附近有最爱的景点与美食，并提供地图与店家介绍等咨询协助游客前往。智慧观光 App 还提供了雨天提醒功能，让游客可以随时查看各景点的降雨几率，并按照自身喜好删减或是调整行程顺序，也可以选择重新规划雨天旅游替代方案，轻松满足临时行程变更需求。Now&Go 随选行程服务让游客随机摇出精选的行程。游客也可以自行设定旅程条件，包括时间、位置与偏好，让智慧观光 App 为自己推荐专属的旅游行程。

此外，智慧观光 App 提供的中英文对照服务，能够协助游客解决语言无法沟通的情形。

旅游咨讯：游客可以从智慧观光 App 中得知临近的旅游咨询，包括在地美食、必买伴手礼等详细资讯将立即呈现，充分体会深度旅游的乐趣。

离线支持：智慧观光 App 支持离线服务功能，让游客不再受限于没有网络的旅游环境。若游客急需使用网络通信，智慧观光 App 亦提供临近的免费 WiFi 热点资讯，实现全面的旅游支援。

专题四　旅游目的地节事活动管理

一、旅游节事活动概述

（一）旅游节事活动的概念界定

西方学者通常把节日和特殊事件当作一个整体进行研究，即"节事"。

Getz（1997）从消费者和组织者两个角度给出了特殊事件（Special event）的定义。从消费者或观众的角度出发，特殊事件就是在通常选择范围之外或超出日常生活内容的一次休闲、社会或文化的体验。从组织者角度出发，特殊事件通常指在发起者或组织者正常计划之外的一次性或低频率发生的事件。Getz 还给出了节日的定义，节日就是一种公众的、有主题的庆祝仪式。节日（Festival）和特殊事件（Special event）就构成了节事（Event）。

但何为节事活动？Getz（1997）对节事活动定义为"一次特殊的节事确定了一个与众不同的瞬间，它是为满足某些具体需要，与典礼和仪式一起进行。它是一次休闲、社交或文化体验的机会，这些活动在正常选择范围以外或超越了日常的体验"。Getz 把一个节事确定为"特殊的""独特的"，而且是"超越日常体验"的活动，这样就将节事活动与其他更为日常的活动区分开来了。

国内学者蒋三庚（2002）指出节事旅游是指特定主题、规模不一，在特定时间和特定区域内定期或不定期举办的、能吸引区域内外大量游客参与的机会活动。余青等（2004）认为节事活动是以某一地区的地方特性、文脉和发展战略为基础举办的一系列活动或事件，其形式包括节日、庆典、展览会、交易会、博览会、会议，以及各种文化、体育等具有特色的活动。

总的来说，目前学术界对节事活动的界定，可归纳为借助当地历史、文化或经济资源而组织的一次性或重复举办的，主要目的在于加强外界对旅游目的地的认同，增加其吸引力，提高其经济收入的活动。其具有经济性、群众性、文化性、独特性和一次性的特征。

（二）旅游节事活动的分类

旅游节事活动有不同的分类标准，一般根据节事活动的规模和影响、主体和目的以及节事活动的吸引物来对其进行分类。

1. 根据节事活动的规模和影响分类

（1）标志性节事活动

节事活动规模大、档次高，每年（或几年）举办一次。以弘扬目的地传统文化，促进地方经济建设，推动国际交流为目的。具有强烈的眼球效应，迅速提高举办目的地的国际知名度。在运作上，这类节事活动以全世界为客源市场。如北京奥运会、上海世博会等。

（2）大型节事活动

节事活动规模比较大，以高档、中档为主，兼顾低档。这类节事活动可以促进目的地经济建设，推动地区间交流。同时，也可迅速地提高目的地在国内的知名度。在运作上，这类节事活动以全球的特定游客和全国为客源市场。如国际孔子文化节、潍坊国际风筝节等。

（3）小型节事活动

节事活动规模比较小，以中档为主，兼顾低档和大众。以丰富当地居民的生活，拓展目的地的旅游内容为目的。其客源市场是当地居民和国内特定游客。如香山红叶节、北京大型西瓜节等。

2. 根据节事活动的主体和目的分类

表 6-1 根据节事活动的主体和目的分类

节事活动类型	主要内容
文化庆典类	节日、嘉年华、宗教活动、游行、文化遗产和庆祝
艺术、娱乐类	音乐会、其他表演、展览和颁奖礼、游戏和娱乐性体育
商业贸易类	展销会、销售会、消费品和贸易展示会、博览会、会议和公众活动
体育竞技类	专业竞技和业余竞技
教育和科学类	讲座、研讨会、代表大会和说明会
政治/国家类	就职典礼、受职仪式、VIP 访问
私人活动类	庆祝人生新阶段的活动、纪念日和社会活动

3. 根据节事活动的吸引物分类

表 6-2 根据节事活动的吸引物分类表

节事活动类型	主要特征	典型节事活动
自然景观型	以当地自然地理景观为依托，综合展示城市旅游资源、风土人情、社会风貌等的节事活动	中国哈尔滨国际冰雪节、张家界国际森林节、中国吉林雾凇冰雪节
历史文化型	依托当地文脉和历史传承的景观、独特的地域文化、宗教活动等而开展的节事活动	杭州运河文化节、天水伏羲文化节、曲阜国际孔子文化节
民俗风情型	以各民族独特的民俗风情和生活方式为主题	傣族泼水节、南宁国际民歌艺术节、中国潍坊国际风筝节
物产餐饮型	以地方特产、特色商品及本地餐饮文化为主题，辅以其他相关的参观、表演等而开展的节事活动	大连国际服装节、菏泽国际牡丹节、中国青岛国际啤酒节
博览会展型	依托城市优越的经济地理条件，以博览会、交易会为形式，辅以其他相关的参观、研讨和表演等而开展的节事活动	昆明世界园艺博览会、杭州西湖博览会、中国国内旅游交易会

续表

节事活动类型	主要特征	典型节事活动
运动休闲型	以各种大型的体育赛事、经济活动为形式，辅以其他相关的参观、表演等而开展的节事活动	奥运会、亚运会、全运会、中国银川国际摩托旅游节
娱乐游憩型	以现代娱乐文化和休闲游憩活动为形式，辅以其他相关的参观、表演等而开展的节事活动	上海环球嘉年华、上海欢乐节、广东欢乐节
综合型	多种主题组合，一般节期较长，内容综合，规模较大，投入较多，效益较好的节事活动	上海旅游节、北京国际旅游文化节、中国昆明国际旅游节

（三）节事活动与旅游目的地

近年来，节事活动发展迅猛，给举办地带来巨大经济效益和社会效益的同时，也成为经济发展和社会发展的催化剂和助推器。Getz（1997）认为旅游节事对目的地的影响有四个方面：作为旅游吸引物，构成旅游产品体系的有机组成部分；作为旅游形象和地方形象的塑造者，提升城市和地方的声誉；作为促进旅游业和地方发展的动力，强化旅游和地方意识；作为提升旅游吸引物和旅游目的地地位的催化剂，拉动地方基础建设。

1. 节事活动对旅游目的地的直接影响

（1）节事活动作为一种特殊的旅游产品直接吸引大量游客

节事活动的举办可以增加举办地的旅游吸引力，增加旅游收入，如青岛国际啤酒节、南宁国际民歌艺术节、哈尔滨冰雪节、大连服装节等，在举办期间吸引了世界各地的游客和企业，顿时产生了极大的经济效益。另外，节事活动对旅游城市的季节性作用也是极其显著的。节事活动可以调整旅游资源结构，使旅游产品结构更加完善、丰富，使旅游资源动静结合，从而增强城市的旅游吸引力，或延长旅游高峰季节，或在淡季营造出新项目，从而使"淡季不淡"。如哈尔滨冰雪节，既充分利用了当地的旅游资源，又缓解了旅游市场的淡旺季矛盾。

（2）节事活动提高旅游目的地的硬件水平

节事活动对举办地的基础设施依赖性较强，若没有与之相匹配的饭店住宿、餐饮、交通等基础设施条件，一些大型节事活动根本不可能顺利举办。反之，许多目的地通过举办节事活动来加强其基础设施建设，增强其接待能力、改善整体环境。如上海为举办世博会投资上千亿元用于园区配套道路建设、城市道路改扩建和配套能源供应项目等。这些举措都大大改善了上海的硬件环境。

（3）节事活动可以提升举办地的软实力

首先，节事活动的参与者来自背景不同的世界各地，若要做好会务管理、接待服务、安全保障等工作，需要大量管理人才、接待服务人才等。节事活动的质量高低与其有着密切的联系，因此会加大对相关人才的培养，并促进部分优秀人才自动自发提高自己在语言、国际知识等方面的素养。其次，节事活动的成功举办还需要举办地相关部门的协作。无论节事活动的举办方是政府还是企业，都需要活动的参与者高度的协调与配合。因此，通过节事活动可以锻炼旅游目的地的各相关部门间的协作能力，从而提高节事活动举办地的软实力。

2. 节事活动对旅游目的地的间接影响

（1）通过节事活动可以增加旅游目的地的知名度

节事活动的举办可以吸引大量媒体的关注。由于活动发生期间全方位、大规模的宣传，会形成巨大的轰动效应，迅速强化目的地的形象，扩大其声誉，提高其知名度。

（2）通过节事活动可以增强旅游目的地的美誉度

节事活动的开展，往往能对旅游目的地主题形象起到很重要的宣传作用，在节事活动举办期间，参与者可以通过节事活动的各项内容，全面了解目的地的自然景观、历史背景、人文景观等，从而强化目的地在参与者心中的形象。

（3）通过节事活动增添旅游目的地的文化内涵

现代城市节事以传统文化项目为内涵，促进了文化的传承与发展，培育了富有生命力的文化活动特色项目和文化品牌，为区域文化特色的打造，奠定了坚实的基础。另外，通过挖掘民歌文化中的审美精神，从中提炼出有益于现代社会和现代人的文化理念和生活理念，营造现代生活的艺术氛围。

3. 节事活动对旅游目的地的负面影响

节事活动可能会带来"挤出效应"。如果事件的举办恰逢旅游高峰，则对举办地可能产生负面的效应。如紧张的住宿、不便的交通、过高的物价等都可能会影响举办地的整体旅游形象。

节事活动可能会带来文化传统"真实性"的丧失。当节日和特殊事件被作为旅游吸引物进行有意识的开发和促销时，往往会被过度的商业化所破坏。过度商业化和对当地文化的漠视，可能短期内会带来一定的效益，但长远来看可能会导致传统文化"真实性"的丧失,从而给旅游目的地带来损害。

节事活动期间可能会给当地居民带来生活上的不便。物价的上涨、交通的紧张,在一定程度上引起旅游目的地居民生活成本的上升。

二、旅游目的地节事活动的管理运作模式

管理运作模式是节事活动所有筹办工作的体制和机制保障。管理体制是否科学合理、运转高效、体系规范,直接决定着节事管理的质量和成效。目前,国内大型节事活动的管理运作模式大致有以下四类。

(一)政府主办模式

从国内节事活动的发展历程看,政府主办模式是我国节事活动普遍采用的组织方式。在这种管理运作模式下,不仅节事活动的主要内容由政府来策划和决定,而且活动场地、时间、参加单位等都由政府选择。此种模式通用于两种情况:①节事活动处于初创期,正在培育长期的知名品牌,需要政府出面协调和支撑;如知名的青岛啤酒节、南宁国际民歌节在初创期都是由政府主办的。②旅游节事作为公共营销手段或是塑造旅游目的地整体形象的举措,具有"公共产品"的性质,故需政府来主办。

此种管理体制的优点是能够充分发挥政府的主导作用,调动和集聚各种优势资源和优惠政策。但缺点是由于节事活动所需的大部分资金依靠政府支出或政府指定的企业赞助,长时间下去,会给政府或企业带来资金负担,影响节事活动的经济效益和社会效益。

(二)部门主办模式

此种模式在国内节事活动的管理中也是常见的,主要存在两种形式:①在一些大的节事活动举办的过程中,将其进行分解后,由具体相关政府部门承办子活动;②一些影响力下,内容相对比较单一的节事活动由政府某个部门独立承办,如大连旅游局承办的"大连赏槐节"。

从具体运作来看,节事活动的主管部门仅是一个部门,其协调能力有限,通常要建立其他各相关部门参加的组委会,在组委会的统一协调下,相关部门负责节事活动的策划、组织和运转。从效果上看,此种组织方式的优点在于主管部门推动、分工明确、目标清晰;缺点在于各个子活动之间缺乏连贯性,从而影响节事活动的整体效果。

(三)政府引导、社会参与、市场化运作相结合的模式

这种模式是目前国内正在积极探索的一种组织模式,并在许多地方开始

实践。此种模式不仅可以节省大量的财政开支，而且可以扩大参与节事活动企业的知名度，提高公众参与度，扩大社会影响，成效显著。

此种模式的突出特点是专业与高效。政府是节事活动的主体，把握节事活动的发展方向和定位，其主导作用体现在指定活动方案，组织重要活动，设计主要会场，开展对外宣传，提供各种必要服务和保障工作等方面。社会参与是以节事活动本身为平台，充分调动社会各方面的力量参与办节。如征求意见，寻求参节商，鼓励社会各界参与各项活动等。市场运作则是按照市场经济的规律来运作节事活动，如节事活动的冠名权、经费、广告等，一般采用招商或赞助方式，目的是吸引更多的厂商参加。

（四）市场化运作模式

此类节事活动的运作模式是在政府推动节事活动发展的过程中发展起来的，共有以下几种情况：①企业立足自身需要，举办节事推介产品和树立企业品牌，如"美食节"、香山"红叶节"等；②旅游企业把节事活动当作文化旅游产品进行包装和开发，如圆明园的"荷花节"、主题公园的各类"狂欢节"等。

从具体运作来看，企业办节事活动，是企业自身的经营行为，在没有对外部造成负面影响时，应积极给予鼓励。

由于我国各地节事活动的运作还处于探索期，在实践过程中，这四类模式往往混合使用，且其中的每一个具体的活动由政府职能部门或企业分别承担。

三、西班牙奔牛节

西班牙奔牛节是西班牙的传统节日，始于1591年，每年都吸引数万人参加。它的正式名称叫"圣费尔明节"(los Sanfermines)。圣费尔明（los Sanfermin）是西班牙东北部富裕的纳瓦拉省（Navarra）省会潘普洛纳城（Panmplona）的保护神。奔牛节的起源与西班牙斗牛传统有直接关联。16世纪时，在公牛进入斗牛场之前，有些旁观者斗胆跑到公牛前，将牛激怒，诱使其冲入斗牛场的习俗，后来就演变成了奔牛节。美国著名作家海明威在《太阳照常升起》(*The Sun Also Rise*，1926年发表）一书中，将刺激的奔牛节描绘得极为传神，奔牛节因此声名远扬，开始由一个地区性节日变为一个世界性节日。

西班牙奔牛节，从每年的7月6日开始举行，7月14日结束。地点是在西班牙东北部的潘普洛纳城。在节日的9天里，来自世界各地的人们穿上白衣裤，佩上红腰带，表示参加的意愿。每天都有6头凶惧的公牛追逐着数百名壮汉，沿着"奔牛之路"穿城而过，直奔斗牛场，场面极其惊心动魄。并且在节日期间,由于来自世界各地的游客大量涌入,潘普洛纳城的人口短期内迅速从25万人增加到150万人。

(一)关于奔牛节的评价

正面评价——强化并弘扬了西班牙的民族精神。斗牛是西班牙的国粹,需要参与者有足够的勇气和智慧才能战胜被激怒的蛮牛,因此奔牛节也被称为"勇敢者的游戏"。同时,由于参与者来自世界各地,扩大与提升了西班牙斗牛文化在世界范围内的影响力与知名度。另外,西班牙人还认为奔牛节为男人提供了一次展示智慧、胆识、技巧和意志的机会,让男人们有机会证实自己是真正的男子汉,这样逐渐就形成了西班牙一种特有的文化,使西班牙人在追求生命和荣誉之间,坚定地选择了后者,更是强化了西班牙人追求荣誉的认同感。

负面评价——这项活动也遭到了动物保护主义者的抗议。因为动物权利保护主义者认为斗牛是一种很残忍的活动,人类没有权利为了自己取乐而这样对待动物,并且这种行为是不人道的。

(二)奔牛节的运作

1. 利用传统节日带动旅游业发展

在节日举办期间,潘普洛纳小城云集了世界各地慕名而来的冒险爱好者,独为尽享奔牛节的刺激与快乐。在短短九天内暴增的125万人口,极大地拉动了当地旅游业的发展。

2. 活动内容的确定性和管理的严谨周密

奔牛节共156项活动,每年7月6日至7月14日,从早晨8时至深夜24时,在潘普洛纳小城举行,在这种精确到时分且长达4个世纪的历程中,奔牛节早已深入人心,家喻户晓了。

3. "成本与利润"的理念

西班牙潘普洛纳市政府为奔牛节投入3.26亿比塞塔。奔牛节为该市带来了77亿比塞塔的丰厚收入。在充分利用文化搭台的同时,让经济唱戏,是奔牛节取得长期可持续发展的关键所在。

(三)案例启示

1. 文化和节庆活动的完美结合

西班牙本土人士对每年的奔牛节表现了极高的热情,这与西班牙的民族精神,荣誉胜过生命的信念和西班牙人对奔牛、斗牛的认知是分不开的,这些正是奔牛节这样的活动能够在西班牙诞生、发展并延续至今的重要原因。

2. 西班牙奔牛节是当地人的重要生存来源之一

斗牛是西班牙多年以来留下的民族习俗，虽然也一直遭到爱牛人士的谴责，但更为重要的是，旅游收入在该市国民生产总值中占有重要比例，并且，斗牛在西班牙是一种产业，就业人数大约为20万人。当一项节庆活动在保留传统的基础上已经上升成为人们赖以生存的行业时，它的运作自然不需要担心是否会长久。

3. 人们有相应的心理诉求

奔牛节本身既是人们对自身的挑战，又是和牛的较量，在人们释放压力、追求刺激的同时，更加体会出超凡智慧、胆识、技巧和意志。虽然西班牙奔牛节不是潜心策划出来的，但从贵族举行斗牛开始，也是为了需求刺激、欢乐，彰显英勇与智慧。因此，西班牙奔牛节可以给我们这样的启示：抓住人们的某种心理诉求进行节庆活动的策划会轻松地带动广泛参与性。

专题五　旅游目的地危机管理

一、旅游危机概述

（一）旅游危机的概念界定

英文《韦伯辞典》将危机定义为有可能变好或变坏的转折点或关键时刻。Rosenthal等人认为，危机就是对一个社会系统的基本价值和行为准则架构造成严重威胁的影响，并在时间压力和不确定性极高的情况下，必须对其做出关键决策的事件。Bartoon给出的危机定义为：危机是一个会引起潜在负面影响的具有不确定性的大事件，这种事件及其后果可能对组织及人员、产品、服务、资产和声誉造成巨大损害。

世界旅游组织（UNWTO，2003）将"影响旅游者消费信心和消费需求，危及旅游业持续健康发展的、难以预料的事件"定义为"旅游危机"，并认为"这类事件可能以无限多样的形式不断发生"。亚太旅游协会（PATA）认为"旅游危机"是"破坏旅游业各个利益相关者的潜能的各种自然或人为灾害"。

实际上，对于旅游目的地来讲，旅游危机可能威胁到旅游相关企业的正常经营和管理，并破坏旅游目的地的有关安全、吸引力和舒适程度的整体形象，从而导致旅游经济下滑，严重影响当地的政治、经济和文化生活。

（二）旅游危机的特点

1. 突发性

旅游危机发生前的各种不利因素往往处于细微的变化之中，发生先兆不明显，发生频率无法预料，一旦危机到来，正常的旅游秩序就会陷入混乱状态，使游客、旅游组织及相关管理部门等措手不及。因此，相对于常态化的各种运转状况，旅游危机是一种突发性事件。

2. 不确定性

旅游业具有很强的综合性，其发展也受到诸多因素的影响和制约。一旦其中的某个环节出现问题，就会影响整个旅游系统的正常运转，人们很难对旅游危机发生的时间、地点等做出准确的预测，其发展规模、发展方向更是难以把握，这都使得旅游危机具有高度不确定性。

3. 破坏性

旅游危机的发生不仅会给目的地旅游经济造成巨大的冲击，旅游活动难以正常运行，同时危及旅游者的生命、财产安全，破坏目的地居民正常的生活秩序和社会稳定，更重要的是给目的地良好的旅游形象造成不可估量的损失。

（三）旅游危机的分类

角度不同，对旅游危机的分类不同，到目前为止，不同的学者对旅游危机的分类如下：

1. 按危机产生的诱因划分，可将旅游目的地危机分为两类：①旅游业外部的危机，即旅游业受外部影响所引起的危机。如"9·11 恐怖袭击事件""2003 年非典事件""东南亚海啸"等；②旅游业内部危机，如旅游目的地财务危机、营销危机、公关危机等。

2. 按旅游危机影响范围划分。依据旅游危机所能波及的空间尺度层次，将旅游业危机划分为目的地尺度旅游危机、区域尺度旅游危机、国家尺度旅游危机和国际尺度旅游危机等。

3. 按照旅游危机发生中介的速度划分，Uriel Rosenthal 将危机划分为四种：①龙卷风型危机，来得快去得也快，如人质挟持；②腹泻型危机，酝酿时间长，但爆发后取得快，如军事政变；③长投影型危机，爆发突然，且影响深远，如"非典"；④文火型危机，这类危机来得慢去得也慢，如"巴以冲突"。

二、旅游危机管理

从上述对危机概念的界定来看，危机管理的目的就是要在危机未发生时预防危机的发生；在危机真的发生时，采取措施尽可能减少危机所造成的损害，并尽早从危机中恢复过来。危机管理的定义为，是指个人或组织为了预防危机的发生，减轻危机发生所造成的损害，尽早从危机中恢复过来，而针对可能发生的危机和已经发生的危机采取的管理行为（马勇和李玺，2012）。

旅游危机管理是指旅游目的地对旅游过程中可能发生的危机及其造成的影响运用科学的管理方法进行预防、评价及应对的一系列过程。

（一）危机管理阶段过程划分

"仁者见仁，智者见智"，对于危机管理阶段的界定不同的学者存在不同的意见。如将整个旅游目的地的旅游危机管理从时间序列角度，也即危机的生命周期划分为四个阶段：危机预防（Prevention）、危机前准备（Preparation）、危机爆发期应对（Response）、危机恢复（Recovery）。在不同的阶段，旅游危机表现出不同的特征，相应的旅游者对旅游危机的认知也表现出不同的特点，从而管理危机的措施也应有相应的变化，从总体上综合考虑这些因素，并将其整合在一起，就形成旅游目的地旅游危机管理机制。

国外已有一些学者构建了危机管理模型，如 Robert Heath 提出了危机管理的 4R 模型：减少（Reduction）、准备（Readiness）、反应（Response）和恢复（Recovery）。该模型在危机发生、发展的每一阶段制定出了相应的战略，但忽视了危机事件也可以为组织带来机遇。旅游景区在经历危机后，可以通过认真总结，提高危机管理水平，变威胁为机遇。危机管理专家 Mitroff（1994）提出五阶段模型。它包括信号侦测——识别危机发生的警示信号并采取预防措施；探测和预防——组织成员搜寻已知的危机风险因素并尽力减少潜在损害；控制损害——危机发生阶段，组织成员努力使其不影响组织运作的其他部分或外部环境；恢复阶段——尽可能快地让组织运转正常；学习阶段——组织成员回顾和审视所采取的危机管理措施，并整理使之成为今后的运作基础。诺曼·R.奥古斯丁将危机管理分为五个阶段：预防，拟定危机处理计划，行动计划，沟通计划，预防演习及确立基本关系；嗅到危机的存在，避免对危机做出错误的归类；避免危机扩大；迅速解决危机；化危机为转机，回收部分损失，开开始修补之前的混乱。

（二）旅游危机生命周期

旅游危机从生成到消解，是一个生命周期。且危机处在不同的阶段，其对旅游的影响也不尽相同。因此，在旅游危机管理的过程中，要把准脉络，针对旅游危机所处的不同阶段，采取具有针对性的相应措施。

1. 危机酝酿潜伏期

它是指危机发生的前奏、警告阶段，也是危机时间转机的重要控制点。针对这一阶段的危机管理应是对危机信息做出准确的判断和及时向组织提出预警，引起组织成员足够的重视。将危机扼杀在酝酿期是最重要的危机处理方式。

2. 危机爆发期

它是指即危机到了无法挽回的阶段。危机因子已经由量变发展成质变，而质变就是危机的形成与爆发。这个阶段常会出现对有关危机的资讯不足，危机管理就需要搜集信息，尽快进入危机处理阶段。对危机做出反应，找出解决危机确实有效的办法。控制事态发展方向，能转现实危害为发展机遇，这是危机生命周期的关键阶段。注重事实真相的调查处理；及时与公众、媒体坦诚沟通；紧张有序的工作是这个阶段最有效的处理方式。

3. 危机后遗症期（也称善后期或恢复期）

它是指危机事态已得到控制，危机事件已经结束，做事后分析总结的阶段。即使在危机处理结束和后遗症期，也不能掉以轻心，必须彻底解决危机，否则所疏忽的危机可能在后遗症期卷土重来，使危机不经酝酿期再度爆发或使部分危机残余因子再度进入危机酝酿期。同时要及时总结危机事件所带来的经验教训，修补因危机所造成的不利影响。

表 6-3　旅游危机阶段和其所对应的目标、战略和实施计划

危机阶段	目标	战略	实施计划
危机酝酿	弱化（Reduction）	危机认知 政策认知 建立标准体系 建立形象	确定危机风险，明确损失的可能性，搜集信息； 将政策具体化，提升政策参与； 对员工进行认知和技能培训，对程序进行检查； 对公众和社区进行宣传
危机潜伏	准备（Readiness）	危机应急预案 旅游危机应急预案	建立危机应急预案，落实组织和人员、物资，模拟危机情境； 提升行业的危机意识，培训员工，提升决策能力； 与国家和地方危机预案协调

续表

危机阶段	目标	战略	实施计划
危机爆发	应急（Response）	应急行动 危机监测 危机救援 危机沟通	启动危机应急方案；检测危机发展，评估危机损害，预测危机发展方向；对受害旅游者提供帮助，对受害经营者提供援助，对受害利益相关者和受害员工进行安置并提供援助；与媒体进行沟通，提供准确、正面和积极的信息
危机消退及后遗症	恢复（Recovery）	业务持续预案 人力资源使用 反馈	调整业务目标，指定短期运营预案，实现业务正常化，清理危机、消极结果；影响员工，激励员工，提升员工危机意识；感谢参与各方；对危机处理进行总结，全面评估危机影响及各种应对结果
危机恢复及学习	解决与振兴（Resolution & Rejuvenate）	机遇与扩张 检讨审视	开发新市场，开发新产品，建立新形象；更新原有机制，建立新的防范机制

资料来源：谷慧敏（2007）。

三、新加坡旅游危机管理

新加坡的旅游业发展近年来一直为人称道。每年接待国外游客 800 万人次，每年旅游创外汇收入达 45 亿美元，旅游总收入超过 56 亿美元，约占 GDP 的 10%。因此，对于旅游产业为支柱产业的新加坡来讲，各种危机对其旅游业产生巨大冲击的同时，必将影响整个国家的经济发展。由此可见，有效地控制与管理旅游危机是新加坡经济发展的重要举措。

（一）应对亚洲金融危机

亚洲金融危机对东南亚各国经济带来不同程度的冲击，新加坡也不例外。但是新加坡政府采取了一系列应对金融危机的措施，取得了良好的效果。

1. 在宣传促销上加大投资

亚洲金融危机爆发后，新加坡斥资 4 亿美元向世界推介本国的"21 世纪观光蓝图"。1998 年初，开展了为期一年的"全球相聚 2000 年"的世界性促销活动，并在北京举办了"新亚洲、新加坡、新感觉"的促销活动等一系列宣传促销举措，以刺激旅游业的再次腾飞。

2. 致力于提高服务质量，改善旅游环境

新加坡币值在危机中受影响程度较小，使新加坡旅游产品在价格上不具优势。为解决此问题，新加坡旅游业加强合作，主要旅行社结成联盟，合作组织报价旅行团，简化国外游客入境手续，最大限度地为游客提供方便。

（二）"非典"期间的危机管理

新加坡是遭受"非典"影响比较严重的国家之一。2003 年 6 月，新加坡的入境游客量较 2001 年下降了 15%，酒店的入住率不及两成。"非典"已严重影响新加坡的经济发展。但新加坡政府采取了一系列旅游恢复措施，效果十分明显。

1. 投入 2.3 亿新元施以援助受疫情打击最严重的旅游和交通业，帮助中小企业渡过难关。如增加星际酒店的地产税返回额度，为其提供过渡性贷款，减少出租车汽油税和设立"抗非典"英勇基金等。

2. 旅游局和旅游业者联合会拨出两亿新元开展宣传和促销。新加坡从"非典"疫区除名后，旅游局立马向亚洲乃至全球范围内的 12 个主要旅游客源市场发起一轮宣传及促销攻势，推出"狂欢新加坡"活动，以及邀请名人做宣传等一系列举措。

3. 新加坡旅游业者自发成立新加坡旅游业理事会。新加坡旅游业理事会由旅行社、酒店业、零售业、旅游景点、展览业、餐饮业和购物中心等协会和航空公司派出的代表组成。他们携手展开自救行动，开拓国内市场，重振人们对旅游和消费的信心（陶琼，2007）。

四、印度尼西亚巴厘岛旅游危机管理

巴厘岛位于印度尼西亚爪哇岛（Java）的东海岸，总面积 2095 平方公里，与许多海岛一样，巴厘岛的经济尤其依赖旅游业。迷人的热带岛屿风光、当地特有的民风民俗吸引了世界各地的旅游者前来度假。2001 年，巴厘岛吸引了约 250 万旅游者，创下了 14 亿美元的旅游总收入，占巴厘岛全部经济收入的 80%。另外，巴厘岛旅游业的发展也带动了相关服务业的发展，全岛共有 1400 个饭店和 750 个餐馆，为岛上 40%的人提供了就业机会。由此可见，旅游在巴厘岛经济发展中的重要作用，但同时，对旅游业的过分依赖所带来的问题也在 2002 年爆炸危机中凸显出来。

爆炸发生在 2002 年 10 月 12 日（周六）的晚上，地点是库塔岛上的帕蒂迪斯科舞厅和撒瑞俱乐部，当场导致 191 人死亡，300 人受伤，450 座建筑物

遭到破坏。爆炸对巴厘岛的旅游业产生了直接影响，进而对印度尼西亚的旅游业产生影响。

（一）爆炸危机对巴厘岛和印度尼西亚旅游业的冲击

在爆炸发生后，2000名旅游者几乎是立刻缩减他们在巴厘岛度假的行程。2002年10月15日，仅有2833名国际旅游者登岛。巴厘岛占到印尼航线的60%，但爆炸发生后却遭到了大量的缩减。所有类型的住宿设施都遭到了需求下降的打击，饭店出租率从10月13日的74.8%骤降到10月19日的33.4%，随后跌到了10%。参观零售商和旅游景点顾客减少，小公司堪忧，导游和手工业处于危险境地。另外，休闲与公务旅游也被取消，以亚太旅游协会（PATA）为例，原定于爪哇岛西部举行的年会，也因与会代表和发言人的无法前来而取消。并且随着澳大利亚、美国、英国和其他国家政府部门发布的警告，致使巴厘岛旅游业陷入了更为危险的境地。

（二）为应对爆炸危机所采取的举措

早期战略： 在危机早期，政府的目标主要是救助受害者和疏导外国游客，同时配合激活旅游市场。新闻中心设在雅加达和巴厘岛。差不多50万美元被用于库塔岛的重建，建立了由产业部门、当地权威部门和中央政府组成的工作组。当地官员呼吁撤销旅游警告。由一百五十多名业界人士参加的全国会议持续了两天，讨论如何恢复巴厘岛的形象问题。

中期战略： 中期的战略包括改变原有计划，取而代之的是赴伤亡者的祖国进行慰问访问，与主要客源市场及时沟通，以保证他们得到最新的信息。并设定2002年12月5日为全国性的默哀祈祷日，以纪念爆炸中的死伤者。同时建立了一个基于安全、产品开发和市场营销的长期计划，包括拯救、复原、常规化和扩张四个步骤，总预算300万元。政府采取措施将进入印度尼西亚的安全系统升级，改进移民服务，重建交通网络，提供税收激励，设立专门发言人，并对东盟（ASEAN）给予特别关注。另外，国内旅游被列入议事日程，旅游和文化部部长号召旅游者到来并希望他们可以切身体会到巴厘岛是安全的，并向外国政府发出呼吁，希望他们降低旅游警告的等级或者将其取消。而且在海外市场受到打击的情况下，通过激发爱国主义情感来鼓励国内旅游发展成为了重要的过渡战略，旅游公司采取了通过降价策略以实现刺激销售的目的地及与其他相关产业联合行动等一系列举措。

长期战略： 在长期战略方面包括更有效的安全警戒和移民控制，提高基础设施水平，对投资者的财政激励等。

（三）案例启示

巴厘岛爆炸产生的后果显示，危机难以预计，会对目的地形象和入境旅游产生巨大危害，人们也会受到巨大的伤害。旅游营销与开发部门在危机发生时起着关键作用，必须根据未来的目标决定应该采取什么样的及时行动。在巴厘岛的案例中，政府选择通过表达遗憾和同情来赢得支持和团结。国内旅游被摆在一个高度优先的位置，同时致力于向海外市场传达正面信息。安全和放心成为营销的主题，降价和特别促销活动也是重要的工具。

参考文献

[1] Aaker, D. *Building Strong Brands* [M]. New York: The Free Press, 2012.

[2] Blain, C., Levy, S. E., & Ritchie, R. B. Destination branding: Insights and practices from destination management organizations [J]. *Journal of Travel Research*, 2005 (43): 328-338.

[3] Boo, Soyoung. Multidimensional model of destination brands: An application of customer-based brand equity [D]. Las Vegas: University of Nevada, 2006, pp. 13-30.

[4] Boo, Soyoung, Busser, James, & Baloglu, Seyhmus. A model of customer-based brand equity and its application to multiple destinations [J]. *Tourism Management*, 2009, 30 (2): 219-231.

[5] Bramwell, Bill, & Lane, Bernard. *Rural Tourism and Sustainable Rural Development* [M]. London: Channel view, 1994.

[6] Brown, Graham, Chalip, Laurence, Jago, Jeo, & Mule, Trevor. Developing brand Australia: Examining the role of events [A]. In: Morgan, Nigel, Pritchard, Annette, & Pride, Roger. (eds.) *Destination Branding: Creating the Unique Destination Proposition* (2nd ed.) [C]. Oxford: Butterworth-Heinemann, 2004, pp. 233-241.

[7] Buhalis, D. Marketing the competitive destination of the future [J]. *Tourism Management*, 2000, 21 (1): 97-116.

[8] Buhalis, Dimitios, & Licata, Maria Cristina. The future eTourism intermediaries [J]. *Tourism Management*, 2002 (23): 207-220.

[9] Buncle, T. *Destination Branding: What's it All About?* [C]. Caribbinea Tourism Organisation Conference, 2010.

[10] Burtenshaw, D., Bateman, M., & Ashworth, G. J. *The European City: A Western Perspective* [M]. New York: Halsted Press, 1991.

[11] Butler, Richard W. The concept of a tourist area cycle of evolution: Implications for management of resources [J]. *The Canadian Geographer / Le Géographe Canadien*, 1980, 24 (1): 5-12.

[12] Cai, Liping A. Cooperative branding for rural destinations [J]. *Annals of Tourism Research*, 2002, 29 (3): 720-742.

[13] Castells, M. *The Rise of Network Society* [M]. Oxford: Blackwell, 1996.

[14] Ceballos-Lascurain, H. The future of ecotourism [J]. *Mexico Journal*, 1987, 1 (17): 13-19.

[15] Chen, S. *Marketing Psychology* [M]. Guangzhou: Jinan University Press, 2005.

[16] Christaller, W. Some considerations of tourism location in Europe: The peripheral regions—underdeveloped countries—recreation areas [J]. *Papers in Regional Science*, 1964, 12 (1): 95-105.

[17] Clarke, J. Tourism brands: An exploratory study of the brands boxmodel [J]. *Journal of Vacation Marketing*, 2000, 6 (4): 329-345.

[18] Cooper, C., Fletcher, J., Gilbert, D., Shepherd, R., & Wanhill, S. *Tourism: Principles and Practices* (2nd ed.) [M]. England: Addison Wesley, Longman, 1998.

[19] Crockett, Shane R., & Wood, Leiza J. Brand Western Australia: holidays of an entirely different nature [A]. In: Nigel Morgan, Annette Pritchard, Roger Pride. Destination branding: Creating the unique destination proposition (2nd ed.) [C]. Oxford: Butterworth-Heinemann, 2004, pp. 158-177.

[20] Crouch, G. I., & Ritchie, J. R. B. Tourism, competitiveness, and social prosperity [J]. *Journal of Business Research*, 1999, 44 (3): 147.

[21] Crouch, G. I., & Ritchie, J. R. B. The Competitive Destination: A sustainability perspective [J]. *Tourism Management*, 2000, 21 (1): 1-7.

[22] Davidson, R., & Maitland, R. *Tourism Destination* [M]. London: The Hodder & Stoughton Press, Ldt., 1997.

[23] de Chernatony, L. Categorizing brands: Evolutionary processes under-pinned by two key dimensions [J]. *Journal of Marketing Management*, 1993, 9 (2): 173-188.

[24] de Chernatony, L., & Riley, Dall'Olmo. Experts' views about defining

services brands and the principles of services branding [J]. *Journal of Business Research*, 1999, 46 (2): 181-192.

[25] Dernoi, L. A. About rural and farm tourism [J]. *Tourism Recreation Research*, 1991 16 (1): 3-6.

[26] Dijkgraaf, E., & Gradus, R. H. J. M. Cost savings in unit-based pricing of household waste: The case of The Netherlands [J]. *Resource and Energy Economics*, 2004, 26 (4): 353-371.

[27] Dywer, L., & Kim, C. Destination Competitiveness: A model and determinants [J]. *Current Issues in Tourism*, 2003, 6 (5): 369-414.

[28] Echtner, C. M., & Ritchie, R. The measurement of destination image: An empirical assessment [J]. *Journal of Travel Research*, 1993, 31 (4): 3-13.

[29] Friedmann, J. The world city hypothesis [J]. *Development and Change*, 1986 (17): 69-83.

[30] Getz, D. *Event Management & Event Tourism* [M]. New York: Cognizant Communication Corporation, 1997.

[31] Gilbert, D. The Need For Countries to Defferentiate their Tourist Product and How to Do So [D]. University of Surrey, 1984.

[32] Goeldner, C. R., & Ritchie, J. R. B. *Tourism: Principles, Practices, Philosophies* [M]. John Wiley & Sons, 2000.

[33] Goffman, E. *The Presentation of Self in Everyday Life* [M]. New York: Anchor Books, 1959 (1971).

[34] Gnoth, Juergen. Leveraging export brands through a tourism destination brand [J]. *Journal of Brand Management*, 2002, 9 (4): 262-280.

[35] Gorge, Richard. *Marketing South Africa Tourism and Hospitality* [M]. Oxford University Press, 2001.

[36] Grove, S. J., Fisk, R. P., & Bitner, M. J. Dramatizing the service experience: A managerial approach [J]. *Advances in Services Marketing and Management*, 1992 (1): 91-121.

[37] Hall, Derek. Destination branding, niche marketing and national image projection in Central and Eastern Europe [J]. *Journal of Vacation Marketing*, 1999, 5 (3): 227-237.

[38] Hankinson, G. Relational network brands: Towards a conceptual model

of place brands [J]. *Journal of Vacation Marketing*, 2004, 10 (2): 109-121.

[39] Hassan, S. S. Determinants of market competitiveness in an environmentally sustainable tourism industry [J]. *Journal of Travel Research,* 2000, 38(3): 239-245.

[40] IBM. 智慧城市在中国[EB/OL]. http://www.Ibm.com/smarterplanet/cn/zh/sustainable_cities/ideas/index.html，2007-12-04

[41] Jafari, Jafar. *Encyclopedia of Tourism* [M]. London: Routledge, 2000, p. 275.

[42] Kaplanidou, K., & Vogt, C. The interrelationship between sport event and destinational image and sport tourists' behaviours [J]. *Journal of Sport & Tourism*, 2007 (12): 183-206.

[43] Keller, Kevin Lane. *Strategic Brand Management: Building, Measuring, and Managing Brand Equity* [M]. NJ: Prentice-Hall, 2003, pp. 1-51.

[44] King, McVeg. A societal marketing approach to national tourism planning [J]. *Tourism Management,* 2000, 21(4): 407-416.

[45] Kitchen, P. J., & Pelsmacker, P. D. *Integrated Marketing Communication:A Primer* [M]. London: Routledge, 2004.

[46] Konecnik, M., & Gartner, W. C. Customer-based brand equity for a destination [J]. *Annals of Travel Research*, 2007, 34(2): 400-421.

[47] Kotler, P., Bowen, J., & Makens, J. *Marketing for Hospitality and Tourism* [M]. New Jersey: Prentice Hall, 1996, pp. 15-44.

[48] Kotler, P. *Marketing Places* [M]. Simon and Schuster, 2002.

[49] Lee, Gyehee, Cai, Liping A., & O'Leary, Joseph T. WWW.Branding.States.US: An analysis of brand-building elements in the US state tourism websites [J]. *Tourism Manangement*, 2006 (27): 815-828.

[50] Leiper, Neil. Tourist attraction systems [J]. *Annals of Tourism Research*, 1990, 17 (2): 367-384.

[51] Leiper, N. *Tourism Management* [M]. Collingwood, VIC: TAPE Publication, 1995.

[52] Leisen, B. Image segmentation: The case of a tourism destination [J]. *Journal of Services Marketing*, 2001, 15 (1) 49-66.

[53] Lew, Alan. A Framework of Tourist Attraction Research [J]. *Annals of*

Tourism Research, 1987, 14 (3): 533-575.

[54] Litvin, S. W. Streetscape improvements in a historic tourist city: A second visit to King Street, Charleston, South Carolina [J]. *Tourism Management*, 2005 (26): 421-429.

[55] Lurry, G. *Brandwatching* [M]. Dublin: Blackhall, 1998, pp. 2-33.

[56] Maitland, R. How can we manage the tourist-historic city? Tourism strategy in Cambridge, UK, 1978–2003 [J]. *Tourism Management*, 2006 (27): 1262-1273.

[57] Masuda, Kanefusa. The notion of authenticity in relation to the world heritage convention [A]. In: Droste, Berndvon, Rössler, Mechtild, & Titchen, Sarah. *Report of the Global Strategy Natural and Cultural Heritage Expert Meeting* [C]. Amster2dam: UNESCO2World Heritage Center, 1998, pp. 39-42.

[58] Medlik, S. *Dictionary of Travel, Tourism, and Hospitality* [M]. United Kingdom: Butterworth Heinemann, 1993.

[59] Meethan, K. York: Managing the tourist city [J]. *Cities*, 1997 (14): 333-342.

[60] Middleton, V. More sustainable tourism—a marketing perspective [J]. *Insight*, 1999 (5): 165-171.

[61] Mill, R. C., & Morrison, A. *The Tourism System* [M]. Englewood Cliffs, NJ: Prentice-Hall, 1985.

[62] Miller, M. L. The rise of coastal and marine tourism [J]. *Ocean & Coastal Management*, 1993, 20 (3): 181-199.

[63] Mitroff, I. I. Crisis management and environmentalism: A natural conflict [J]. *California Management Review*, 1994, 36 (02).

[64] Morgan, Nigel, Pritchard, Annette, & Pride, Roger (eds.). *Destination Branding: Creating the Unique Destination Proposition* (2nd ed.) [M]. Oxford: Butterworth-Heinemann, 2004, pp. 5-37, 60-99.

[65] Morgan, Nigel, Pritchard, Annette, & Piggott, Rachel. New Zealand, 100% pure: The creation of a powerful niche destination brand [J]. *The Journal of Brand Management*, 2002, 9 (4): 335-354.

[66] Morgan, Nigel, & Pritchard, Annette. Contextualizing destination branding [A]. In: Morgan, Nigel, Pritchard, Annette, & Pride, Roger (eds.).

Destination Branding: Creating the Unique Destination Proposition (2nd ed.) [C]. Oxford: Butterworth-Heinemann, 2004, pp. 204-219.

[67] Mullins, P. Tourism urbanization [J]. *International Journal of Urban and Regional Research*, 1991 (15): 326-342.

[68] Murphy, P., Pritchard, M. P., & Smith, B. The distinction product and its impact on traveler perceptions [J]. *Tourism Management*, 2000 (21): 43-52.

[69] Nara Document. *Nara Conference on Authenticity in Relation to the World Heritage Convention* [R]. Tokyo, UNESCO-World Heritage Center/Agency for Cultural Affairs/ICCROM/ICOMOS: 1994.

[70] Nalty, Peter Mac. *Rural Tourism in Europe: Experiences, Development and Perspectives* [M]. UNWTO, 2004.

[71] Nickerson, N. P., & Moisey, R. W. Branding a state from features to position: Making it simple? [J]. *Journal of Vacation Marketing*, 1999, 5 (3): 217-226.

[72] Ooi, Can Seng. Brand Singapore: The hub of new Asia [A]. In: Morgan, Nigel, Pritchard, Annette, & Pride, Roger (eds.). *Destination Branding: Creating the Unique Destination Proposition* (2nd ed.) [C]. Oxford: Butterworth-Heinemann, 2004, pp. 14-24.

[73] Ooi, Can Ceng. Poetics and politics of destination branding: Denmark [J]. *Scandinavian Journal of Hospitality and Tourism*, 2004, 4 (2): 107-128.

[74] Orbasli, A. *Tourists in Historic Towns, Urban Conservation and Heritage Management* [M]. New York: E & FN Spon, 2000.

[75] Palmer, A. Evaluating the governance style of marketing groups [J]. *Annals of Tourism Research*, 1998 (25): 185-201.

[76] Palmer, A., & Bejou, D. Tourism destination marketing alliances [J]. *Annals of Tourism Research*, 1995 (22): 616-629.

[77] Pearce, D. Competitive destination analysis in Southeast Asia [J]. *Journal of Travel Research*, 1997 (4): 16-24.

[78] Pearce, P. L. Analyzing tourist attractions [J]. *Journal of Tourism Studies*, 1991, 2 (1): 46-55.

[79] Pike, S. Destination brand positioning slogan towards the development of a set of accountability criteria [J]. *Acta Uristica*, 2004, 16(2): 102-124.

[80] Plog, S. C. Why destination areas rise and fall in popularity [J]. *The Cornell Hotel and Restaurant Quarterly*, 1974 (14): 55-58.

[81] Poon, A. *Competitive Strategies for New Tourism* [M]. London: Belhaven Press, 1989.

[82] Poter, M. E. *Competitive Strategy*. New York: Free Press, 1980.

[83] Ritchie, B. W. Chaos, crises and disasters: A strategic approach to crisis management in the tourism industry [J]. *Tourism Management*, 2004 (25): 669-683.

[84] Robbins, D., Dickinson, J., & Calrer, S. Planning transport for special events: A conceptual framework and future agenda for research [J]. *International Journal of Tourism Research*, 2007, 9 (5): 303-314.

[85] Rosa, M. Y. P. Rural tourism in Spain [J]. *Annals of Tourism of Research*, 2002 (4): 1101-1110.

[86] Sassen, S. *The Global City: New York, London, Tokyo* [M]. Princeton: Princeton University Press, 1991.

[87] Sheng, L. Foreign investment and urban development: A perspective from tourist cities [J]. *Habitat International*, 2011 (35): 111-117.

[88] Swarbrook, M. *Development and management of Visitor Attractions* (2nd ed.) [M]. United Kingdom: Butterworth-Heinemann, 1999.

[89] Tang, Zi. An integrated approach to evaluating the coupling coordination between tourism and the environment [J]. *Tourism Management*, 2015, 46 (2).

[90] UNWTO. Crisis guidelines for the tourism industry [EB/OR]. http://www.World-tourism org/2003-6-20-9-520.

[91] UNWTO. *Indicators of Sustainable Development for Tourism Destinations: A Guidebook* [M]. Madrid, Spain: The World Tourism Organization, 2004.

[92] UNWTO. *Global Report on City Tourism* [R]. Madrid, Spain: The World Tourism Organization, 2010.

[93] UNWTO: *Compendium of Best Practices and Recommendations for Ecotourism in Asia and the Pacific* [R]. Madrid, Spain: The World Tourism Organization, 2014.

[94] van der Donk, Mylène. Visitor Management PAN Parks. Framework for a Visitor Management Plan, 2000.

[95] Wang, D. Direct marketing activeities and personal privacy [J]. *Journal of Direct Marketing*, 2006, 7-19.

[96] WCED. *Our Common Future* [M]. Oxford: Oxford University Press, 1987.

[97] Wearing, Neil. Ecotourism: impact, potentials and possibilities [J]. *Tourism Management*, 1999 (23): 47.

[98] Weinreich, M. *Hands-on Social Marketing: A Step-by-Step Guide* [M]. London: Sage Publications, 1999.

[99] World Tourist Organization (UNWTO). *What Tourism Managers Need to Know: A Practical Guide to the Development and Use of Indicators of Sustainable Tourism* [M]. Madrid: WTO, 1996, pp. 20-45.

[100] Xing, Xiaoyan, & Chalip, Laurence. Effects of hosting a sport event on destination brand: A test of co-branding and match-up models [J]. *Sport Management Review*, 2006 (9): 49-78.

[101] Zou, Tongqian, Huang, Sam, & Ding, Peiyi. Toward a community-driven development model of rural tourism: The Chinese experience [J]. *International Journal of Tourism Research (SSCI)*, 2014, 16 (3): 261-271.

[102] 保继刚．旅游地理学[M]．北京：高等教育出版社，1996

[103] 保继刚，李志刚．桂林旅游：规划与发展[M]．北京：中国旅游出版社，2002

[104] 卞显红．旅游目的地形象、质量、满意度及其购后行为相互关系研究[J]．华东经济管理，2005（1）：84～88

[105] 蔡萌，汪宇明．低碳旅游：一种新的旅游发展方式[J]．旅游学刊，2010，25（1）：13～16

[106] 陈霁．新媒体背景下的中国旅游营销研究[D]．北京：中央民族大学，2011

[107] 陈涛，徐晓林，吴余龙．智慧旅游——物联网背景下的现代旅游业发展之道[M]．北京：电子工业出版社，2012

[108] 成克武，周晓芳，李建阳．生态旅游与可持续旅游的比较分析[J]．安徽农业科学，2008（28）：12427～12429

[109] 崔凤军. 中国传统旅游目的地创新与发展[M]. 北京：中国旅游出版社，2002

[110] 戴凡. 旅游持续发展行动战略[J]. 旅游学刊，1994（04）：51~54

[111] 邓肯·泰勒，伊冯·格雷尔，马丁·罗伯森著. 陶犁，梁坚，杨宏浩译. 城市旅游管理[M]. 天津：南开大学出版社，2004

[112] 邓丽媛. 基于目的地旅游危机影响评价的危机后营销研究[D]. 青岛：中国海洋大学，2013

[113] 丁宁. 科技让你乐享旅游[N]. 中国旅游报，2011-06-08（01，02）

[114] 樊锦诗. 基于世界文化遗产价值的世界文化遗产地的管理与监测——以敦煌莫高窟为例[J]. 敦煌研究，2008（6）

[115] 菲利普·科特勒（Philip Kotler）等著. 谢彦君译. 旅游市场营销[M]. 北京：旅游教育出版社，2002

[116] 盖玉妍，王鉴忠. 国外旅游目的地品牌化内涵研究综述[J]. 旅游论坛，2009，2（4）：595~599

[117] 高静，肖江南，章勇刚. 国外旅游目的地营销研究综述[J]. 旅游学刊，2006（7）：91~96

[118] 高静. 旅游目的地品牌化成功的影响因素：基于文献回顾的研究[J]. 旅游论坛，2012（5）：7~12

[119] 高薇. 文化遗产旅游开发研究——以敦煌莫高窟为例[D]. 兰州：兰州大学，2014

[120] 谷慧敏. 旅游危机管理研究[M]. 天津：南开大学出版社，2007

[121] 顾晓园. 加强指导，大力扶植，努力开创北京郊区民俗旅游工作的新局面（在北京市郊区民族旅游工作会议上的讲话）[Z]. 2004-06-30

[122] 郭焕成，刘军萍等. 观光农业发展研究[J]. 经济地理，2000（2）：119~124

[123] 郭莎莎，韦铭，肖江南. WEB 2.0 国内外研究现状及其对旅游业的启示[J]. 北京第二外国语学院学报（旅游版），2008（1）：37~41

[124] 郭舒，曹宁. 旅游目的地竞争力问题的一种解释[J]. 南开管理评论，2004，7（3）：95~99

[125] 国际古迹保护与修复宪章（1964）[Z]. 国家文物局法制处编. 国

际保护文化遗产法律文件选编[M]．北京：紫禁城出版社，1993：162～165

[126] 郝美田．深圳华侨城主题公园发展模式及创新路径[J]．经济地理，2011，11（31）

[127] 郇滢，刘军民．从真实性角度看文化遗产的活态保护[J]．文博，2014（01）：85～88+84

[128] 黄谨．论旅游危机管理机制的建立[J]．社会科学家．2003（102）：76

[129] 黄羊山，刘文娜，李修福．智慧旅游——面向游客的应用[M]．南京：东南大学出版社，2013

[130] 黄羊山．智慧旅游的作用与前景（下）[N]．中国旅游报，2011-02-18（11）

[131] 黄郁成，黄光文．论农村旅游开发的自由凭借[J]．旅游学刊，2003，18（2）：73～76

[132] 贾艺苑．旅游行业整合营销新思维[EB/OL]．环球旅讯网，2009-05-18. http://www.traveldaily.cn/article/30528

[133] 蒋三庚．旅游策划[M]．北京：首都经济贸易大学出版社，2002

[134] 科恩著．巫宁等译．旅游社会学纵论[M]．天津：南开大学出版社，2007：54～64

[135] 克里斯·库珀著．旅游学：学理与实践[M]．大连：东北财经大学出版社，2004

[136] 库珀等编著．张俐俐等编译．旅游学：原理与实践（第三版）[M]．北京：高等教育出版社，2007

[137] 莱斯·拉姆斯顿著．旅游市场营销[M]．大连：东北财经大学出版社，2004

[138] 李宏．论旅游目的地营销框架的构建[J]．生产力研究，2007（4）：69～71

[139] 李娜．国际旅游城市指标体系研究[D]．浙江大学，2006

[140] 李天元，向招明．目的地旅游产品中的好客精神及其培育[J]．华侨大学学报（哲学社会科学版），2006（4）：66～72

[141] 李天元等．旅游学概论[M]．南开大学出版社，1991

[142] 李钰．旅游体验设计理论研究[J]．云南社会科学，2010（3）：124～126

[143] 连晓燕. 旅游城市的发展动力与路径研究[D]. 杭州：浙江大学，2007

[144] 梁慧，张立明. 国外生态旅游实践对发展我国生态旅游的启示[J]. 北京第二外国语学院学报，2004（01）：76～82+90

[145] 刘庆余，弭宁，张立明. 遗产旅游的概念与内涵初探[J]. 国土与自然资源研究，2008（01）：75～76

[146] 卢云亭，刘军萍. 观光农业[M]. 北京：北京出版社，1995

[147] 鹿晓龙. 智慧旅游搞不好就纸上谈兵[N]. 中国旅游报，2011-07-01（2）

[148] 罗鹏飞，徐逸伦，张楠楠. 高速铁路对区域可达性的影响研究——以沪宁地区为例[J]. 经济地理，2004（03）：407～411

[149] 麻学锋，张世兵，龙茂兴. 旅游产业融合路径分析[J]. 经济地理，2010（04）：678～681

[150] 马勇，李玺. 旅游规划与开发[M]. 北京：高等教育出版社，2012

[151] 米德尔顿（Victor Middleton）著. 向萍等译. 旅游营销学[M]. 北京：中国旅游出版社，2001

[152] 泥倩倩. 山东省旅游节庆品牌化发展研究[D]. 武汉：华中师范大学，2014

[153] 宁焕生，徐群玉. 全球物联网发展及中国物联网建设若干思考[J]. 电子学报，2010（11）：2590～2599

[154] 牛亚菲，王文彤. 可持续旅游概念与理论研究[J]. 国外城市规划，2000（03）：17～21+43

[155] 任亚青. 国际城市旅游枢纽功能评价体系研究[D]. 北京：北京第二外国语学院，2014

[156] 钱大群. 智慧地球赢在中国，IBM 商业价值研究院[EB/OL]. http://www.ibm.com/smarterplanet/cn/zh/overview/ideas/index.htm?re=sph, 2010-01-12

[157] 沈孝辉，加洋昂秀. 生态旅游——拒绝奢华与人工化[J]. 绿色中国，2006（09）：42～45

[158] 沈孝辉. 生态旅游离我们还有多远？[J]. 大自然，2007（01）：51～55

[159] 申元. 关于低碳旅游与绿色旅游的辨析[J]. 旅游论坛，2010（06）：652～655

[160] 舒伯阳. DMS，并非简单的"营销"两字！[J]. 旅游学刊，2006（06）：7~9

[161] 宋瑞. 生态旅游：多目标多主体的共生[D]. 北京：中国社会科学院研究生院，2003

[162] 宋增文. 乡村旅游新业态发展机制研究——以北京为例[J]. 中国农学通报，2013（9）

[163] 覃成林，郑海燕. 武广高铁对粤湘鄂沿线区域旅游发展影响分析[J]. 经济问题探索，2013（03）：113~116+135

[164] 唐瑗琼. 旅游目的地品牌建设研究[D]. 上海：复旦大学，2008

[165] 陶琼. 新加坡旅游危机管理初探[J]. 东南亚纵横，2007（1）

[166] 汪德根. 武广高速铁路对湖北省区域旅游空间格局的影响[J]. 地理研究，2013（08）：1555~1564

[167] 王德刚，葛培贤. 田园季风——乡村旅游开发与管理[M]. 天津：天津教育出版社，2007

[168] 王煦柽. 文化地理学[A]. 李旭旦著. 人文地理学概说[C]. 北京：科学出版社，1985

[169] 王继红. 北京——离世界城市还有多远？[J]. 科学中国人，2010（8）

[170] 王磊，刘洪涛，赵西萍. 旅游目的地形象内涵研究[J]. 西安交通大学学报，1999（01）：27~29

[171] 王仁强等. 旅游观光农业的发展理论与实践[J]. 农村经济研究，1999（4）：38~42

[172] 魏小安. 旅游城市与城市旅游——另一种眼光看城市[J]. 旅游学刊，2001（6）：18~23

[173] 魏小安. 旅游目的地发展实证研究[M]. 北京：中国旅游出版社，2002

[174] 魏小安. 促进旅游目的地的发展[N]. 中国旅游报，2002-06-07

[175] 闻飞，王娟，苏勤. 国际旅游城市研究进展[J]. 黄山学院学报，2009（04）：28~32

[176] 邬贺铨. 物联网的应用与挑战综述[J]. 重庆邮电大学学报（自然科学版），2010，22（5）：526~531

[177] 吴必虎. 一种区域旅游形象分析的技术程序[J]. 经济地理，2001

(04): 496~499

[178] 吴波, 桑慧. 非大众型旅游 (Alternative tourism): 起源、概念及特征[J]. 旅游学刊, 2000 (03): 51~54

[179] 吴晓梅. 旅游业进入产业融合时代——首届中国旅游融合化发展论坛暨第三届中国旅游信息化发展论坛综述[N]. 中国旅游报, 2011-12-28 (13)

[180] 谢花林, 刘黎明等. 开发乡村生态旅游探析[J]. 生态经济, 2002 (12): 69~71

[181] 谢五届. 旅游轴—辐系统空间开发模式探讨[J]. 经济研究导刊, 2009 (31): 157~159

[182] 新军, 郑海燕. 论体验营销下的顾客化旅游体验设计[J]. 桂林旅游高等专科学校学报, 2006 (4): 426~429

[183] 徐华、〔日〕山根格. 历史文脉和现代城市广场的结合——西安大雁塔北广场概念方案[J]. 建筑学报, 2005 (7): 46~47

[184] 徐惠德. 试论旅游业的地位、作用和苏州风景旅游城市的建设[J]. 苏州大学学报, 1982 (02): 19~26

[185] 徐嵩龄. 简论"Alternative Tourism"的理解与翻译[J]. 中国人口·资源与环境, 2002 (01): 130~133

[186] 徐嵩龄. 中国的世界遗产管理之路——黄山模式评价及其更新（上）[J]. 旅游学刊, 2002 (6)

[187] 徐嵩龄. 中国的世界遗产管理之路——黄山模式评价及其更新（中）[J]. 旅游学刊, 2003a (1)

[188] 徐嵩龄. 中国的世界遗产管理之路——黄山模式评价及其更新（下）[J]. 旅游学刊, 2003b (2)

[189] 晏磊, 苗李莉, 刘岳峰. 关于GPS技术在智能交通系统中的应用分析[J]. 测绘通报, 2005 (8): 26~28

[190] 杨慧. 译序: 约翰·尤瑞与游客凝视[A].〔英〕约翰·尤瑞著. 杨慧, 赵玉中, 王庆玲, 刘永清译. 游客凝视[M]. 桂林: 广西师范大学出版社, 2009

[191] 杨其元. 旅游城市发展研究[D]. 天津: 天津大学, 2008

[192] 杨颖. 产业融合: 旅游业发展趋势的新视角[J]. 旅游科学, 2008 (04): 6~10

[193] 杨振之，陈顺明．论"旅游目的地"与"旅游过境地"[J]．旅游学刊，2007，22（2）：27～32

[194] 杨振之．城乡统筹下农业产业与乡村旅游的融合发展[J]．旅游学刊，2011（10）：10～11

[195] 易丽蓉，李传昭．旅游目的地竞争力五因素模型的实证研究[J]．管理工程学报，2007，21（3）：105～110

[196] 余青，吴必虎等．中国城市节事活动的开发与管理[J]．地理研究，2004（6）

[197] 张成渝，谢凝高．真实性和完整性原则与世界遗产保护[J]．北京大学学报（哲学社会科学版），2003（02）：62～68

[198] 张辉．旅游经济论[M]．北京：旅游教育出版社，2002

[199] 张理东．上海旅游节市场认知度研究[D]．上海：华东师范大学，2007

[200] 张立明，赵黎明．旅游目的地系统及空间演变模式研究——以长江三峡旅游目的地为例[J]．西南交通大学学报（社会科学版），2005，6（1）：78～83

[201] 张林博，张俐俐．浅析绿色旅游及在中国的发展[J]．生态经济，2009（1）：265～267

[202] 张凌云，黎巎，刘敏．智慧旅游的基本概念与理论体系[J]．旅游学刊，2012（05）：66～73

[203] 张凌云．智慧旅游发展需要大智慧[N]．中国旅游报，2014-01-10（2）

[204] 张明．高速铁路对我国旅游业的预期影响与对策思考[J]．价值工程，2010（11）：227～228

[205] 赵磊，庄志民．旅游目的地竞争力模型比较研究[J]．旅游学刊，2008（10）：47～53

[206] 周建明，所萌．生态旅游理论与实例研究[M]．北京：中国建筑工业出版社，2013：13

[207] 周振华．崛起中的全球城市[M]．上海：上海人民出版社，2008

[208] 朱洪波，杨龙祥，于全．物联网的技术思想与应用策略研究[J]．通信学报，2010，31（11）：2～9

[209] 邹统钎，郭丽华．旅游目的地生命周期理论浅议[N]．中国旅游报，

2005-01-19（7）

[210]　邹统钎．中国旅游景区管理模式[M]．天津：南开大学出版社，2005

[211]　邹统钎．中国乡村旅游发展模式研究——成都农家乐与北京民俗村的比较与对策分析[J]．旅游学刊，2005（3）

[212]　邹统钎．绿色旅游产业发展模式与运行机制[J]．中国人口·资源与环境，2005（04）：43～47

[213]　邹统钎．中国旅游景区管理模式研究[M]．天津：南开大学出版社，2006

[214]　邹统钎等．乡村旅游理论·案例[M]．天津：南开大学出版社，2008

[215]　邹统钎．遗产旅游发展与管理[M]．北京：中国旅游出版社，2010

[216]　邹统钎．北京建设世界最佳旅游目的地城市的差距诊断与对策研究[M]．北京：旅游教育出版社，2011

[217]　邹统钎，齐昕．大都市郊区休闲"庄园"发展模式研究——以北京为例[J]．江西科技师范学院学报，2011，10（5）

[218]　邹统钎，王欣等．旅游目的地管理[M]．北京：北京师范大学出版社，2012．3

[219]　邹统钎，陈云．旅游目的地营销[M]．北京：经济管理出版社，2012

[220]　邹统钎，高中，钟林生．旅游学术思想流派[M]．天津：南开大学出版社，2013

[221]　邹统钎．中国遗产旅游可持续发展模式与管理体制改革[M]．北京：旅游教育出版社，2013

本书得到北京第二外国语学院研究生教育经费资助

后　记

本书是根据我长期教授北京第二外国语学院旅游管理专业硕士研究生、MTA学生以及广泛为全国各地的旅游培训的讲稿整理而成。教材广泛吸收了国内外旅游目的地开发与管理的理论知识与实践经验。从总体理念上，受世界旅游组织2004年出版的《Indicators of Sustainable Development for Tourism Destinations：A Guidebook》一书影响较大。在实践上，本书吸纳了海南呀诺达、安徽黄山、四川九寨沟、焦作云台山、吉林长白山、宁夏沙湖、宁夏沙坡头、洛阳栾川、北京民俗旅游、成都农家乐与五朵金花、浙江的洋家乐、黔东南的巴拉河、西安曲江、大运河、丝绸之路等地方开发的先进经验。

本书在理论上也确实做了一些创新的尝试，包括提出了根植本地另类生活方式的地格理论；国际旅游城市枢纽与目的地功能融合的观点；乡村旅游可持续发展的产业链本土化、本地与外来经营者共生化、公共决策民主化机制；乡村旅游业态的农家乐、新业态、创意农园/大庄园三阶段理论；遗产保护的生态博物馆、文化风情园、遗产嘉年华模式；善行旅游行为准则；旅游城市优质服务的全球公认、地方特有、满足个性三准则等。

本书的写作分工为：全书由邹统钎统一组织编写，并拟定了编写大纲，黄琳琳负责统稿与文字编辑。具体分工为：第一章，邹统钎、王晓梅；第二章，邹统钎、黄琳琳；第三章，邹统钎、郝玉兰；第四章，邹统钎、蔡锐；第五章，邹统钎、黄琳琳、蔡锐；第六章，邹统钎、王晓梅、郝玉兰。

本书的许多思想来自于我国旅游业者的实践总结。呀喏达张涛董事长、天下凤凰叶文智董事长、云台山韩跃平局长、北京市旅游发展委员会安金明主任、美国洛杉矶旅游局常红主任、国家旅游局余昌国司长、宁夏沙湖集团石志刚董事长、联合国教科文组织杜晓帆先生、长白山孟凡迎局长、达沃斯巅峰刘锋总裁、春秋集团肖潜辉总经理、九寨沟管理局章小平局长、西安曲江文化旅游集团庄莹总经理、亚太旅游协会吴波先生、驴妈妈网洪清华总经理、蟹岛集团付秀平董事长、洛阳市旅游发展委员会孙小峰主任、德安杰集团贾云峰总裁、光华卓策武义勇总裁、中景园季诚迁院长、七颗星机构吴忠军董事长、江山多娇原群院长的言传身教，塑造了我对旅游目的地管理的基本理念。正是因为这些兄弟姐妹为中国旅游业崛起所亲身经历的经典故事铸就了本书的灵魂。衷心感谢孙淑兰老师对我的督促、训导、帮助与教育，她的敬业与专业一直是我治学的榜样。

2015 年 1 月 15 日星期四于北京市朝阳区定福庄路定福景园